相印成趣

—佛法與福音對觀

出版序

本書是佛教和基督教的對觀，也是一場法音與福音的對話！

基督教、佛教、伊斯蘭教（回教）並列為世界三大宗教，無論從各自的歷史發展、文明創造、藝術成就，生命哲學，乃至於人生指導，都有其不可忽視的成就與發展。而其中的基督教與佛教，各有其豐富的內涵和悠久的歷史，而可比較的主題與範圍也極為廣泛，大至地理位置、組織結構、文化風俗，小至跪拜儀式、飲食戒規等都可進行對照比較。但本書乃從信仰比較方面出發，清楚點出兩教的中心思想、教義理論，以及兩教的核心所在。

近年來雖有許多學者紛紛從經典、人物、教義、核心概念等主題對此兩宗教進行比較對照，但這些多偏向為學術論點和批判，少有客觀分析與解說。本書作者秉持學者的嚴謹態度，針對兩大宗教的脈絡進行對等式的客觀分析與介紹，不穿鑿附會，也不偏重一方，此乃本社出版之緣由。

此書文稿雖已完成多時，去年經過一番波折後，終於敲定出版日期，並且在作者前往泰國的大學任教之前出版本書，謝謝眾多參與者的協助。因宗教信仰博大精深，各界解說或有不同，如對書中有任何疑問或發現有誤，請不吝賜教！

時兆出版社編輯部 謹誌

學佛者讀聖經，如同信主的人看佛經，內心應該都充滿不解與衝擊！可是肯這樣認真對看者，為數實已不多。

但若有一人雙邊深涉，消化到如同一身，有一天更從容鋪陳；因為心領神會，對兩者已不落在高低比較，而是這邊、那面，皆安柔輕述，讓內容自己說話。此書豈不奇哉？佛書繁浩，他怎能寬深皆閱？聖經奧妙，他又這般亮光剔透！

所以，佛陀與摩西同在一章自述，已是絕妙的起步！「啟示」跟「覺悟」聯袂對照，尤其隱隱如熱漿伏流，外冷內爆，知者驚心！因一方聲音從天上來，一方在地上仰天窺秘！「緣起緣滅」與「道成肉身」，都能繁言簡說，讓人如在一旁瀏覽宇宙與無邊天道的光影對映。

辯論沒用，唯你身在中間，反覆左右細品，方能如水滲土石，進入作者開闔之間「相印成趣」的深意裡！

這絕對是一本罕見的生命之書，必要一讀再讀，引領你到靈魂水深之處！

江兒（曾是佛教徒，媒體主編，現任牧師）

推薦序

佛教與基督教同為當今之世最有影響的世界宗教。兩大宗教都吸引了成千上萬的追隨者。佛教大約始於西元前五世紀，在今天擁有佛門信眾約三億五千萬人，占世界總人口的百分之六。據信，若從人數上來看，佛教堪稱世界第四大宗教。基督教始於西元一世紀，享有當今世界之最大宗教的美譽。據「美國皮尤宗教和公共生活論壇」（Pew Forum on Religion and Public Life）的調查資料顯示，到 2010 年全世界已有 22 億基督徒，約占世界人口的三分之一。

在比較佛教與基督教的異同方面，坊間已有不少的書籍與文章問世。這一本書同樣涉及這一主題，但視角獨特，別開生面。眾所周知，現今的佛教界與基督教界一樣，都是宗派林立，教理紛繁，令人目不暇接，莫衷一是。作者獨具匠心，沉靜地回到兩大宗教的起點，從源頭上進行對照與比較。本書圍繞著宇宙萬有的緣起、究竟實相與上帝的存在、世間的痛苦與死亡、人生的目的，以及如何超越世間的困境等宇宙人生根本問題，展開了對話式的討論。這兩大宗教對這些重大問題是否有滿意的答案？作為古老的宗教，它們對人生最重大的問題所提出的解法，又有多少現實的意義？王敬之博士以專家的風範與客觀的態度在本書中以可讀性較高的文字，將兩大宗教在這些方面的諸般事理一一道來，令人如沐春風。

本書全面平穩，不偏不倚，相映成趣；行文中既顯出作者的學術修養，但又不致於晦澀難懂，令人不堪卒讀；全書分析透徹，精闢入裡，但又不求面面俱到，失之瑣碎，讓人如墜五裡雲霧之中。讀者可以很舒適地坐在作者跟前，聽作者如老師一般耐心細緻地道出兩大宗教中方方面面的道理，如圍爐取暖，如閒話家常。但最後讀者仍需離開旁觀者的位置，根據所呈現的證據，作出自己的結論。

在衡量各樣的證據之後，作者最後誠懇地向讀者提出基督教值得考慮，因為它提供了其他宗教所無法提供的人生答案。基督教並非單純的哲學或信仰體系，而是能夠滿足人生最大渴望的鮮活宗教，因為它的開宗師尊耶穌基督是永活的，祂關心人世間每一個人的命運。藉著祂的救贖犧牲，為人類開闢了一條走出罪惡與苦難的道路，可以讓每一個信靠祂的人，不至滅亡，反得永生（約翰福音 3：16）。

黃彥超博士
基督復臨安息日會全球總會行政秘書

自序

書，不應只是用來閱讀。

佛教界與基督教界之間所存在的隔膜與誤解，是一個普遍且由來已久的現象，然而，這種現象卻不利於人類社會的和諧與人生目的的實現。寫作本書的初衷，就是為了促進佛教與基督教之間的相互瞭解，增進學佛者與基督徒之間的交流，希望幫助彼此實現人生的終極目的，給個人、家庭與社會帶來更大的福祉。如果此書能在這些方面起了些許的作用，那筆者也就滿足了。

本著這樣的宗旨，本書為三類讀者而寫。一是希望瞭解基督教的佛教界朋友；二是希望對佛法有所認識，進而嘗試學習用佛教徒所能明白的語言，來介紹基督福音的基督徒；第三是對基督教與佛教的比較與對話感興趣的一般讀者們。

其實，在基督教與佛教之間進行比較與對話，並不是一件什麼新鮮事。在宗教界中，已存有基督教界或佛教界內部進行的比較，而一般學術界也逐漸有宗教之間比較對話的熱潮。學術界的多角度與宗教界的多門派，使這樣的比較與對話形式多樣，色彩斑斕，可圈可點。但本書既無意於作學術上的比較，也無意渲染宗派或教門的特色，而

是希望直接展現佛法與福音的真精神與真風貌，在兩者的相同與異趣之間，相互地印證激盪，探索人生的方向與道路，帶給人生命的啟迪，激勵人體證因擁抱真理而獲得的大徹大悟，以及在忘我捨己之後所進入的無限自由。

全書分為四個部分。第一部分，採取對比的方式，對佛法與基督福音的基礎進行初步的介紹。讀者透過這個部分的閱讀，可以在對觀中瞭解到佛法的覺悟者釋迦牟尼與《聖經》的第一位作者摩西的生平事蹟，在對比中認識兩者對後世的宗教與信仰產生的影響。同時，讀者還可瞭解到佛典與《聖經》的形成過程，思考佛家覺悟的進路與《聖經》啟示的進路之異同，體會這兩大體系之中認識真理的種種不同視角。這樣的瞭解，為進一步比較奠定基礎。

第二部分的對觀所觸及的是宇宙人生之根本問題。佛法自印度傳入中土，在語言與文字的表達上，既保留了部分梵文的特徵，又經過多年與中國文化的磨合，因而顯現出具有漢語言文字的獨特蘊含。盛行的中文《聖經和合本》譯本則是以民國初期的白話文來翻譯的，故語言在文字上的隔膜造成了生疏與誤解，這是一個不爭的事實。其實，佛法所追求的真諦與《聖經》所啟示的真理之間，未必就隔著表面文字上所表現的那

樣遙不可及。佛法與福音都在現象世界的由來與現象世界背後的原因上進行探索，各自呈現出自己的體系與表達。我們在這個部分試圖破斥表面的文字相，力圖揭示出文字背後的精意，在實相與精意的層面上進行比照與印證。我們渴望讀者也會與我們一樣，在剎那之間薄紙穿破，有一種豁然開朗，猛然覺悟的感覺！可以說，第二部分是《相印成趣》是全書之魂，讀者在這裡所能獲得的會通或許會對人生的走向產生立竿見影的影響。

第三部分則轉向人生的來源、本相與歸宿的探討。人為何生而為人？我是誰？人的本性是什麼？我從哪裡來，要歸到哪裡去？人生在世，經歷童年、青年、中年、老年各個階段。那麼，人死之後又是怎樣的情景？人生最後的歸宿何在？佛祖所說的輪迴是怎麼回事？人當怎樣行才能脫離輪迴？人生的因果當如何了結？這些人生的基本問題，是這一部分討論的重點。生命只能來自於生命，透過生命現象，找到生命的源頭與本質，是實現人生目的的根本。我們希望，讀者透過這部分的探討，找到人生的真諦、獲得人生的大智慧。

而在全書的最後的一個部分，則是將基督的福音，用佛法的語言與衣裝加以呈現。這一部分總結了《聖經》所啟示的宇宙人生四聖諦，《聖經》中的八正道，《聖經》三法印以及《聖經》三寶。我們希望讓學佛者藉著這一部分能夠對《聖經》的真理，有

更為清晰的理解與領受。

我們在此重複地說：「書，不應只是用來閱讀。」倘若讀者諸君閱讀之時，受天上靈光的攪動與感化，轉迷為悟，頓悟增慧，又不失時機，化智為行，進入人生新境，那豈不是一件美麗無比的事嗎？

本書的寫作，自始至終都獲得全球佈道部東亞宗教中心的資助與支持，而時兆出版社周麗娟主編對本書內容編排方式提出了寶貴的意見。臺北陶憲民先生認真地校讀了全書，呂真觀博士對我進一步深入地認識佛法起了關鍵性的作用。書中的大部分內容，曾在一個碩士班上加以講授並與來自十多個不同佛教國家的同學深入討論，吸收他們的意見。還有許多佛教朋友或基督教的朋友閱讀了本書部分或全部文稿，並提出了寶貴的意見，不一一具名，在此一併表示感謝。

儘管本書雖曾三易其稿，但因學識與文字水準的欠缺與不足，書中一定還存在著許多的缺陷與錯誤，歡迎海內外賢達，不吝賜教。

王敬之

2013 年 12 月 31 日

第 **1** 篇

殊途
湛然

The Ten
Commandments

I
Thou shalt have no other
gods before me

II
Thou shalt not make unto
thee any graven image

III
Thou shalt not take the name
of the LORD thy God in vain

IV
Remember the sabbath day
to keep it holy

VI
Thou shalt not kill

VII
Thou shalt not
commit adultery

VIII
Thou shalt not steal

IX
Thou shalt not bear false
witness against thy neighbour

殊途湛然

佛教與基督教，同為世界二大宗教，
影響深遠，人所共知。
佛教興起於釋迦牟尼佛的身傳言教，
而基督教，則是以基督耶穌為核心信仰的宗教。

佛教的起源，無論從什麼層面或角度來看，都會追溯到歷史上釋
迦牟尼的身傳言教。佛祖的遺教，傳至今日，有小乘與大乘佛教
之分。佛教經典的出現，也出現在釋迦牟尼圓寂之後，並且隨著
時間的推移，不斷地增加，成為今天三藏十二部的龐大體系。

然而，基督教的情形卻有所不同。從上帝與永恆的層面來看，基
督教無可置疑地起源於基督本人。然而，就歷史與人性的角度來
看，基督教的經典與教導，卻出現在耶穌歷史性地降世之前。而
最早的基督教經教的作者，是比歷史性的耶穌基督早一千三百年，
比釋迦牟尼早八百年的希伯來先知摩西。

相印成趣

《聖經》以摩西所寫的五經為基礎，逐步發展而有《舊約聖經》與《新約聖經》。猶太教以《舊約聖經》為其立教經典，而基督教普遍地以包括《新舊約聖經》在內的經卷為其信仰的根基。

釋迦與摩西，分別出身世界古老的文化古國──印度與埃及；兩人都曾是王子的身分，都傳奇般放棄了王子的生活；一位在叢樹修道六年，一位去曠野牧羊四十載；一位三十五歲在菩提樹下覺悟成佛，一位八十歲在荊棘叢前領受從天而來的使命；一位帶領出家僧眾四十五年行腳弘法，一位帶領百萬以色列人過曠野奔應許之地四十度春秋；一位以五戒根本戒律傳世；一位獲傳天啟十誡；一位以嚴謹的戒律規範著廣大的僧眾並影響著在家佛徒，影響所及，亦是無遠屆弗。一位以摩西的法典規範著以色列人的生活與行為，並影響著整個西方乃至全世界。

釋迦牟尼所說的佛法，是佛法的核心所在，而基督教的根本要義，盡體現在摩西所寫的摩西五經之中。因此，對觀佛法與福音，似乎順理成章地就可以從釋迦與摩西說起。

我們在釋迦與摩西的生平事蹟的對觀之中，將採取「厚此薄彼」寫法，即在釋迦的生平描寫上濃墨重彩，而對摩西只作適當地淡寫輕描。這樣做的理由是，對於佛法而言，釋迦牟尼是重頭戲，而對於基督的福音來說，摩西卻只是上帝所揀選的器皿，是基督耶穌的預表。他是容器，而不是容器所要傳達的內容本身。

同時，我們會循著二者採取的不同進路，即釋迦的覺悟進路與摩西所受的啟示進路進行比較。繼而討論佛典與《聖經》的形成過程，最後落腳於看待真理的不同角度與層面的比較。

殊途湛然

渴求解脫的
兩位王子。

現代人想瞭解佛教的創始人悉達多 · 喬達摩（Siddhartha Gautama）的生平，基本
上有一定的客觀難度，因為在早期佛教的典籍中，並沒有關於佛教創始人生平的完整
記錄，釋迦牟尼主要事蹟散見於佛教各個部派後來編成的經律中。[1] 另一方面，又因
這些資料是在佛陀滅度多年之後，經由對佛陀滿懷崇敬與懷念的佛門弟子所輯，有聖
化與神化佛陀的趨勢，從而與歷史上我們所認知的佛陀實際生平有了差距。

據信，最早的一部完整佛傳《佛所行贊》（The Buddhacarita），出現在佛陀圓寂五
年百年之後的一世紀，是由有佛教詩人和哲學家之稱的馬鳴，根據傳說和資料，以詩
歌的形式記寫下了佛陀一生的經歷。中國僧人撰寫的釋迦牟尼傳記，有梁僧的《釋迦
譜》五卷和唐道宣《釋迦氏譜》一卷。此外，在宋志磐的《佛祖統紀》中有編年體的《教

1. 臺灣于淩波居士提出只有不多的幾部經典有佛傳資料，如《過去現在因果經》、《本生經》、《佛所行贊》、《佛本行集經》
以及小乘中一切有部的經典，見《簡明佛學概論》（東大圖書公司，1991），12。

主釋迦牟尼佛本紀》。正因為此，其生卒年代也出現了不同的版本，北傳佛教根據漢譯《善見律毘婆沙》中「出律記」推斷為西元前565—前486年，大約與孔子同時代。南傳佛教則作西元前624—前544年或西元前623—前543年。中國藏傳佛教格魯派，又傳有西元前1041年生、前961年滅之說[2]。

摩西出生於西元前十三世紀，算起來比釋迦早了七、八百年左右。有關摩西的生平事蹟，則完成記錄在摩西自己所寫的摩西五經之中，雖只是寥寥幾筆，也沒留給人多少模糊與想像的空間，卻有相當地真實性與親切感。

不同尋常的出生 ————————————1

釋迦牟尼的身世

悉達多・喬達摩（Siddhartha Gautama），生於西元前六世紀時北印度迦毘羅衛城。釋迦族的王國占地320平方公里，有10個小城邦。各城均有城主，而迦毘羅衛城（Kapilavastū）城主淨飯王（Suddhodana）就是眾城主推舉的聯城主席。悉達多・喬達摩就是就是迦毘羅衛城淨飯王的王子。[3] 其母是釋迦族胞族拘利族的都城天臂城中一位富貴長者善覺的女兒，佛經上稱為「摩耶夫人」（梵文 māyā），又稱摩耶王后。摩耶在梵語和巴利語中意為幻化，在佛經中又被尊稱為摩訶摩耶（Mahāmāyā，偉大的摩耶）。

傳說，淨飯王與摩耶夫人結婚後20年沒有生育。到摩耶夫人45年時，有一天夜夢一人乘著六牙白象撲向懷中，自左肋進入腹中。[4] 夫人以此夢告知淨飯王，王亦不解，

2. 釋伽牟尼，http://zh.wikipedia.org/zh/ 釋伽牟尼（2010年10月20日）。
3. 聖嚴法師，《世界佛教通史》，臺北，臺灣中華書局，1969，
4. 熟悉《聖經》的讀者，會聯想到聖經中所記載的上帝從亞當的身體中取出一根肋骨而造女人的故事，使得這樣的傳說，帶給人豐富的聯想。

渴求解脫的
兩位王子。

不久便傳出了摩耶夫人懷孕的喜訊。摩耶夫人懷胎十月後，照當時的習俗要回娘家分娩。淨飯王派宮女相送，在四月第八天途經城郊的藍毗尼園停留，夫人在園中舉手攀枝休息的時候，不料，嬰兒即從她的右肋而出。據說，佛陀初生時，「不假扶持，足蹈蓮花行七步已，遍觀四方手指下下作如是語：此即是我最後生身，天上天下唯我獨尊。」[5]

此中「我」究竟是誰，就成了後來佛教界甚為關注的核心問題。可以說，弄清了這個「我」是誰，也就弄清楚了佛教是怎麼回事。基督徒們會想到《聖經》中的上帝所宣佈的，「除了我以外，你不可有別的神。」中的「我」。同時，也會想到耶穌在升天前對門徒所宣佈的：「天上，地下所有的權柄，都賜給我了。」中的「我」。（馬太福音 28：18）傳說的嬰兒佛陀所說的「我」與《聖經》中的這個「我」，是否存在某種程度的關聯？這些問題，我們將在第三篇中作進一步的對觀與討論。

據佛經所載，摩耶夫人於釋迦牟尼出生七天後去世，升入忉利天。[6]太子便由姨母大愛道（Mahāprajāpati，音譯為「摩訶波闍波提」撫養，又叫「瞿曇彌」Gautamī）撫養成長。佛經中有一插曲，說是在南方大山中，有一位名叫阿私多的仙者來王宮謁見淨飯王，要為太子占相，並預言太子將來必定出家學道，轉大法輪，只可惜自己年老，無緣親見，說罷便黯然而去。

據《過去現在因果經》所載，太子在姨母撫育之下，八歲開始學習文化。淨飯王請一位名叫跋陀羅尼的婆羅門為太子授書，即以口授方式傳授「四吠陀」[7]以及以實用學問為導向的「五明之學」[8]。十歲時開始習武，朝著文武雙全的方向發展。佛陀一生行走天下，遊行佈道達四十五年之久，在那個時代能活到八十歲的高齡，或許與年輕時打下的身體基礎有關。

男大當婚，女大當嫁。成年後的太子悉達多，也步入了婚姻的殿堂。結婚的年齡，一

5. 《根本說一切有部毗奈耶雜事二十》
6. 忉利天（巴利文：Tāvatimsa，梵文：Trayastrimśa），又意譯為三十三天，是佛教世界中欲界的第二層天，因有三十三個天國而得名。忉利天位於須彌山頂端，周長一萬由旬。中央為帝釋天，天主帝釋居善現城的忉利天宮。其東西南北四方各有八個天國，一共有 33 個。忉利天的人身高一由旬，其壽命一千歲，其一日相當於人間一百年，因此其壽命相當於人間三千六百萬年。
7. 《梨俱吠陀》、《娑摩吠陀》、《夜柔吠陀》、《阿闥婆吠陀》。
8. 源於古印度婆羅門傳統，後被佛教接受，指五門學科，即聲明，工巧明，醫方明，因明與內明。

渴求解脫的兩位王子。

說十七歲，一說十九歲，說法不一，但差別不大。所娶王妃，一般佛經上只提到耶輸陀羅王妃，但也有說二位，甚至三位的。太子為她們各建一宮，第一宮納善覺王之女，他的表妹耶輸陀羅妃，第二宮納摩奴陀羅妃，第三宮納瞿多彌妃。結婚十年，悉達多太子以耶輸陀羅為正妃，並與她生有一子羅睺羅。可以想見，悉達多婚後十年的王宮生活，雖是錦衣玉食，處處受人服侍，但以其過人的聰慧與悲憫之性情，加之早年受「四吠陀」思想的教育，必時刻思考宇宙人生大事。宮殿的榮華，掩不住太子內心的渴求。同時，淨飯王為防範太子出家，更是為這位王儲悉心安排，以致悉達多對宮門之外生活的滄桑變化竟所知甚微。

摩西的身世

摩西的出生，同樣富於驚心動魄的傳奇性與出人意料的戲劇性。摩西的祖先，可回溯到西元前十九世紀的先祖亞伯拉罕。根據《聖經》的記載，上帝召亞伯拉罕離開本地、本族、父家，往上帝所要指示他的地方去。亞伯拉罕百年得子以撒，以撒四十歲成婚，六十歲時得子雅各。雅各生十二個兒子，後來成為以色列人的十二支派。眾子之中，雅各獨寵約瑟，從而惹哥哥們不滿。後來將約瑟賣給亞伯拉罕與妾所生的兒子以實瑪利的後人。約瑟被賣到埃及之後，幾經周折，幾度沉浮，終於官拜埃及宰相。在埃及面臨七年大旱之時，以其出色的智慧，未雨綢繆，幫助埃及度過了難關。不僅如此，還使埃及存有餘糧，幫助周圍前來求援的百姓。而約瑟的全家，也就是在這種情形之下來到埃及。因為約瑟的緣故，埃及法老不僅賜給他們上好的地方住，而且也得免一切的捐稅，並在荒年時期得到充分的糧食。

這樣，以色列人在埃及一住二百多年，他們「生養眾多，並且繁茂，極其強盛，滿了那地」（出埃及記1：7）。但是他們仍保持自己為獨特的民族，在風俗與宗教上與埃及人完全不同。以色列人既與埃及人如此的不同，久而久之，埃及人起了疑心，擔心一旦有戰爭發生，他們要與埃及國的仇敵聯合起來。於是，在不認識約瑟的王興起

之後，就不再給予以色列人的任何的優惠政策，而且將他們變成奴隸。「埃及人嚴嚴的使以色列人作工。使他們因作苦工覺得命苦，無論是和泥，是做磚，是作田間各樣的工，在一切的工上都嚴嚴的待他們。」「只是越發苦害他們，他們越發多起來，越發蔓延。」（出埃及記 1：12 — 14）

為了削弱以色列人的力量，埃及法老王竟想出一個狠毒的計謀，要藉著以色列人中的接生婆，殺死所有初生的男嬰，將他們丟到尼羅河裡，僅容許女嬰存活。以色列的接生婆敬畏上帝，沒有照法老的敕令去做。結果，以色列人繼續增多，極其強盛。

摩西就是在這樣的背景之下出生的。可以說，他一出世，就在死亡陰影的籠罩之下，他的父母，暗蘭和約基別「不怕王命」（希伯來書 11：23），將孩子生下來，又冒著死亡的危險，將孩子藏了三個月。後來，實在藏不住了，「就取了一個蒲草箱，抹上石漆和石油，將孩子放在裡頭，把箱子擱在河邊的蘆荻中」（出埃及記 2：3），又讓孩子的「姊姊遠遠站著，要知道他究竟怎麼樣」（出埃及記 2：4）。

也許是孩子命不該絕，恰好在這個時候，有法老的女兒來河邊洗澡。結果救了這個水中的孩子，給他取名叫摩西，意思說：「因我把他從水裡拉出來。」（出埃及記 2：10）沒想到法老的女兒這不經意所起的名字，卻包含了極強的象徵意義。後來，摩西要將領他的族人，走出奴役生活的桎梏，走到另一個極具象徵意味的「流奶與蜜」之地。而摩西本人，也成為耶穌基督的一個預表，象徵著耶穌要把「百姓從罪惡的苦海之中救出來」（馬太福音 1：21）。這個名字，與釋迦要把救人脫離生死苦海的心願，好有一比。

與悉達多太子不同的是，摩西並沒有因此而離開他的母親。富於戲劇性的是，摩西的母親成了法老的女兒所找的奶媽。她餵養自己的孩子，還能從法老的女兒那得到工錢，

直到摩西漸漸長大，才帶到法老的女兒那裡，作她的兒子（出埃及記 2：7 — 11）。這樣，摩西既接受了以色列人傳統的教育，又開始在埃及王宮接受宮廷式的教育。摩西在宮廷受到了政治和軍事的最高訓練。《聖經》的作者這樣記錄說，「摩西學了埃及人一切的學問，說話行事，都有才能。」（使徒行傳 7：22）然而，就是在這裡，摩西也沒有失去幼年時代所得到的印象。在他母親膝前所得的教訓，是不能忘記的。這些教訓保護他不沾染那在王宮的富貴之中滋長著的驕傲，不信，和邪惡。摩西童年時所受的訓練，以及在埃及人那裡所受的訓練，為他將來的工作奠定了一定的基礎。

悉達多星夜出走　摩西逃離埃及 —————— 2

悉達多太子離家

一般資料上對於太子出家的年齡，也說法不一，有說十九歲的，也有說二十九歲的。二十九歲的說法，似有更多的合理性，也為多數人所接受。在《過去現在因果經》中，有所謂「四門遊觀」的記載，說太子出家的因緣。經文說到太子聽到宮中妓女讚美城外園林的景象，便想前往遊觀。父王便令人整治園林，修整道路，並由官員陪同太子出遊。在經過迦毗羅衛城門時，卻與淨居天王所化身的老人、病人、死人與比丘不期而遇，萌生了出家修道的念頭。

太子要出家，事情可不那麼簡單。上牽一國之動向，下涉太子自己的家小。好在此時，王妃耶輪陀羅為他生得一個小王子，取名「羅睺羅」，意為「覆障」、「執月」的意思，因為他是在月蝕之夜出世的。當太子的佛陀因為有了兒子很歡喜，因為佛陀的父親淨飯王不至因他的獨子釋迦牟尼出家而王室無後，但也有人說是因為太子在小王子出生時認為又多了一重障礙的緣故，而取名「月障」。月障出生七日後，悉達多就騎著白馬出家了。

佛經上說，佛陀離家之日為二月初八日夜晚。當他策馬走出北門時，回顧宮城，發下誓願：若不斷生老病死憂悲苦惱，若不得阿耨多羅三藐三菩提，即無上正等正覺，又不能轉法輪，誓不回宮面見父王；我若不盡恩愛之情，終不還見姨母妻兒。

天明時光，太子與馬夫已離城百裡，進入阿拔彌河邊的深林，就是古跋伽仙人修苦行的地方。悉達多太子見這裡山林繁茂，寂靜無嘩，心中歡喜，便命同行的馬夫車匿牽馬回宮。車匿不依，苦苦相求，悉達多便拔刀削髮，又與當時巧遇的一位身著袈裟的獵人更換衣服，儼然一幅出家的打扮。馬夫車匿見此情形，知不能挽回，只好牽馬拜辭，尋路回宮。

摩西出逃

與悉達多太子不同，摩西居留在王宮直到四十歲。以他的訓練與素養，是作一個歷史家，詩人，哲學家，軍隊的將帥，或立法者，他都是蓋世無雙的。縱有全世界任他支配，也不足以俘獲他的心。他從幼時所受的教訓中知道，上帝賜給謙卑與順從之人的最後報賞，遠勝過屬世的名與利。《聖經》上的見證說，「摩西因著信，長大了就不肯稱為法老女兒之子；他寧可和上帝的百姓同受苦害，也不願暫時享受罪中之樂；他看為基督受的凌辱，比埃及的財物更寶貴；因他想望所要得的賞賜。」（希伯來書11：24—26）

如果說悉達多太子出家是內心的追求所致，那麼，摩西離開埃及宮廷的時間點，卻因偶發事件而致。有一天，他出去看見一個埃及人打自己的本族的以色列人。摩西路見不平，拔刀相助，一怒之下，將那個埃及人打死。這件事後來鬧大了，埃及人以為摩西要聚眾鬧事，事情傳到法老那裡。法老要致摩西於死地，摩西必須逃離，才能保住性命。於是，摩西就離開王宮，逃到阿拉伯去了。（出埃及記2：11—15）

渴求解脫的
兩位王子。

《聖經》只簡略地記載此事，但從摩西為本族人出頭的事來看，他雖身居王宮，卻一直把以色列人裝在心中。似乎有一種使命在推動著他，他要用自己的力量，來解救陷於奴役重壓之下的百萬同胞。

悉達多六年苦行　摩西四十年牧羊 —————3

悉達多森林苦修

悉達多太子在苦行林中前進，遇見一群由跋迦仙人所領導的修行團體，受到歡迎。在與跋伽仙人的對話中，得知他們修苦行是「欲求升天」，終落輪迴，不能離苦。仙人雖極力挽留，悉達多仍執意離去。悉達多想求的是斷苦之法，而仙人們的修行卻「增長苦困」，正所謂志不同，道不合也。仙人指點悉達多向阿羅邏伽羅摩學道，太子辭別仙人，繼續尋師。

再說王宮，知太子出家，自是傷心萬分。淨飯王欲親自出城尋找，王師大臣同來觀阻，表示願意代勞。他們出城追趕，果然不負使命，尋見端坐樹下思惟的太子。百般相勸不果，便留下喬陳如等五名侍者，暗中照應，一行人回宮覆命。

後來，悉達多找到阿羅邏迦羅摩仙人，向其請教「解脫之道」。阿羅邏仙人從十六歲起即開始修持，已修了104年，到現在已一百二十歲了。太子見其仍滯於「偏空」境界，不是自己所要尋求的。於是又去尋訪另一位名叫烏陀迦羅摩的仙人學習禪定。烏陀迦羅摩仙人修的是「非想非非想」的禪定，雖是四禪天中最高的一層天，但仍不是「究竟」解脫法門。

渴求解脱的两位王子。

有早期的資料顯示，接下來的六年，悉達多太子到了尼連禪河邊的伽闍山苦行林中修苦行。喬陳如等五人，也來到苦行林中與他會合，以盡服侍之職。幾年下來，悉達多太子「身形消瘦，有如枯木」，毫無氣力，以至於最後到尼連禪河中洗去滿身污垢時，卻因體力不支昏倒在地，無力上岸。一個牧牛女用缽盂煮牛奶給釋迦牟尼吃，救了他的性命。佛祖接受了她的食物，並發願說：「今食飲食，得充氣力，以保留智慧年壽，為度眾生。」從此他每日接受牧女供養的牛乳和乳糜，一月之後就恢復了昔日的壯健身體。所謂乳糜，就是牛奶和大米煮成的粥。一月之後，體力強健，回復了昔日的壯實，又可去尼連河中沐浴洗衣了。但他已覺悟到：過度享受固然不易達到解脫大道，但是一味苦行，也是沒有辦法進趨大徹大悟的法門。

摩西曠野牧羊

與悉達多太子的六年叢林相比，摩西在曠野的牧羊生活要長得多。他因一時的意氣用事，不僅置死人於死地，也給自己帶來滅頂之災。上天想做的，是藉自己的大能大力，來解救陷於罪中的百姓。而人們常犯的錯誤之一，就是將上帝所應許的工作，攬到自己的手中，靠「我慢」、「我執」、「我見」與「我力」行事為人。摩西若不能將自己完全置於上帝的管理之下，學會順從大道，與天合一，就不能把上帝的旨意教導以色列人。摩西深居王宮數十年，受假宗教優雅的外觀、巧妙的教義、神秘的儀式、祭拜偶像的隆重禮節，以及美輪美奐的建築與雕刻的影響。宮廷中的錦衣玉食的生活，容易養成養尊處優的飛揚；歌舞昇平的粉飾，也會讓人麻醉而忘記生命的短暫虛空與現實的矛盾與苦難。全智的上帝知道摩西的需要，有意讓他在那幽靜的山間，與羊為伍，藉以養成細心、忘我、關懷、慈憫、堅毅、忍耐與自約品格。摩西從悉心照看羊群的經驗中，學習著怎樣以慈愛的心來照顧需要幫助的人。

摩西隱居在群山之間，日出而作，日落而息，完全回歸到自然的生活之中。看著明亮

的星光，照射在廣袤地曠野；聽到清泉的淙淙作響，眺望橫斷的山嶺顯出的造物主的威儀。萬籟之中，摩西彷彿置身於上帝的面前。從前埃及那壯麗迷人的廟宇所呈現的虛假人為的印象，在這自然天成嚴格淳樸的曠野生活中，逐漸地消失了；他自身與生俱來的驕傲與自恃，也掃除淨盡。於是摩西成了一個忍耐，恭謹，虛己的人，「極其謙和，勝過世上的眾人」（民數記12：3），然而他對先祖的上帝的信心卻異常地堅強。

日復一日，年復一年，摩西忠實於自己的職守，照看他手下的羊群。他在那裡深思默想，在曠野懇切禱告，有天使所發的光輝圍繞著他，摩西在聖靈的光照與感化之下，寫了《聖經》的第一卷書〈創世記〉，奠定了整本《聖經》的基礎，帶給了後世寶貴的真理之光！

殊途湛然

菩提樹下與
荊棘叢前。

太子菩提樹下覺悟

應當說，悉達多太子出家前與苦修的六年，腦子裡都一直到思考解脫之道。這些為他日後的證悟打下的基礎，而恢復精力後的悉達多，決定要尋找一個合適的地方，把自己的思想體系作最後一番整理。他來到一個現在叫做菩提伽耶的地方，在一株高大茂密的畢波羅樹（因太子在此樹下成道，故漢譯佛經義譯為「菩提樹」）下「結跏趺坐」，佛經上說：

> 「菩薩獨行，趣畢波羅樹，自發願言，
> 坐彼樹下，我道不行，要終不起。」

意思是說，如果不圓成正等正覺的佛果，寧可碎此身，終不起此座！悉達多在菩提樹下究竟坐了多久而覺悟，經典上的說法不一。有說七日的，有說四七日的，也有說七七日的，現今似無從考據。就算是七七日的說法，也似有可信之處。

五百年後耶穌受洗之後，受聖靈的引導來到曠野，四十晝夜沒吃沒喝，之後，遭遇魔鬼的試探。耶穌勝過撒但的一切試探，成為一個得勝者。相形之下，坐在樹蔭下的悉達多太子所處的環境，應當比較優越一些。依此說來，也並非沒有可能。悉達多在此之後，成為覺者，踏上一代宗師之路，而耶穌則在經過曠野的考驗之後，以勝利者的姿態開始公開的傳道工作。

據佛經記載，悉達多太子靜思的第六天，波旬想阻撓他圓成佛果，便命令三個魔女在他未成佛道之前，前去蠱惑試探。三個魔女一名叫特利悉那（愛欲），一名羅蒂（樂欲），一名羅伽（貪欲）。魔王率眾魔來到畢波羅樹下，先以權力相誘，勸他放棄修道，重為轉輪聖王；再以升天宮及天上五欲之樂誘太子放棄修道，並願意以天位相讓；接著又以色欲誘惑，命三魔女以半裸之體殷勤獻媚，以淫穢之詞挑逗引誘；但釋迦牟尼深心寂定，視而不見，猶如蓮花出污泥而不染。最後，魔王發動魔軍攻擊，用各式武器並雜以獅虎猛獸、風火煙塵，向悉達多猛攻，但太子怡然不動，魔王心生慚愧，無功而退。

釋迦牟尼在菩提樹下趺坐四十八天，已是十二月初七日，這天晚上，天朗氣清，惠風和暢。他默坐金剛座上，示現種種禪定境界，遍觀十方無量世界和過去世、現在世、未來世的一切事情，洞見三界因果，十二月八日凌晨，明星出現天上，他豁然大悟，得無上大道，成為圓滿正等正覺的佛陀。至此，釋迦牟尼已成就菩提道果，準備傳教收徒，傳授他所證悟的宇宙真諦，實現解救人脫離生死苦難的使命。

有趣的是，當摩西八十歲時，四十年的風塵與磨煉早已磨平了他的稜角與鋒芒，青壯時代的勃勃雄心也早已離他而去，他看自己只是一個孤獨的牧羊人，一個拙口笨舌的人。然而，就是在這個時候，天之大任便出乎意料地降臨其身。

「摩西牧養他岳父米甸祭司葉忒羅的羊群；一日領羊群往野外去，到了上帝的山，就是何烈山。耶和華的使者從荊棘裡火焰中向摩西顯現。摩西觀看，不料，荊棘被火燒著，卻沒有燒毀。」（出埃及記 3：1—2）牧羊四十年，八十歲的摩西，仍然沒有自立門戶，而是一如既往地牧放著他岳父的羊群。眼前的景色令人稱奇，他決定過去看這大異象，火勢猛烈，但荊棘為何沒有燒壞呢？當時有聲音從火焰中發出來呼叫他

摩西生平對比表

釋迦牟尼與

釋迦牟尼

釋迦牟尼
出生的傳說
放棄王位而離開王室
在菩提樹下的覺悟
覺悟之後的傳法
五戒與戒律
出家人以覺悟與弘法為志
接受供養
隨緣說法
行腳傳道四十五年
八十歲圓寂
佛陀今何在成疑？
身後有小乘與大乘
四阿含經奠定佛經基礎

的名字。他用顫抖的聲音回答說：「我在這裡。」上帝警告他，不可冒失地走近，說：「當把你腳上的鞋脫下來，因為你所站之地是聖地。……我是你父親的上帝，是亞伯拉罕的上帝，以撒的上帝，雅各的上帝。」（出埃及記3：4 — 5）

令摩西萬萬沒有想到的是，那至高至聖的上帝，竟然選擇了那外表上毫不動人的荊棘來顯現自己。上帝用最卑微之物遮掩了祂神聖的榮耀，好使摩西看見而仍能存活。上帝揀選了摩西，藉著他去完成一項把以色列人帶出埃及，解救他們脫離奴役的重大使命。這位拯救者將要以一個卑微牧人的身分出現，手中只拿了一根杖，但是上帝卻要使那根杖作他能力的標記。

摩西

菩提樹下與
荊棘叢前。

佛陀初轉法輪 摩西大行神跡 —————— 1

佛經常說：「釋迦世尊菩提樹下睹明星悟道」，世尊所悟的究竟是什麼道呢？簡單地說，說是十二緣生之生，萬法比起之道，以及解脫成佛之道呢？于凌波這樣寫道：

「就在這種混亂不安的時代，偉大的釋迦牟尼世尊出世了，以他正覺的智慧之光，照亮了苦難眾生的心靈；以他悟證所得萬法緣起的真理，糾正了婆羅門教和各種外道的錯誤思想；以眾生平等、皆可成佛的妙義，打破了人間的階級制度。以苦集滅道四聖諦，指示出苦之由來，和離苦得樂的方向。」[9] 釋迦牟尼覺悟成佛之後，曾一度躊躇，是深入人間弘法度眾，還是獨善其身？思考之後，還是決定向人間弘法。佛經上記載有梵天勸佛陀轉輪說法：

> 「爾時，世尊知梵天心中所念，又慈湣一切眾生故，說此偈曰：
> 　『梵天今來勸，如來開法門；聞者得篤信，分別深法要。
> 　猶在高山頂，普觀眾生類；我今有此法，升堂現法眼。』」[10]

這時佛陀出家之初所遇到的兩位仙人已經去世。佛陀便想到了在他接受牧牛女供養時離他而去的喬陳如等五人。此時這五個人正在波羅捺國國都迦屍的郊外的鹿野苑修苦行。而波羅捺國在恒河上游的北岸，由佛陀悟道的王舍城西南的伽耶（Gayo）附近優留毗羅西那尼村的苦行林，到鹿野苑行程五百華里以上。但佛陀不畏路遙，托缽徒步，向喬陳如等五人傳法，講述佛陀思想體系中最基本的苦、集、滅、道「四聖諦」，五比丘皈依佛陀，史稱「初轉法輪」。

鹿野苑的初轉法輪，標誌著佛教的誕生，是佛教史上的一件大事，因為由這時開始，

9. 于凌波，《簡明佛學概論》，34.
10.《增壹阿含·1 經》卷 10〈19 勸請品〉

有了佛──釋迦牟尼；有了法──四聖諦，又有了僧──五比丘，佛、法、僧都一應俱全了。

很快，佛陀的僧團增加到千人有餘。佛陀的下一步行程，則是到當時的另一個經濟文化中心王舍城。無論從何角度考慮，此舉戰略意義重大：既便於解決生計上的問題，也可以更多的弘法物件。

在王舍城，佛陀得頻婆娑王禮遇，也收了這個有財有勢的王為弟子。頻婆娑王則在王舍城西南郊區，為佛陀造「竹林精舍」，安頓師父及一眾弟子。在竹林精舍，佛陀另得兩名後來弘法的重要助手皈依：一位是號稱佛門十大弟子中以「智慧第一」的舍利弗，另一位是以「神通第一」的目犍連。稍後，又有大迦葉皈依佛陀。此大迦葉，在佛陀十大弟子中號稱「頭陀第一」，後來傳佛心印，成為天竺初祖。此後，王舍大城便成了佛陀弘法的主要根據地，以後的數十年，有三分之一的時間都住王舍城。竹林精舍修好的第二年，佛陀僧團又得機緣，得拘薩羅國國都舍衛城須達多長老與只陀王子共同佈施，建「祇樹給孤獨園」（祇園精舍）。佛陀的許多重要說法都是在這些精舍弘傳的。

摩西領以色列人出埃及

與佛陀所從事的和平使命相比，摩西所領受的使命卻是轟轟烈烈、驚心動魄。上帝向摩西表明了祂就是那自有永有，自在永在的「我」，並且吩咐他去見法老，對他說：「耶和華希伯來人的上帝，遇見了我們；現在求你容我們往曠野去，走三天的路程，為要祭祀耶和華我們的上帝。」（出埃及記3：18）不出上帝所料，埃及法老並不買帳，還口出狂言說：「耶和華是誰，使我聽祂的話，容以色列人去呢？我不認識耶和

華，也不容以色列人去！」（出埃及記 5：2）法老不僅不讓以色列人去祭祀上帝，而且還加重他們的工作，不給他們草，反而要他們做出更多的磚，更加地苦待以色列人。結果，摩西大行十次神跡，終於使法老為以色列人放行。每一次行神跡，摩西都伸出手中的那根普通的牧羊杖，好讓上帝的能力通過那再尋常不過的牧羊杖而彰顯出來。

在最後的一次神跡中，「凡在埃及地，從坐寶座的法老直到磨子後的婢女所有的長子，以及一切頭生的牲畜，都必死。」（出埃及記 11：5）「到了半夜，耶和華把埃及地所有的長子，就是從坐寶座的法老，直到被擄囚在監裡之人的長子，以及一切頭生的牲畜，盡都殺了。」（出埃及記 12：29）「夜間，法老召了摩西來，叫他帶以色列人從埃及民中出去，依你們所說的，去事奉耶和華吧！也依你們所說的，連羊群牛群帶著走吧！並要為我祝福。」（出埃及記 12：31 — 32） 這一天，正是上帝先前對以色列人的先祖亞伯拉罕所說的日子，「正滿了四百三十年的那一天，耶和華的軍隊都從埃及地出來了。」（出埃及記 12：41）摩西在出埃及記中說到「除了婦人孩子，步行的男人約有六十萬。」（出埃及記 12：37）這樣算起來，當時出埃及的以色列人，至少有二百萬人之眾。

然而，法老並不甘心就這樣認輸，失去上百萬以色列奴隸，動用精銳的軍隊去追趕已經離去的以色列人。「埃及人追趕他們，法老一切的馬匹、車輛、馬兵，與軍兵就在海邊上，靠近比哈希錄，對著巴力洗分，在他們安營的地方追上了。」（出埃及記 14:9）看著趕來的追兵，以色列人對摩西大大地抱怨，說，「在埃及豈沒有對你說過，不要攪擾我們，容我們服事埃及人嗎？因為服事埃及人比死在曠野還好。」（出埃及記 14：12）摩西卻表現出對上帝極大的信心，相信上帝必施行拯救。耶和華上帝吩咐摩西向海舉杖，把水分開。「摩西向海伸杖，耶和華便用大東風，使海水一夜退去，水便分開，海就成了乾地。以色列人下海中走乾地，水在他們的左右作了牆垣。埃及人追趕他們，法老一切的馬匹、車輛，和馬兵都跟著下到海中。」（出埃及記 14：

21—23）然而，到了天亮時，摩西再次向海伸杖，海水仍舊復原。「淹沒了車輛和馬兵。那些跟著以色列人下海法老的全軍，連一個也沒有剩下。」（出埃及記14：28）

以色列人的驚奇與讚美是不難想像的。前面是大海，後面是追兵，眼見死路一條，不曾想上帝藉著摩西手中的仗，再行神跡，將海水分開，讓以色列婦孺老少從乾地走過。而兇猛的追兵，在一夜之間，全部葬身海底。摩西在〈出埃及記〉中用了一整章的篇幅來記錄以色列人高唱地古老而感人的讚美詩歌。

「我要向耶和華歌唱，因祂大大戰勝；將馬和騎馬的投在海中。
耶和華是我的力量，我的詩歌，也成了我的拯救；
這是我的上帝，我要讚美祂；是我父親的上帝，我要尊崇讚美祂；
耶和華是戰士；他的名是耶和華。
法老的車輛，軍兵，耶和華已拋在海中；他特選的軍長，都沉於紅海。
深水淹沒他們；他們如同石頭墜到深處。
耶和華啊，你的右手施展能力，顯出榮耀；
耶和華啊，你的右手摔碎仇敵。……
耶和華啊，眾神之中誰能像你？誰能像你至聖至榮，
可頌可畏，施行奇事？……
你憑慈愛，領了你所贖的百姓；你憑能力，引他們到了你的聖所。
外邦人聽見就發顫，……驚駭恐懼臨到他們；
耶和華啊，因你膀臂的大能，他們如石頭寂然不動；
等候你的百姓過去，等候你所贖的百姓過去。
你要將他們領進去，栽於你產業的山上；
耶和華啊，就是你為自己所造的住處。」
〈出埃及記〉15：1—16

以色列人脫離了埃及人的奴役，邁出了通向應許之地的道路。以色列人因為不信，本來只需四十天的路程，他們走了四十年才走完。上百萬人要經過曠野，且走且停，衣食住行，都是大問題。上帝白天用雲柱，晚上用火柱帶領以色列人。沒有食物，上帝就從天上降下嗎哪四十年，供他們每日食用；沒有水喝，上帝就用各樣的神跡，為以色列人提供水源，包括擊打與吩咐那象徵著後來降世的耶穌基督的磐石流出水來，供以色列人飲用。在上帝的保守下，他們「身上的衣服並沒有穿破，腳上的鞋也沒有穿壞。」（申命記 29：5）

四十年的經歷中，西乃山的經歷可以說得上是最高峰。耶和華上帝親自在西乃山顯現，「在山上有雷轟、閃電，和密雲，並且角聲甚大，營中的百姓盡都發顫。」（出埃及記 19：16）「西乃全山冒煙，因為耶和華在火中降於山上。山的煙氣上騰，如燒窯一般，遍山大大的震動。」（出埃及記 19：18）耶和華上帝親口向全以色列人宣佈十條誡命。之後，摩西被召上西乃山，在西乃山領受上帝親手寫在兩塊石版上的十條誡命，並在山上四十天，與上帝面對面交談。上帝將以色列人宗教生活與日常生活的律例、典章交給摩西，囑他寫在書上，成為以色列人的法典。同時，又吩咐以色列人造聖所，好住在以色列人中間。上帝將造聖所的詳細規則，在山上親自交給摩西。這聖所成為以色列人宗教生活的中心，一直延續到耶穌基督降世的日子。這十條誡命與其他有關律例典章，我們在後來還會更詳細地討論。

四十年的曠野生活中，摩西經歷過各樣的磨礪與考驗，上帝藉他行過多次的神跡。摩西用了四本書，來描寫上帝帶領以色列人出埃及的經歷。這些書卷分別是〈出埃及記〉、〈利未記〉、〈民數記〉、〈申命記〉。這些經歷，在以後的年歲中，都被反覆提及，成為《聖經》中的一個重點。這些，都會在我們以下的對觀中不時提及。

釋迦晚年滅度　摩西終點逝世 ——————— 2

祇樹給孤獨園建成之後，須達多長者到王舍城去迎接世尊，世尊見機緣成熟，於是帶著弟子們到了舍衛城。這舍衛城是拘薩羅國的國都，國王是波斯匿王，與世尊同歲。《雜阿含經》上記載了世尊與波斯匿王的交往。匿王起先對世尊不太信任，後為世尊所折服，皈依世尊。世尊見其體胖，對他說了一段偈言：「人當自繫念，每食知節量！是則受諸薄，安消而保壽。」[11] 囑匿王注意節制。後匿王每每吃飯時即請一童子誦此偈，屬行節制，果然奏效，對世尊心存感激，也與世尊過往甚密。佛經這方面的記載，悄然地體現了睿智的世尊深厚的人情味。

佛陀晚年返鄉省親

佛陀深沉而淡雅的人情味，還表現在他不捨的親情上。出家時曾抱定不得道誓不回鄉的誓言。覺悟之後，還住王舍城竹林精舍時，佛陀曾返鄉一次。成道之後六七年，佛陀聽說父親淨飯王抱病在身，渴念情殷，又帶著弟子回國省父，淨飯王得知，大喜過望，父子相見，不在話下。三月後，淨飯王病逝。悉達多太子是淨飯王晚來得子，佛陀四十左右返鄉，其父必是八九十歲的人了，可謂有善終。佛陀為父火葬，後率弟子離開。

釋迦牟尼回迦毗羅衛國後，他的妻子耶輸陀羅攜其子羅睺羅也前往恭迎，其時羅睺羅年方七歲，聰明智慧。釋迦牟尼向他們宣講佛法，後來也先後度了他們出家。羅睺羅、阿難、優婆離皆修成阿羅漢果，一起成為佛陀的十大弟子。佛陀滅度後，阿難由於聽法多，記憶力強，遂誦出佛陀所講的人生宇宙的實相真理，優婆離亦誦出佛陀為弟子們制定的行持法規，記錄下來後，就是佛氏三藏書中的經藏和律藏。耶輸陀羅後來與

釋迦牟尼姨母摩訶波闍波提一起皈依佛門後，成為最早的比丘尼（尼僧）。

從一個角度來看，佛陀妻兒的皈依，也似可看作家庭團圓的另類方式。畢竟，此時的佛陀住有定所，行有定向，不僅能時常見面，還能聆聽世尊說法，開示人生，豈非一舉多得！

佛經中記載的世尊，不僅與人有深相契合的友情、淡淡地描寫了血濃於水的親情與別樣的眷顧，而且還表現了世尊對祖國生於斯長於斯的的忠誠與盡力。

出家不忘國難

早在拘薩羅國的波斯匿王未皈依佛陀之前，就曾向釋迦族求婚。釋迦族既不敢拒絕，又不願扯上這門親事，於是繼承淨飯王位的摩珂那摩想出一個瞞天過海之計，把家奴末利嫁給了波斯匿王。在種姓制度盛行的印度，把賤族人家的女兒嫁給國王，這可犯忌的事！不祥的禍種從此種下。

匿王不知，寵愛末利，並與她生下一子，就是後來的琉璃太子。太子八歲時，受父王命到迦毗羅衛學騎射。這時正是佛陀第二次回鄉之前。族人為他建了一間大講堂供他說法。琉璃因一時好奇，走進了這座被視為聖地的講堂。釋迦族人認為聖地被褻瀆了，立即將太子走過的地方挖地換土。太子以此為恥，誓言他日為王，必殺盡釋迦族。後來琉璃太子逼退父王，繼位為王，便要對迦毗羅聖發動戰爭。

佛陀雖知此事之因果與業力，仍盡一己之力，三次援手相救。到琉璃王第四次興兵進犯時，佛陀知事不可逆轉，未再出面。摩訶那摩自覺愧對族人，出面與琉璃王周旋，請琉璃王在他入水未起來之時，給城中百姓時間逃生。摩訶那摩王縱身入水，良久未

起。原來他以頭髮纏住樹根，給城裡的百姓贏得了逃生的機會。迦毗羅衛國也就此滅亡了。祖國的滅亡，對年邁的佛陀來說，不能不算是一個嚴重的打擊。

給佛陀感情上的另一個嚴重打擊，大概要算愛子未到三十歲便英年早逝，愛徒舍利弗與目健連也雙雙在他垂暮之年先他而去。佛陀本來就有慈悲之懷，親子愛徒的去世必使他的內心蒙上難以言諭的悲傷。

佛陀的滅度

涅槃釋迦牟尼晚年居住在王舍城。相傳，他曾多次召集住在那裡的僧人，向他們講了有關保持僧團不衰的原則，要求他們「依法而不依他處」，然後離開王舍城北行，開始了他最後的遊化。他帶領弟子們，經過那爛陀、波吒厘弗多羅，渡恒河，到達吠舍離，受到當時富裕的妓女庵婆波利（庵摩羅）的供奉。以後便來到吠舍離附近的貝魚伐那村（竹林村）。時值雨季，釋迦牟尼決定在那裡安居，留阿難陀一人隨從，其餘弟子均分散到各處居住。在雨季中，他患了重病。雨季過後，又繼續起程，向西北地方巡遊講說。到了南末羅國的波伐城（亦譯「婆瓦村」），駐錫鐵匠純陀的芒果林中，並吃了他供獻的食物。食後，釋迦牟尼中毒腹瀉，病情轉重。行至離拘屍那迦城（今印度聯合邦迦夏城）附近的希拉尼耶伐底（或譯「阿利羅跋提」、「阿恃多伐底」）河邊的娑羅林，在兩棵娑羅樹之間，右脅而臥，半夜入滅。

臨終遺訓

臨終前，弟子們公推阿難向佛陀請示佛滅後處理可能遇到的情況，提出了四個問題：一、佛陀滅度後，我等依誰為師？二、佛陀滅度後，我等依何法住？三、佛陀滅度後，惡比丘如何調伏？四、佛陀滅度後，經典結集，如何叫人取信？

佛陀一一作答：一、佛滅度後，你等浴衣波羅提森叉為師（即以戒經為師）；二、佛陀滅度後，你等依四念處安住；三、佛陀滅度後，對難調伏之惡比丘，應默擯置之；第四、佛陀滅度後，一切經典前加「如是我聞」四字。[12]

佛陀答過四問，又為求見的年逾百歲的婆羅門須跋陀羅說法，使他成為佛住世時的第後弟子。至此，一代聖者，溘然長逝，享年 80 歲。火化之後，舍利為拘屍那城的末羅族人所得，佛住世時所教化過的其他國家不服。幾經調解，由摩揭陀國阿闍世王主持，將舍利分為八份，由八國各自迎回，建塔供養。

摩西預表性的一生

如果說釋迦的一生，是探索求解與弘法傳道的一生；那麼，摩西的一生，則多為預表性的一生。摩西的生命，並不是用來去摸索什麼道路的，人生的道路有上帝直接的啟示與帶領。摩西所需要做的，就是將自我完全擯棄，全然地順從上帝的指引，成為上帝可用的器皿，讓上帝的智慧與大能、公義與慈悲，藉著人間的管道得以彰顯。然而，人的順從，並不是失去自由意志，任人擺佈，而是與上帝旨意的深相鍥合，在狹隘的自我完全的隱藏之後自由地、無障礙地順應天道。那是一種妙不可言的天人合一的境界。也正因為這樣，上帝所揀選的僕人的一舉一動，一言一行，若意氣用事，誤表上帝，其後果也是非常嚴重的。摩西的結局，就受到了他在帶領以色列過曠野的過程中所發生的一件事情的影響。

以色列人出埃及、結束受奴役的狀況而走向所應許的迦南美地的過程，原本作為一個樣板，象徵性的向世人表明，人人都需要脫離罪的奴役而走向自由的道路。那應許之地，也是作為人間的終極歸宿的一個象徵。用佛教的話來說，這一切，原來是一個方便法門。出埃及的行動本身，所帶來的只是沒有欺壓的外在的自由，而不是內心中

12.《大智度論卷二》

摩西及其所預表的耶穌

	摩西	耶穌
國籍	以色列人（出埃及記 2：1 — 10）	以色列人（馬太福音 1：1 — 17）
出生背景	外邦統治（出埃及記 1：8）	外邦統治（馬太福音 2：1）
出生	面臨殺害（出埃及記 1：22）	面臨殺害（馬太福音 2：13）
童年	在埃及度過（出埃及記 2：10 — 11）	在埃及度過（馬太福音 2：15 — 16）
收養	被法老的女兒收養（出埃及記 2：10）	道成肉身——童女馬利亞所生（馬太福音 1：18 — 23）
身分	多重身分：祭司、領袖、先知、中保（利未記 8：28 — 29，出埃及記 32：34，申命記 18：18，出埃及記 32：30）	多重身分：祭司、領袖、先知、中保（希伯來書 4：14 — 15，2：10，約翰福音 7：16，提摩太前書 2：5）
解救者	領以色列人出埃及（出埃及記 3：16 — 17）	領世人脫離罪惡（馬太福音 1：21）
糧食	嗎哪（出埃及記 16：4；31）	生命的糧（約翰福音 6：35）
水	泉水從石中流出（民數記 20：11）	生命的活水（約翰福音 4：14）

（引自《覺悟人生 從頭說起》之第二篇〈天下奇書〉）

菩提樹下與荊棘叢前。

徹底清除罪的奴役的清淨與自由。但上帝希望藉著把以色列人從埃及地為奴之家領出來，而贏得他們的心，使他們認識到一種心靈上脫離了罪的捆綁的真正的自由。同時，上帝也藉著多樣的神跡，啟發著以色列人，祂既能讓磐石流出清洌的泉水，讓天空降下嗎哪；祂同樣可以叫以色列人頑石的硬心，變成順應大道的柔軟的肉心。人在曠野之中，連生計都不能維持，更不用談什麼建功立業，大展鴻圖。上帝希望借助各樣的神跡與扶助，說明人認識到人生的無奈與無常，軟弱與有限；希望得到恩助的以色列人心中生起感恩之心，而選擇生命，選擇順從。順從天道，是一種大徹大悟之後的必然抉擇。摩西在靠近目的地——迦南應許之地時，做出了一件誤表上帝的舉動，而這一舉動，導致了他經歷死亡的襲擊。

摩西晚年犯罪

如前所述，以色列人在曠野的四十年，所吃的是從每日清晨從天而降的嗎哪，上帝又叫活水從他們所處之地的磐石中流出來，供他們解渴飲用。這清涼提神的活水，本是靠著基督話語的能力從磐石中流出來的。以色列人「所喝的是出於隨著他們的靈磐石；那磐石就是基督。」（哥林多前書 10：4）那流出活水的磐石，本是要預表基督的。磐石流水，只需擊打一次，以後便只要吩咐磐石流水就可以。因為這一次的擊打，預表著「被上帝擊打」，「為我們的過犯受害，為我們的罪孽壓傷」（以賽亞書 53：4—5）的基督，也「一次被獻，擔當了多人的罪。」（希伯來書 9：28）然而，基督不能第二次被獻，因此也就不能第二次被擊打。凡要尋求上天恩典與福惠的人，乃是要藉著痛悔的祈禱，傾吐衷心的願望，祈求上帝的賜福。

當以色列人快到迦南地，來到一個叫做加低斯的地方時，那多年在他們營邊湧流的活水忽然中止了。上帝告訴摩西：「你們……要轉向北去。你吩咐百姓說：你們弟兄以掃的子孫，住在西珥，你們要經過他們的境界；他們必懼怕你們。……你們要用錢向

他們買糧吃，也要用錢向他們買水喝。」（申命記2：3─6）這本是上帝給他們的一個信號，表明曠野飄遊的生活即將終止。他們所要經過的乃是一個有豐富水源的地方，也有機會購買食物。但以色列人因著不信，卻沒有看明這一點。反倒把上帝應許即將實現的憑據，作為發牢騷的新藉口，吵著要曠野的享受，而放棄了進入迦南地的希望，又再次重蹈了列祖不信的覆轍。這樣的情形，令摩西非常懊惱。一向謹慎、謙卑、細心、順從的他，在盛怒之下，竟忘了上帝的吩咐，兩次擊打磐石，好讓活水從磐石中流出來。

有水從兩次擊打的磐石中流出來，但摩西意氣用事的鹵莽行為，沖淡了上帝所要教導的真理，那預表基督的美妙靈意也被破壞了。上帝並沒有因為摩西的正直和忠心，而不追究這一次犯罪的罪責。倘若這樣，百姓就會認為上帝會偏待人。罪的刑罰與犯罪者，如影隨形，並無例外。所以，上帝立時向摩西與他的哥哥亞倫宣佈了嚴厲的刑罰。「耶和華對摩西亞倫說，因為你們不信我，不在以色列人眼前尊我為聖，所以你們必不得領這會眾進我所賜給他們的地去。」（民數記20：12）

摩西離世

此時的摩西雖已是一百二十歲的高齡，卻仍然是精神矍鑠，眼不花，耳不聾，與四十年前出埃及時一樣健康強壯。經過長達四十年的長途跋涉，眼看就要到達目的地，但卻因自己一時的急躁犯罪，而被擋在外面，摩西內心的感受，可想而知。他向上帝懇切地祈求說：「主耶和華啊，你已將你的大力大能顯給僕人看；在天上，在地下，有什麼神能像你行事，像你有大能的作為呢？求你容我過去，看約但河那邊的美地，就是那佳美的山地和利巴嫩。」（申命記3：24─25）所得的回答是：「罷了！你不要向我再提這事。你且上毗斯迦山頂去，向東、西、南、北、舉目觀望，因為你必不能過這約但河。」（申命記3：26─27）

最終摩西沒有進到應許之地迦南，但上帝卻讓他在臨終之前，上到一座叫做尼波山的山上，從那裡觀看上帝所賜給以色列人為業的迦南地，並告訴他說：「你必死在你所登的山上，歸你列祖去。」（申命記32：49 — 50）摩西上到尼波山上後，耶和華上帝將所應許之地全部指給摩西看，對他說：「這就是我向亞伯拉罕、以撒、雅各起誓應許之地，說：『我必將這地賜給你的後裔。』現在我使你眼睛看見了，你卻不得過到那裡去。於是，耶和華的僕人摩西死在摩押地，正如耶和華所說的。」（申命記34：4 — 5）

「耶和華將他埋葬在摩押地、伯毗珥對面的穀中，只是到今日沒有人知道他的墳墓。」（申命記34：6）以色列人在摩押平原為摩西哀哭了三十日。以後，他們在摩西的接班人約書亞的帶領之下，終於進入了上帝所應許賜給他們為業的迦南地。

佛陀如今何在　摩西復活升天 ─────── 3

星雲法師有一段精彩的文字，來回答這個問題。文字不長，茲全文引述。

> 唐順宗有一次問佛光如滿禪師道：
> 「佛從何方來？滅向何方去？既言常住世，佛今在何處？」
> 如滿禪師答道：「佛從無為來，滅向無為去，法身等虛空，常住無心處；
> 有念歸無念，有住歸無住，來為眾生來，去為眾生去；
> 清淨真如海，湛然體常住，智者善思惟，更勿生疑慮！」

順宗皇帝不以為然再問：「佛向王宮生，滅向雙林滅，
　　住世四十九，又言無法說；山河與大海，天地及日月，
　　時至皆歸盡，誰言不生滅？疑情猶若斯，智者善分別。」

如滿禪師進一步解釋道：
「佛體本無為，迷情妄分別，法身等虛空，未曾有生滅；
　　有緣佛出世，無緣佛入滅，處處化眾生，猶如水中月；
　　非常亦非斷，非生亦非滅，生亦未曾生，
　　滅亦未曾滅，了見無心處，自然無法說。」
順宗皇帝聽後非常欣悅，對禪師益加尊重。

有人常常問道：「阿彌陀佛在西方淨土，藥師佛在東方世界，
　　那麼釋迦牟尼佛現在又在哪兒呢？
其實，釋迦牟尼佛正在常寂光土，但常寂光土又在哪裡呢？」

這種問題，經禪者答來，就非常活潑，
　　因為有心，看到的是生滅的世界，那是佛的應身；
　　無心，看到的是不生不滅的世界，那才是佛的法身。
　　無心就是禪心，唯有用禪心，才知道佛陀真正在哪裡。

「有緣佛出世，無緣佛入滅」，滅不是生滅的滅，滅是涅槃境界。
在常寂光土則滅除一切煩惱、差別、對待，是絕對解脫快樂的寂滅世界。[13]

星雲法師這裡所說的常寂光土，是隋朝天臺宗智顗大師所立之四種佛土，又稱理性土，是全然斷除根本無明惑，是諸佛之所依處，也就是妙覺究竟果佛所居之淨土，乃是常住（梵語 nitya — sthita）、寂滅、光明之佛土。更為通俗的解釋為「離生與滅謂之『常』，一無煩惱稱為『寂』，永遠在最高智慧中而與『常』和『寂』合而為一，就是『常寂光』。」[14] 不過，也有人認為，在常寂光淨土之中，並沒有最高的智慧，應該是「無智亦無得」才對，「以無所得故，菩提薩埵」。

13. 星雲法師，星雲禪話（一），取自 http://www.fgs.org.tw/master/masterA/books/delectus/hsingchantalk/01/01-05.
　　htm（2010 年 10 月 20）
14. 張尚德，《中國人是真的》（上海，上海人民出版社，2007），387 頁。

菩提樹下與
荊棘叢前。

大乘佛教認為佛有三身，即報身、應身、法身。佛圓寂之後，報身與應身消失，但法身常在。根據馬來西亞達摩難陀長老在「佛陀在哪裡？」一文的開示，佛以阿彌陀佛現身在淨土世界，接引那些虔誠地念他名號的人往生淨土，然後在淨土證悟涅盤。這樣的看法，雖然能帶給人莫大的希望與信心，但是他指出，「以某種具體的形式存在著，這是不符合佛陀的教誨的。但在另邊廂，如果我說佛陀不住在任何地方，沒有一個身軀，許多人會對這樣的答案感到不悅，因為他們追求『存在』的欲望無法被滿足。他們會說這豈不等於『無』。涅盤不是『無』。他是身心苦痛的熄滅及最高喜悅的體驗。」[15]

最後，他作出結論說：「我們無法說他到了哪裡或他還存在，只能說他已經獲得了涅盤的喜悅，也是我們生命的終極目標。所以，佛陀去了哪裡？最好的答案是：在你領悟終極真理的心中。」[16]

但是，這樣的說法也並不理想，因為有落入「如來在識中」之虞。或許比較能接受的說法是：如來非一切法而遍一切法，如來非一切法，而與一切法變不異故。

圓寂之後佛陀現今何在？這是一個非常棘手的問題。若說佛陀滅度之後，不能說他存在於某種形式「往生」之中；可是問題是說，說到存在，就意味著他存在於某個時空，因此也就仍是這個無常多變的宇宙的一部分。若說佛陀滅度後，不存在了。那又會陷入另一個困境。就如像是在說佛所追求所教導的，到頭來還是一場空。

據佛教學者方立天教授考證，早期佛教期間，釋迦牟尼與門生所持的是「佛一身說」，

15. 達摩難陀長老，「佛陀在哪裡」，2013 年 1 月 15 日摘錄於《顯密文庫》，http://xmwk.zgfj.cn/e/action/ShowInfo.php?classid=1181&id=49407
16. 達摩難陀長老，同上。

即認為佛只有生身（肉身），而這個肉身也是會死亡，並不能永存。後來信徒們出於對佛陀的敬仰和懷念，逐步發展出「佛二身說」，即佛有生身與法身，雖然不同派別對二身的涵義的看法不盡相同。這種看法，把法身看成是佛之所為佛的根據，為釋迦成佛提供鮮明的法理依據。大乘興起後，特別是唯識學派，完成了比較定型的「佛三身說」，即生身，應身與法身。三身以法身（自性身）為本，依法身而起生身（受用身），依生身而起應身（變化身），表現了一種有層次的佛身結構。此外，還有四身說，乃至佛十身說進一步展開。方教授認為，這種以法身為核心的三身說、四身說，是大乘佛教為尋求和奠定佛身乃至世界統一的原理所作的努力，它為說明世界萬物的本體和統一性提供了別樹一幟的獨特學說。此外，大乘佛教也從歷史上的釋迦牟尼一佛說，發展到「一界一佛」的多佛說，又從多佛說進而發展到十方世界有如恒河沙的無量數佛的無量佛說。[17]

不過，也有佛學界人士指出，方立天的主張與《阿含經》並不相符。其實，《阿含經》已有恆河沙諸佛的說法。方氏所講的這種一身、二身、三身漸次衍生的說法，是誤解佛經。《阿含經》已說，五蘊與如來非一非異。《如來臺阿含經》說：「我釋迦文佛壽命極長。所以然者，肉身雖取滅度，法身存在。」由此可見，最少有法身和五蘊身的差別。應化身和報身皆是五蘊身。三身與二身只是分類上的判別，並沒有實質上的判別。

基督徒在看到這些觀念的變化時，自然會以神性與人性來比對，雖然這樣的概念在現今的佛教中並不盛行。大乘佛教所說的法身的概念，大體上應與《聖經》中的上帝的神性接近了，或者接近基督教所說的「道成肉身」中的「道」。而「生身」（肉身），自然與道成肉身的耶穌的概念相當。至於應身與基督教的某些概念的比較，我們將在第三篇中再進一步來思考。

總之，小乘佛教與大乘佛教在「佛陀今何在」的問題上，有著截然不同的看法。小乘認為釋迦牟尼與一般的常人一樣，到了年紀，死了。而大乘則藉著這個問題，對佛教中關於佛的觀念進行了全面的更新，發展出了一套與大乘其他教理相適應的觀念。但兩大宗在有一點上卻是相同的，那就是佛陀入了涅盤。值得注意的是，在一些佛學界人士看來，今天的南傳佛教並不足以代表小乘。《阿含經》才能代表小乘。《阿含經》上說，如來死後有、無、亦有亦無、非有非無，皆不可說。

至於涅盤又是何等的觀念、境界，那就是另一個問題了。我們借用釋善音《佛陀的三身觀》一文的結語來結束本章，雖然這樣的說法或許只是學術界的一種主張而已。

佛法以利樂眾生為目的，從自行化他而達成解脫。世尊入滅後，因佛弟子對佛的永恆懷念，而開展了不同的佛陀觀。從人間成佛的世尊到理想的佛陀，從深廣的菩薩大行到究竟圓滿的佛果，從人間有漏的佛身開展為方便示現的三身，無非是安慰弟子對佛的哀思。然而，經中說：「諸佛世尊皆出人間，不在天上成佛也。」體悟緣起而覺悟的佛，畢竟是不離人間的聖者，因此，理想的佛陀觀雖應知，但更應把握人間佛陀的確實性。[18]

摩西的結局

儘管現今的人們對佛祖今何在的問題看法不一，但一個無人置疑的事實是，本尊釋迦牟尼佛在八十歲時離開了人世。同樣，摩西也在一百二十歲時死在摩押地。但《聖經》卻進一步啟示，上帝並沒有讓祂的僕人繼續在墳墓安靜地等待，卻讓他復活了。一千多年之後，當耶穌來到世上時，摩西還曾與另一位沒有經歷死亡而直接變化升天的以色列先知以利亞一同降臨，與耶穌一起討論祂受難的事，為耶穌的門徒親眼所見（馬太福音 17：1 — 3）。當時，摩西作為過來人，作為得勝罪惡和死亡的見證，代表那些將來要從墳墓中復活的義人，而以利亞則代表了那些在基督第二次降臨時仍活著

18. 釋善音，「佛陀的三身觀」，《慧炬》415-416 卷（1990 年 2 月號）：30-45。

的義人，那時他們將「要改變，就在一霎時，眨眼之間，號筒末次吹響的時候，」那時「這必朽壞的總要變成不朽壞的，這必死的總要變成不死的」（哥林多前書 15：51—53）。換句話說，所有的義人，不是要重新出生，而是要改變，要從這不潔不淨的身體，一變而成為榮耀不朽的身體。那是一個徹底地了生死的改變，人既不再從人間父母而生，也就不必再經歷老病死。那個場景，預示了未來天國的榮耀，基督是王，摩西是從死裡復活的聖徒代表，以利亞是變化升天的聖徒代表。

釋迦與摩西，作為佛教與基督教的兩個典型，體現了兩大宗教的眾多相同與相異之處。佛教在「佛陀今何在」的問題上的含糊不清，意見不一，與《聖經》在「摩西今何在」問題上的清晰明瞭，歸根結底，還是源自釋迦與摩西在探索真理與實踐人生的方法上，採取了趣旨迥異的進路的結果。因此，對觀兩大宗教在認識真理上的進路，將為進一步比較釋迦所傳的佛法與基督所傳的福音其他方方面面而奠定基礎、鋪平道路。

菩提樹下與
荊棘叢前

第
3
章

殊途湛然

覺悟的
進路。

簡單地說，「覺悟」就是突然明白了原來不瞭解的事情，就像窗戶紙被捅破了一樣，原來那種模模糊糊、懵懵懂懂的感覺瞬間消失了，一下子洞見了事物的真相。覺悟有覺醒了悟之意。即體得真理、開發真智。佛家說：「會得真理以開真智為『覺悟』。」

悟的定義

可以認為，覺悟是與真理的相遇，是對真理的把握，同時也為真理所把握，也就是照著真理的光照行事為人。覺悟，始於真理，終於真理，以真理為始終，卻沒有止境，是一個不斷深化的過程。同時，覺悟又是真智慧的開始，是隨著對真理認識的不斷加

深而得的真智慧的不斷增加。

《佛光大詞典》中對「悟」有這樣的釋義：
「生起真智，反轉迷夢，覺悟真理實相，……有證悟、悟入、覺悟、開悟等名詞……
又從悟之程度而言，悟一分為小悟，悟十分為大悟。若依時間之遲速，可分漸悟、頓
悟。依智解而言，解知其理，稱為解悟；由修行而體達其理，則稱證悟。」[19]

《佛光大詞典》的解釋，並不為佛學界所公認。有人認為，《大乘起信論》所說的本覺、
始覺和究竟覺，才足以代表佛教對於悟的認識與理解。

在佛教的傳統中，基於對悟的內涵的不同認識，常有所謂「三乘菩提」的說法，即聲
聞菩提，緣覺菩提與佛菩提。我們將在《解脫與救贖》一章，來更進一步地討論這些
不同層級的覺悟內容。無論以什麼為了悟的內涵，了生死都包涵在內。正如佛偈有雲：

> 若人生百歲，不解生滅法，
> 不如生一日，而得瞭解之。
> 《法句經》

不過，亦有人認為，這個偈子是不了義法，真正的了義法應該是「一切賢聖皆以無為
法而有差別。」懂得生滅法並非稀奇之處，懂得常住法（無為法）才與凡夫有所區別。

說到「覺悟」，自然會想到有三個前提：第一、我尚未覺悟，需要覺悟，能夠覺悟；
相當於凡夫不覺；第二、相信有一包羅萬象的絕對真理體系的存在，無論這一存在是
在我之內，還是在我之外；第三、絕對真理體系的某些方面有可能被人類（我）認識、
瞭解與親證的一面。見道而為始覺。在這樣的框架和前提的覺悟，才有實際的人生層
面上的意義與廣泛地宇宙層面上的意義。

---

19. 「悟」字條款，《佛光大詞典》，http://etext.fgs.org.tw/etext6/search-1.htm，2010 年
10 月 25 日。

姑且不論真理是在「我」之內，還是在「我」之外，且不論這個「我」是假我，還是真我，覺悟的途徑，是從「我」出發，去探索真理，接近真理，進而進入真理與真理合一。可以說佛教所提倡的覺悟，是從分支追溯源頭，是自下而上的探索途徑。而對「我」的認知，在佛法之中佔有重要的地位。為了敘述的方便，我們在此暫設假名，以「假我」來指稱一般人的自我感受與自我體認。這個「假我」，就是佛法中常提到的人易有的「我執」、「我慢」中的「我」。以「真我」來指稱傳說中釋迦在降生所說的「天上天下，唯我獨尊」中的「我」。這個「真我」是佛法覺悟的對象，是覺悟的目標。 在一般的佛教文獻中，都以同樣的一個「我」字來指稱這兩個根本異趣的「我」，所以，讀者在閱讀這些經卷或文獻時，需要分辨文中的「我」，究竟是指著什麼而言。

有了這樣的分別，我們可以說佛教覺悟的過程，是探索者從未覺悟的「假我」出發，向真理（「真我」）邁進的過程。佛教視這個「假我」為物理、生理與心理三方面的總和。具體表現為「六根、六塵、六識」，即通常所說的「十八界」。「六識」（眼識、耳識、鼻識、舌識、身識、意識）通過「六根」（眼、耳、鼻、舌、身、意）來接觸「六塵」（色、聲、香、味、觸、法）。「六塵」映入「六根」而由「六識」判別及記憶保存，再從「六識」的記憶保存中顯現出來，激發「六根」攝取「六塵」，如此迴圈，既構成人的認識過程與結果，也反映人從生到死的活動。一旦失去「六識」，而僅存「六根」與「六塵」時，活人就變成死人了。

十八界及其效能

六根界	六塵界	六識界	效用
眼根界	色塵界	眼識界	見
耳根界	聲塵界	耳識界	聞
鼻根界	香塵界	鼻識界	嗅
舌根界	味塵界	舌識界	嘗
身根界	觸塵界	身識界	覺
意根界	法塵界	意識界	思

對作為探索者的人而言，人生在世，所經歷的事情可能千差萬別，但每個人所經歷的人生階段卻是大同小異：從父母所生，經歷孩童、少年、青年、中年，再到老年，繼而相繼去世。一般人能活到七、八十歲就算是壽終正寢了。偶爾也有長壽者，活到九十，甚至到百歲仍健在者。然而，就算是活到百歲，仍是人生苦短，轉眼成空。真正用來認真思考宇宙人生的時間，不過區區幾十年。以如此短暫之人生，如何去認識世界，又如何能洞悉宇宙人生之根本大道呢？這就牽涉到了一個知識來源的問題。

佛教的知識來源

從佛教的角度來說，知識來源於觀察與推理以及聖人根據其觀察與推理而傳的言教。用佛家的術語來說，即現量、比量、與正教量。

① 所謂**現量**，就是現前觀察所得的知識，以及以此為前提，通過演繹法和歸納法所得到的邏輯推論。現量是由五官能力直接覺知外界之現象者；是構成知識之最基礎來源。

② **比量**，是依據部分現前觀察所得的現象（現量）所作的判斷。心識所量度的對象，沒有呈現在前，但可藉著知識經驗，推測比對而獲致量果。如見山下有煙，推知該處有火；見牆外有雙角，推知牆外有牛。

③ **正教量**，是現量者的報告，相當於見證報告，是一切智所說言教。對別人來說，是正教量，但對自己來說，仍然是現量。所以，最根本的知識來源還是現量與比量，即觀察與推理。

這裡就出現了一個「學」與「悟」的問題。觀察與推理，都可視為「學」的範圍，而根據觀察與推理而有所得，則可視為「悟」。有人對「學」與「悟」作了這樣的區別，我們一般意義上的「學」，都是通過對呈現在自己面前的學習材料進行分析、理解後，獲得一種認知能力，而「悟」則是一種反觀式的向心內提取的狀態。形像地說，「學」

是執著地鑽進去;「悟」是自然地流出來。「學」是對「有」的分析;「悟」是無中生有的「頓現」。從覺醒的境界和生命的品質這一視角來看,真正重要的不是學到了什麼,而是悟到了什麼。[20]

對於「悟」的內容及其與「開悟」者的關聯性,作者進一步說,佛教中所說的「悟」,涉及的都是對生命及生死現象等根本性問題的追問,這是任何人都替代不了的心路歷程。對修行人而言,別人得出的結論並不能成為自己的答案,必須親證才行,正所謂「自己吃飯自己飽」。輕易地接受一個所謂的「標準答案」意味著阻斷了自己感悟的機緣。佛教有「小疑小悟,大疑大悟」之說,不經過自己的感悟而毫不費力地「知道了」,就相當於戳瞎了自己智慧的眼睛。[21]

循著這樣的思路,而我們似乎可以往前進一步說,「悟」是過程,「悟」的結果就是「覺」。真正的「覺」從「悟」而來。至於是什麼樣的契機或事件導致人的「開悟」,那是因人而異,因時而異,無一定之規,佛家的論述也彼此不同。

以觀察者來說,人對於自身或周圍世界的認識,或運用六根、或借用工具探索,或運用思維沉思所進行的觀察與推理,所得的認識,都不外乎上述十八界的交互運用的結果。而且這種認識的有限性,是顯而易見無需證明的。有限性的認識的集和,仍是有限而不是無限的。之所以是有限的,不僅與人類的認識工具與方法有關,也與人類生命的有限性有關。特別是在觀察者與被觀察的對象,都被人類集體與個體的罪孽遮蔽或扭曲時,就不太可能單憑觀察與推理而指望得出正確的知見。迄今人類對一個原子的認識尚且不全面,更遑論那些看不見,摸不著,深藏於六塵之外的的宇宙奧秘了。因此,學佛之人在求解宇宙人生更根本的問題上,更多的是倚仗正教量,即倚仗的高僧大德所傳授的佛法。而歷代的高僧大德最終極的倚仗物件,便是佛弟子所傳或佛教經典中所記載的,在菩提樹下覺悟的釋迦牟尼佛的教導。

20. 李作祚,「一種獨特的認知方式」,《佛教文化》,取自「佛學研究網」http://www.
    wuys.com/news/Article_Show.asp?ArticleID=36260, 2013 年 1 月 11 日。
21. 李作祚,同上。

佛祖的覺悟過程，似乎也是自下而上的根據於現量（觀察）與比量（推理）而來的一個過程。這一點可以從他一生的經歷與過程中得到證實。未出家時，四次出遊，而產生了對「生、老、病、死」的思考。既已出家，又經歷過幾年的苦修與觀想，最後才在菩提樹下覺悟成佛。所覺悟的對象與內容，並不是佛自身的東西，而在他之外。佛的覺悟，仍是對這個自身之外的法的覺悟。例如，論到緣起法，佛告比丘：

「緣起法者，非我所作，亦非餘人作。然彼如來出世及未出世，法界常住，彼如來自
覺此法，成等正覺，為諸眾生分別、演說、開發、顯示。」
《雜阿含經二九九》

在這裡，釋迦牟尼闡明了三個問題：第一是宇宙間本然的法則，不是他所創造或制定，而是「法爾如是」的法則；或者說「道法自然」，法是自在的法；第二、佛陀雖不是法的發明者，卻是法的覺悟者，證悟者；第三、覺悟者對外說法，覺者向眾從宣講開示，開示的核心內容是法。說得再通俗一些，就是法理自在，佛是法義的覺悟者與傳播者。之所以把法義稱之為「佛法」，是因為它是佛陀所覺悟與傳播的原故，而不是佛陀的發明。

佛陀覺悟的內涵

關於釋迦牟尼當時究竟覺悟到了什麼，歷代以來，眾說紛芸。不過，從最早集結的《阿含》來看，釋迦牟尼所傳的義理重點是四聖諦，三法印與十二因緣。

此外，無常與無我，五蘊，中道，無記，以及種姓平等，也是早期佛教的主要教理。[22]

22. 姚衛群，《佛學概論》（北京：宗教文化出版社，2002），7-17 面。

佛教立教的根基，是解決現實人生的問題，是一種實踐性很強的教理，玄學上的思辨，應當不是在菩提樹下默想的釋迦所關注的重點。佛教學者吳汝鈞這樣寫道，「佛陀是一個很重視現實的踐履的人物，他鎖定自己的志業是求道、得覺悟、普渡眾生後，便切實地就這個方向去做，做一些切近的工作，不去想那些哲學上玄遠的問題，特別是形而上學的問題，或其他不太相關的問題。」[23]

這種從現世的生活（世間）出發，朝著超越現世（出世間）的目標而取的覺悟之路，似乎可以看成是一種自下而上的進路。然而，有些內容，如過去世的現世歷史，還有十方世界其他的一些生命形式，這些都包含在佛法之內，但又是「假我」的六根所無法觸及的。這些，連同那些超越六塵，超越三界的更為根本的真實法義，是如何為只能透過六根、六識來感知與認識世界與法理的有情眾生所了悟，就成了一個個不能穿透的謎。打個不太貼切的比方，以宇宙來說，有些是人類可以觀察得到的，有些完全不在人類所能觀測的範圍之內。現在，我們若說，人類獲得了那些靠已有的工具（相當於人的「六根」）所完全觀測不到的宇宙的知識。這就不能不說是一個謎了。人既無法觀測那些宇宙的情形，又是如何知道關於那些宇宙的真實情形的呢？

這樣的問題，把我們帶到另一種認識的進路，另一種知識的來源——啟示！

23. 吳汝鈞，《佛教的當代判釋》（臺北：國立編譯館，2011 年），198 面。

殊途湛然

基督教的
啓示觀。

與自下而上的覺悟途徑不同，基督教的啟示觀，是指自在的真理（上帝）對其所創造
的眾生（「我」），把與眾生根本利益（生死）相關的自己的本性與本相，宇宙萬有
的來源、性質與宇宙天地的歷史與未來，藉著不同的途徑與媒介，加以「分別、演說、
開發、顯示」。簡言之，《聖經》中的啟示是真理的本體透過種種途徑與媒介，直接
或間接地向人昭示真理本來面目的方法或進路。真理雖然浩大無邊，但所啟示的中心
內容，則與受啟示物件的接受程度、切身與永恆利益息息相關。

自然的啟示 ————————————— 1

大自然是真理本源啟示的方式之一。所謂「自然」，「自」有自在或自在者的意，「然」，是如此、這樣、樣子的意思。所以「自然」，就是「自在者原本的樣子」的一種體現。「自然」又稱「天然」，即是「天使之然」的意思，又有「天的樣式」的意思。簡單說來，自然（或天然），就是自在之天的本性的表現，或上天透過自然來啟示其本來的樣子。

我們無論何往，舉目所望，都是造物主的作為，豎耳而聽，均可聽聞造物主的奧妙的聲音。浩浩長空，蒼蒼大地，滄海江河，群山俊嶺，多彩多姿，華麗和諧，無不向人心述說上帝的榮耀。那涓涓地細流，流過青山，穿過平原，一路發出陣陣的讚美。高大的樹木，隨風飄動著綠色的枝葉，帶給人無限的生命力；美麗的花卉溢出不可思議的芬芳，沁人心扉，令人在沉醉之中漸漸地進入忘我之境。厚厚的大地之上，輕輕地披上地毯似的植被，講述著造物主對最卑微的生物的關愛；巍峨的山嶺，堅實偉大，述說著上天的權能。在山與海的深處所深藏的寶藏，露出造物主的豐盛與對受造物的祝福。那將珍珠安置於海中，將水晶與璞玉安置於岩石中之主是愛美的。就是那不懼風和雨、傲然盛開在「驛外斷橋邊」的梅花，也並非「寂寞開無主」，而是要把榮耀與讚美歸給造化之主，把堅毅、美麗與安慰帶給人間。一切裝飾大地並使天空閃亮的光榮與優美都在宣述上帝。《聖經》中有詩雲：

> 「乾坤揭主榮，碧穹布化工。朝朝宣宏旨，夜夜傳微衷。
> 默默無一語，教在不言中。周行遍大地，妙音送長風。」
> 《聖詠詩義　第十九首　乾坤與妙法》[24]

---

24. 選自吳經熊以古體所譯《聖經》詩篇第十九首。和合本譯文如下：「諸天述說神的榮耀，穹蒼傳揚他的手段。這日到那日發出言語。這夜到那夜傳出知識。無言無語，也無聲音可聽。他的量帶通遍天下，他的言語傳到地極。」

不錯，一切被造之物在其原始的完美情況之下，都是上帝思想的表徵。自然界原本充滿著上帝的知識，並富有神聖的訓誨。智慧對眼目宣講而為心靈所接受；受造物可藉著上帝造化之工與物共語，與天同遊。

根據《聖經》的啟示，這原本直接宣示上天本性的大好乾坤，因為初造的人類始祖違背了至高者無瑕的聖潔玉律。自然界的面貌就立時失去上帝聖顏的榮耀了。如今大地如雖然被罪惡所毀傷汙損了。然而在凋萎的情況之中，仍有如許的美物存留。古往今來，曾經引來多少感恩和驚歎，留下多少美妙的詩句！看「春江潮水連海平，海上明月共潮生。」望廬山瀑布，「飛流直下三千尺，疑是銀河落九天。」歎蓬萊仙境，「一半煙遮，一半雲埋」。品「明月松間照，清泉石上流」的幽靜，興「念天地之悠悠，獨愴然而涕下」的感慨！西方的哲人康得也曾發出「頭上滿天星斗，心中一片天良，常令人懍然悚然，不能自己。」的深沉感慨。

造物主寓於大自然之中的教訓，並未因人的惡業與罪過而全然消失；只要正確地理解，自然界依然能夠述說造物主的榮耀，提升人的性情。今天，人們觀察自然、研究自然，從一個角度來說，就是去揣摩天藉著大自然所表現的性情、品格、智慧、能力與尊貴，激發人內心對造化之工的頌贊與感恩，對生命的尊重與熱愛，以及對真善美的強烈追求。同時，大自然也是天然的教科書，教導凡認真向自然學習的人生活的智慧，培養學習者養成與天相和諧的性情與品格。

但我們也應當看到，人類的共同的罪孽，也在自然中有所反應，打上了人的惡業（罪孽）的烙印，在相當程度上遮掩，有時甚至是扭曲了自在者的性情，使自然的啟示變得模糊、晦暗，甚至是完全顛倒。況且，就是觀察揣摩者自身，也因著個人業障的遮蔽，變得視角偏頗，悟性昏暗，智識下降，對天然啟示的觀察力與領悟力都日趨下降，以致不能去顛倒模糊而洞見實相，或透過現象去把握隱藏於森羅萬象背後的本質。這

樣的觀察，也帶來了許多扭曲的結果：或把造物主與受造物混為一談，或把受造物視為神明，甚或根本看不到在自然宇宙之外，有自然宇宙的創造主存在，更不用說對創造主的本性與聖德有清晰的認識。

上帝在自然界所顯的作為，並非上帝本身，自然界的事物不過是上帝聖德的一種表現；藉以明瞭祂的仁愛、權能，和榮耀；但我們卻不可將大自然當作上帝。人用藝術家的技能製造出精巧悅目的作品，我們從這些作品上藉以略知作者的思想；然而作品並不是作者本人。值得推崇的，並不是作品，而是製作者。故此自然界雖是上帝思想的表現，而我們所應當景仰的，並不是自然界，而是自然界的上帝。[25]

佛教的現量，大致相當於從自然的啟示中獲得知識的一種方式。如同所述，因罪惡的影響，現今的大自然已不能全然反映上帝的形像與樣式。所以，透過現量觀察雖可獲得極寶貴的教訓、知識與智慧，但對於萬物之源本相的把握，現量觀察仍顯不足。

天良 — 2

除了自然這樣一部外在的啟示教材，真理還透過人的良知（良心）作為內在的教材，把是非曲直、善惡美醜的衡量標準啟示於人，供人判斷自己或他人的行事為人。良心並不是人的身體之內固有的東西，而是上帝向人心靈說話的聲音，是上帝將天志神聖的功用刻在人心的結果。有《聖經》為證：

> 「原來在神面前，不是聽律法的為義，乃是行律法的稱義。
> 沒有律法的外邦人，若順著本性行律法上的事，
> 他們雖然沒有律法，自己就是自己的律法。

25. 懷愛倫，《證言精選卷三》，第五十一篇，〈有位格的上帝〉。

> 這是顯出律法的功用刻在他們心裡，他們是非之心同作見證，
> 並且他們的思念互相較量，或以為是，或以為非。」
> 〈羅馬書〉2：13 — 15

但與自然中的啟示一樣，因罪孽或罪業的業障，良心可能變得遲鈍，歷史可能循入沉寂，讓這樣的啟示都大打折扣。當人屢次地拒不聽從上天藉著良心向人所發出的指教與勸誡，人也就慢慢地會聽不到上帝的聲音而喪盡「天良」。好一個「天良」，將人的良知良能與天緊密地聯在一起！

> 「他們心地昏昧，與神所賜的生命隔絕了，都因自己無知，心裡剛硬。
> 良心既然喪盡，就放縱私欲，貪行種種的汙穢。」
> 〈以弗所書〉4：18 — 19

使徒保羅所說的這番話，道明了良心的喪盡，是因為與上帝所賜的生命隔絕的結果。從另一個方面說明，良心乃是上帝向人心說話的聲音。所以，《聖經》勸誡我們，「不要叫神的聖靈擔憂」（以弗所書4：30）。

從基督教的角度來看，佛法所宣導的「內求」，或許正是對刻在人心之法的內在觀照，是對天良之聲的用心傾聽。許多人的誤會就在於此，以為有情眾生的良知良能，皆發乎本心，故而只要向內心求，順著良心的指引，就可得到解脫，得到自由。殊不知，那真正向人心說話的，其實不是人的本心，而是上帝時時向人說出的「微小的聲音」。如上所述，人的良心發現會隨著惡業障礙而變得困難，對天良的警醒與體悟也會隨之淡化。故而我們會看到，有些人有良心，有些人似乎沒有良心。這樣看來，良心的啟示會因人而異。而人是否順乎良心的指引，就更因人而異了。

除此以外，宇宙間自在的真理，也會透過歷史的興亡，朝代的更替，人事的廢舉來顯

示其準則。人若仔細究察，或可從中看到上天的啟示。

作為佛教三個知識來源之一的「現量」，在相當程度上來說，也可以說是對藏於自然、歷史與人心中之啟示的觀察。根據這種觀察而加以思考與省悟之所得，也不可避免地要受到共業與妄心之影響，而難以辨出真理的本來實相。

特殊啟示 ——————————————— 3

然而，真理既具有一切智，又有無上的能力，從起初就知道末後，了然一切，因此也就知道一般性的啟示會因為人的業障與罪孽而有所損失，故而從起初就預備了一些特別的啟示方式，以確保真理的本質實相，得以全然的彰顯。粗略地說來，這特殊的啟示方式有兩種：

1. 道成肉身

這種特殊的啟示表現為真理直接以人形的方式出現，表現為最直觀、最具體、最生動、最易為人所認識。道成肉身的耶穌基督，就是這樣的啟示。之所以需要這樣做，是因為透過六根、六塵與六識來認識世界的人，無法超越自身，無法感知存在於六塵之外的生命實相，而只能照自己的理解水準來欣賞和接受生命實相。為了讓人能明白自己究竟是什麼樣的一位上帝，創造主就主動放下身段，屈尊降卑，「天子下凡」，來到人間做一個普通的人。雖外表與普通常人無異，但其本來的身分就是天君，因而是真正的「齊天大聖」。這樣，人類就可以透過這個「齊天聖人」的舉止言行，而獲得對自己所看不見的上帝的瞭解。

另一種方式，是真理以特別的方式直接把要向世人（先知）演說與開示的內容，告知於某些人，《聖經》上稱之為「先知」，而由接受啟示的人，同時又賜下天助（聖靈與天使），幫助人領會所啟示的真理信息，用自己的話把所領受的啟示真理表現出來。先知們在接受上天的靈感或啟示時，通常是所謂的「異夢」或「異象」中完成的。這種「異象」或「異夢」，常伴有一些身體上的特徵，與佛教上所說的「入定」，有相似之處。然而，判斷一個人是否為上帝所揀選的先知，並不單看這個人是否有「入定」的表現，或「親證實相」，《聖經》上給出了一系列判斷標準。茲舉幾例，加以說明。

▌假先知檢驗法

檢驗一	是否見異象
檢驗二	眼目睜開
檢驗三	全然入定　無力無息
檢驗四	超然神通
檢驗五	所說之言是否靈驗

檢驗六	是否與天律相符
檢驗七	造就勸勉
檢驗八	憑果認樹
檢驗九	是否認基督是肉身上帝

檢驗一：是否見異象 ･･･

> 「耶和華說，你們且聽我的話，你們中間若有先知，
> 我耶和華必在異象中向他顯現，在夢中與他說話。」
> 〈民數記〉12：6

白日所見為異象，晚間所見為異夢。若真為上帝的先知，上帝會在異象就向這樣的人

顯現，也會在夢中與他說話。需要注意的，這種異象或異夢，並非個人修煉所得，而是上帝用來與他所揀選的先知溝通的一種方式。

檢驗二：眼目睜開 ···

> 「得聽神的言語，得見全能者的異象，眼目睜開而仆倒的人說，
> …得聽神的言語，明白至高者的意旨，
> 看見全能者的異象，眼目睜開而仆倒的人說。」
> 〈民數記〉24：4，16

這是一個重要的身體特徵。見到異象，進入與上帝溝通的特殊境界的人，眼目是睜開的，耳朵是可以聽見的。說得更明白一些，在整個見異象期間，這個人的眼睛是一眨都不眨的，一直是睜開的。經文中還說到身體是「仆倒的」。常話中所說的「天眼通」、「天耳通」，大致近似於與這種狀況。人在異象中，可看到平時看不到的事物，可聽到平時聽不到的聲音。上帝也可能把別人的心理活動向異象中的人啟示，使人暫時地有「他心通」的能力。人在異象之中奔跑飛躍，亦可忽兒天上，忽兒地上，貌似「神足通」。

檢驗三：全然入定　無力無息 ···

> 「我主的僕人怎能與我主說話呢？我一見異象就渾身無力，毫無氣息。
> 我卻聽見祂說話的聲音，一聽見就面伏在地沉睡了。」
> 〈但以理書〉10：17

進入異象之中的先知，不僅渾身無力，而且連呼吸都停止了，進入一種全然入定的狀況！他們雖然會仆倒，狀如沉睡，卻能看見人所不能見事物，聽見人所不能聽見的聲音。他們在這種「定」中，觀過去，看未來，通行無礙。

檢驗四：超然神通 ••

> 「我一見異象就渾身無力，毫無氣息。
> 有一位形狀像人的又摸我，使我有力量。」
>
> 〈但以理書〉10：17 — 18

見異象時，先知可能毫無氣力，但在異象之中，可獲得異於尋常的超然神力。

檢驗五：所說之言是否靈驗 ••

> 「你心裡若說，耶和華所未曾吩咐的話，我們怎能知道呢？
> 先知託耶和華的名說話，所說的若不成就，也無效驗，
> 這就是耶和華所未曾吩咐的，是那先知擅自說的，你不要怕他。」
>
> 〈申命記〉18：21 — 22

這個檢驗直觀易懂，若是靈驗，就可能是真的；若不靈驗，就必定是假的。但靈驗與否本身並不是唯一的檢驗標準。

檢驗六：是否與天律相符 ••

> 「人當以訓誨和法度為標準。他們所說的，
> 若不與此相符，必不得見晨光。」
>
> 〈以賽亞書〉8：20

靈驗不是唯一的標準，人所說的話，所發的教誨，是否與上帝的律法相吻合，是檢驗一切真假先知的試金石。這個標準不僅限於基督教界之內，也適用於任何人、任何宗教。

檢驗七：造就勸勉 ••

> 「但作先知講道的，是對人說，要造就，安慰，勸勉人。」
> 〈哥林多前書〉14：3

先知所說所講，不能是自娛自樂，自說自話，或晦澀難懂，而是要能造就人，安慰人，勸勉人的功效。

檢驗八：憑果認樹 ••

> 「你們要防備假先知。他們到你們這裡來，外面披著羊皮，
> 裡面卻是殘暴的狼。憑著他們的果子，就可以認出他們來。」
> 〈馬太福音〉7：15—16

先知們個人的生活，言行舉止，品格修養，也可以是真假先知的一個旁證。世上自稱或被人稱為先知大德之人，不在少數。其中，相當一部分，或許就過不了品格檢驗這一關，而被驗出是假的來。

檢驗九：是否認基督是肉身上帝 ••

> 「親愛的弟兄阿，一切的靈，你們不可都信。
> 總要試驗那些靈是出於神的不是。
> 因為世上有許多假先知已經出來了。
> 凡靈認耶穌基督是成了肉身來的，就是出於上帝的。
> 從此你們可以認出上帝的靈來。
> 凡靈不認耶穌，就不是出於神。
> 這是那敵基督者的靈。
> 你們從前聽見祂要來。現在已經在世上了。」
> 〈約翰一書〉4：1—3

這最後一個檢驗標準，也是一個硬指標，就是看這類所謂的先知大德，是否承認耶穌基督就是「上帝在肉身顯現，被聖靈稱義，被天使看見，被傳於外邦，被世人信服，被接在榮耀裡。」（提摩太前書3：16）只有耶穌才是上帝在人間的化身，上帝並沒有差遣其他生靈，化身為人，來示現上帝的本相與本性。為了讓世人能確定耶穌乃是上帝所差來的上帝的化身，早在耶穌降世之前數千年，上帝就不斷藉著先知的口，發出數百個預言，告訴人類那要降世為人的救世主的使命與種種特徵，便於世人在祂真實地降臨世間時辨識。而耶穌降世為人的一言一行，都在應驗著那些早已宣佈過的預言。兩者相互輝映，互相印證。早期的預言印證著耶穌的確是上帝所差來的化身；而道成肉身的耶穌也證實早期的預言的真實性與準確性，反過來證實說出那些預言的人，的確是上帝在古時所興起的先知。他們所宣告的話，確是上帝的啟示，是上帝的道。

上帝透過異象或異夢，把真理啟示給在人間揀選的眾先知。先知將自己在異象或異夢中所得到的啟示，在上天的幫助與指導之下，又用自己的語言把所獲得的啟示記錄下來，傳於當時與後世。後世再根據這些啟示中的原則與標準，將所得的啟示彙集成冊，這就成了我們現在手上的《聖經》。《聖經》雖為後世所彙集，但不是後人或教會編輯了《聖經》。一卷書是否能被納於聖典，不是教會說了算。教會只不過按照《聖經》所啟示的內在原則，將那些彼此相合的啟示彙集在一起。

從一個角度來說，可以認為《聖經》是上帝以文字的方式所啟示的道。但光有文字的道還是不夠的，因為人為三流九等，根器、教化與處境各不相同，對於同一段文字，也會出現「仁者見仁，智者見智」的差異。所以，上帝在文字所啟示的道之外，另外賜下肉身的道。「但如今上帝的義在律法以外已經顯明出來，有律法和先知為證。」（羅馬書3：21）上帝的品格與本性，在文字以外（「律法以外」）示現出來，又為文字所證實（「有律法和先知為證」）。對經文的解釋，既不能「六經注我」，也不

能「我注六經」，而是要「將屬靈的話，解釋屬靈的事」，要「以經解經」。同時，又以耶穌為可見之標準與榜樣，清晰可見，絕無含糊。

這樣，就保證了真理的啟示不會走樣，得以流傳於世，為世人尋求真道的指南。

覺悟與啟示之比較		
覺悟與啟示之同	存在一個終極的真理
	真理可以認識
	認識真理帶來自由
覺悟的進路是從下至上	覺悟與啟示之不同
啟示的進路是從上至下	
覺悟的進路缺乏確定的方向性	
啟示的進路方向明確、信息確定	

覺悟與啟示之比較 ——————— 4

佛家覺悟與《聖經》啟示之對比

對觀佛家所說的「覺悟」與基督教談的「啟示」，發現兩者之間並非風馬牛不相及，毫無相通之處。從表面上看來，「覺悟」走的似乎是從下而止的進路，而「啟示」則完全是由上而下的進路。「覺悟」是「我」向真理的逼近，而「啟示」是真理向「我」

的啟示。但細思之下，可以發現兩者之間存在著一些相似之處。

首先，兩者都認定有一個終極的真理的存在。在佛教的覺悟為究竟實相或法性，在基督教則為上帝、為耶穌為基督。

其次，啟示也罷，覺悟也好，都認為真理是可以認識的，而且只有認識了真理，才能真正的自由，真正的解脫。

對真理的認識，都落實到「我」身上，都得經過「我」的大腦，是「我」去覺悟真理，或者是真理向「我」啟示。因此，所得到的真理，多是與「我」的前途與命運的義理相關。當然，也包含其他關於真理本相的身分與本性的啟示。

佛法中的覺悟，因實相無相而不能見其相。《聖經》中的啟示表明，以人當下的狀況，不能見至尊上帝而仍能存活。故除了在異象或異夢中見到或聽到之外，不能以肉身見上帝；或承受永遠的天國。當然，兩者對於「諸法實相」究竟為何，有認識上的差異。但在肉身不能親見真理實相這一點上，卻是相近的。

在達成「我」對真理的認識過程中，都可以有「我」與「真理」之外的其他因素的幫助。如經教、他人的教導與啟發等。但這些因素可以說是輔助性的，不能代替「我」與真理的直接相遇的經歷與隨之而來的改變。

轉換角度看對方

站在佛家覺悟的角度來看，不僅大自然的啟示，良心的聲音，王朝的更替，歷史的演

進，甚至是一己之身的生老病死，都是佛家「現量」觀察的材料，是佛家的認識來源。在這些觀察的基礎上，再進行邏輯與思辯的推理，而結出新的結論，就進一步構成了佛法的「比量」。

從另一方面來說，在佛教的語境之下，基督教所說的特殊啟示，佛弟子似乎也可把《聖經》中的先知在接受啟示時的特殊狀況——異象或異夢——視為某種「開悟」之狀況。《聖經》先知們在「悟」或「定」（異象或異夢）中所獲得的啟示，就成為他們「覺悟」的內容。所寫下的經教，就是佛法所說的「正教量」了。這些「正教量」所彙集而成的《聖經》，就是成為基督教的經教。

在這樣的觀照之下，道成肉身的基督耶穌，在佛弟子眼中，大致也會被視之為佛的「應化身」、「應身」或「色身」。因為，耶穌之所以道成肉身，乃是為教化人類，應人類的根機而變化顯現之身。或者會認為耶穌的肉身，是「道」為教化萬民而隨緣示現的結果，而那原來創造萬物的道，則可能被視為「法身」。

讓我們換一個角度，站在基督教的啟示觀來看，佛教所追求的覺悟，始於上帝在大自然中的啟示，有感於天良的啟示，也有從歷史與人生所得的啟示。佛家所描述的「六神通」、「入定」等，僅有外面的形態來看，與《聖經》中的「異象或異夢」頗有幾分相似。站在《聖經》啟示的角度，似乎也可把覺悟理解為求道者在進入某種狀況之後而獲得的知見。《聖經》中的先知，也是「與我們是一樣性情的人」（雅歌5：17）。他們所以得到上帝的啟示，並非透過個人修煉某些功法而來，而是上帝照著自己的心意，尋找適合啟示的對象而致。這裡所需要說明白的是，人可以照著天意而調適自己的態度與狀況，但是否賜下啟示，主動權並不掌握在人的手中。

在佛法中有佛、菩薩、辟支佛、阿羅漢的次第區別。佛是「對宇宙人生的真相徹底覺悟的，一絲毫的疑惑都沒有」的人，相當於「究竟覺」。菩薩是「對宇宙人生的真相正在求覺悟者」（相當於「始覺」），其次是辟支佛，再次是阿羅漢。[26] 在基督教裡，信眾在境界上並無這樣的區別。先知們並不會因為被選成為上天啟示的媒介而高人一等。先知與普通的信眾的區別是職能上的，而不是次第或境界上的。先知們既是上帝的信使，也就可為眾生的輔導老師，但同時也與眾人一樣，是天道的信奉者與修行者，是同一個戰壕裡的戰友。

值得注意的是，《聖經》的啟示觀中，先知有真有假。他們都有可能見到表面上極為相似的異象或異夢，但這異象或異夢的來源有真有假，需要判別。我們在上面所列舉了一些基本的判定方面，大致可以作為這方面的參考。站在《聖經》的啟示觀上，不僅基督教界的先知需要檢驗，其他宗教的先知大德，同樣需要檢驗。我們所生活的地球就只有這一個，檢驗的原則與標準，也有普適性。從這個角度來看，佛門的覺悟也免不了有真假之別，同樣需要接受檢驗。基督徒所追求的是，不是見異象的境界，而是實踐上帝藉先知異象所啟示的教訓。

概括性比較

透過上述簡單的比較不難看出，自上而下的啟示的途徑，對於讓「我」了知真理的正確性與圓滿性來言，相比於自下而上的覺悟式的途徑，有著不言而喻的優越性。自上而下的啟示，因其源於真理本身，故而能準確地反映其欲顯示的部分，而沒有任何臆測猜度的成分。又因其源於真理本身，故而向人類所顯揚的真理，正是我們人類所需要的真理，且因其源於真理本身，故而是照著人所能理解的程度而顯示的。真假是非，

26. 淨空法師，「十善業道經大意」，http://book.bfnn.org/books2/1804.htm，2013 年 1 月 3 日。

生死大道便全在這完美的啟示之中了。

另一方面，在啟示的靈光照耀下，對啟示的真理的具體領悟與把握，不同的人會因根器不同，背景的差異，實踐的深淺等多方面的因素，會呈現出程度上的差異。但這種差異只是量的差異，而非質的差別性。「但義人的路，好像黎明的光，越照越明，直到日午。」（箴言4：18）

與自下而上的探索方式不同，啟示的源頭既是真理本身，每一個環節又有特別的把關，這樣不僅保證了所啟示的內容的正確性與權威性，同時，又因其賜下的恩助，又能確保領受者所領悟的信息的可能與可靠。源頭既出於真理自身，領悟的能力都為真理所恩助，就不在乎領受者的天資、年齡、經歷、窮富、強弱、男女、種族或國別的區別。唯一在乎的，是領受者是否把自己調整為能接受啟示與恩助的狀況。真理的慈悲與公平就得到了充分的體現，而在是否願意調整自己的心態以接納真理的啟示與恩助上，又因每一個人自行決定，既表現了對人的尊嚴的充分尊重，又最大限度地保障了人的自主性與自由性的充分發揮。從這個意義上說，人的命運，最終仍是操縱在人自己的手中。悟與不悟，生與死的抉擇，就在自己的一念之間。

上帝的道能帶給人真正的覺悟。《聖經》上說：「你的話一解開，就發出亮光，使愚人有悟性。」（詩篇119：130《新譯本》）

最後，以兩個進路所闡發的真理而言，在覺悟之路上所得之佛法，具有暫時的性質；所以佛說：

「須菩提！所謂的佛法，不過依俗諦而立的假名，
並非就是真實的佛法，因為眾生有凡聖迷悟的分別執著，
佛陀為了開悟眾生，不得不方便言說。

基督教的啟示觀。

若以法性畢竟空而言，求諸佛的名稱尚不可得，
還有什麼叫做成佛的無上正等正覺之法呢？」
《金剛經》

而依啟示而得的真理，則具有永恆不變的性質。《聖經》上說：

「你的話的總綱就是真理，你一切公義的典章要存到永遠。」
〈詩篇〉119：160

或許也可以說，人的盡頭，是上帝的起頭；覺悟的盡頭，是啟示的起頭。

殊途湛然

佛教聖典。

從歷史來看，釋迦牟尼佛與基督耶穌的行腳傳道都是二千多年前的事了。無論是佛陀還是耶穌，都沒有親手寫下隻言片語。然而，佛法與福音均又得以弘揚到今天。一個重要的原因，便是兩個宗教都分別有自己的經典——佛典與《聖經》。關於佛典與《聖經》的形成與流傳、抄本真偽的鑒定以及漢譯的背景、人物及譯文高下等問題，均屬於比較專門的學問，非本書趣旨之所在，我們的對觀只能涉及一些較為普通的問題。

當今世界通行的佛教聖典，按文字來看，有漢文、藏文以及巴厘文體系。中國的佛典叫做《大藏經》，或簡稱《藏經》。漢文大藏經的版本也較多，歷史上著名的有《乾

隆藏》、《嘉興藏》。現代版本大陸有《中華大藏經》、臺灣有《佛光大藏經》。印度佛教入華之初，陸續有佛經譯成漢文，起初並沒有一定的系統，總稱「一切經」。實際上，在印度，佛教典籍的傳統分類為「三藏」。這是因為古代印度人抄書不用紙，也不像中國人用竹編，而是用樹葉。一部經抄好後，就用線穿起來，裝進籃子，便於保存。當時的聖典分為三大類，就分為三個籃子，也就是「三藏」來存放。人們慢慢地就以「三藏」，來稱謂佛典的整體。這三藏就是經藏、律藏與論藏。傳統上，經，是指佛陀在不同場合所說之法；律，主要是與僧團組織生活相關的規範；而論，則是佛弟子對佛法的簡釋與發揮。

早期的佛教典籍都是透過結集而成。所謂結集，有集合、會誦之義。即佛教徒經過召集聚會、將釋迦牟尼佛所說教法經過會誦、整理、確認，形成佛教經典。早期的結集，並不是文字性的結集，而是口頭傳誦的結集。從佛陀的時代，到二千年之後的今天，結集的次數已達第七次。最後的二次分別為 1954 年與 2011 年，但比較受到公認的有第三次，或前四次的結集。

正如佛教在宗派上有小乘與大乘之分一樣，佛教經典也有小乘經典與大乘經典之分。一般說來，小乘經典均有可考的歷史，而大乘經典的產生卻是一個謎。歷史上沒有什麼表明在什麼時間、什麼地點，由什麼人結集了大乘經典。據信，在佛滅二百五十年或三百年的部派佛教時代就有大乘經典出現，但多數大乘經典的出現是在佛滅後四、五百年之後。論及這些問題，自然要談到大乘是否非佛說。這是一個複雜的問題，但又無法避免。還是讓我們沿著歷史的軌跡，先來看前三次的結集吧！

亦因中國佛教大抵為大乘佛教，故我們在此著墨較多。

第一次結集 ———————————— 1

如上所述，佛陀作為佛教的開宗立教者，行腳教化四十五年，均是隨機說法，隨緣開示，因當時的印度尚無書寫工具，所以其所說之法並未留下任何文字。佛陀去世之後，「十大弟子」之一的大迦葉恐「如來甚深妙法成灰燼耶？宜應結集三藏聖教，勿令佛法速滅。「於是，大迦葉發起結集一事。此事得阿闍世王的認可與支援，大迦葉召集已證果的羅漢比丘五百位，於摩揭陀國王舍城之七葉窟（畢波羅窟），共結佛陀在世時之遺教，後稱五百結集，或窟內結集，或上座部結集，是佛教經典結集之第一次。」

這次結集自佛滅度之後九十天起始，前後歷時七個月（一說三個月），結出毗奈耶、達摩二集，即律、經二藏。經藏的部分有「四阿含經」：一《長阿含經》；二、《中阿含經》；三、《增一阿含經》；四、《雜阿含經》。律藏部分，結出《八十誦律》，作為日後一切戒律的根本。後來，此律被《四分律》、《五分律》所取代。

原始佛典中，「四阿含」尤為重要。「阿含」是由梵語「Agama」翻譯而來，意思是「由彼而此」，「來」或「去」的意思，因此古譯阿含為「趣」與「歸」，是「展轉傳來」，有傳授傳承的意思。所謂阿含，是說佛弟子將佛說的法都歸聚在一起，猶如百川歸大海一樣，是一切法之歸趣。據以研究《阿含經》著稱的楊郁文介紹，阿含是根本佛法，其它後期的佛法都是透過阿含而代代有大德順應當時的人而表現佛法的精神，使當時的人更容易接受佛法，所以不同的時代，佛法的詮釋方法與形式有不同的演變。

值得注意的是，無論是小乘還是大乘，都承認阿含經的正典地位。正是基於這一基本立場，本書在引證佛典時，也會比較多地用到這些早期的阿含經，以說明問題。

佛滅度之後的百年間，經歷了從大迦葉到——阿難——末田地——商那和修——優婆鞠多的所謂「五師相傳」時期，這個時期的僧伽團體也維持著佛陀住世時的教風。然而，在這百年之間，印度的政治風雲也發生了劇烈的變化。政治的變化，也影響到經濟與文化的變遷。而這一切，都直接或間接地影響到當時地處不同地方的佛教僧團。這時的印度佛教僧團，出現了西部的上座部長老與東部的大眾僧侶。

而導致第二次結集的直接動因，則是因毗舍離城和跋耆城僧侶違背戒律的「十事非法諍」一事。佛入滅後的一百年，毗舍離城和跋耆城兩城的僧侶，時常做出一些有違戒律的事。最為甚者，是每月八日、十四日、十五日，僧侶會持缽盛水，入市向路人化緣，並稱：「凡是投錢入水者，可獲吉祥。」[27] 這類行為，被僧團中的長老耶舍（Yasa）看到，他總共指出了十項被違反的戒律。這些戒律無論是當時，還是在今天，似乎並不是一些根本的原則性的大問題。諸如，角鹽淨：允許保存食鹽在角器中，以便日後再用。指淨：在正午之後，日影斜出二指之前，仍可進食等。但這些事項都與僧侶們的日常生活息息相關。所以說，事雖不大，卻也並不能全然忽視。

結果，這些僧侶不僅不聽勸，反而聯合起來驅逐耶舍長老出僧團。耶舍於是四方奔走，向諸長老說明情況，結果中印度西部的諸長老均站在耶舍長老一邊，而東部的比丘們則表現出相對立的情緒與看法。雙方爭執不下，協議重新召開結集大會，重誦戒律，以論決是非。這次的結集共有七百人參加，由耶舍長老主持，雙方各派四個代表辯論。結果，上座諸長老獲得勝利，大會判定毗舍城和跋耆城眾僧侶的行為非法。而被判非法的比丘們，則反對大會的決定，於是舉行了自己的結集，稱為大眾部結集

27. 這種做法，使人想起中世紀天主教出賣贖罪券的做法。贖罪券（或稱赦罪券、赦罪符）是中世紀天主教籌集捐款的工具，天主教宣稱購買贖罪券能獲赦免原罪得上天堂。教皇博義八世宣佈 1300 年為禧年，凡到羅馬朝聖的信徒可將免除受洗以後所犯的罪。其後，教會宣告凡未能親身到羅馬朝聖者，可用金錢代替。至此，贖罪券的觀念已逐漸形成 [1]。教皇西克斯特四世於 1476 年宣佈，生前行為不端者死後要先入煉獄，生者應為他們購買贖罪券以減輕痛苦。贖罪券自此獲得最高權威認可，並繼而在歐洲各地推廣。廢止售賣贖罪券的決議在 1562 年的特倫多大公會議上被提出，在 1567 年獲教宗庇護五世批准。售賣贖罪券之舉引發了不少反對和極大爭論，不少基督新教改革者公開抨擊贖罪券和反對天主教出賣贖罪券的行徑，後成為引發宗教改革的導火線之一。天主教內部亦因此出現矛盾，引發天主教內自省革新運動。http://zh.wikipedia.org/zh/ 贖罪券。

（Mahasangiti）。自此之後，他們離開了上座部（Theravada），組織了自己的團體，稱為「大眾部僧團」（Mahasanga）。

自此，佛教整個僧團分裂成二派：一派為原始佛教的長老部或稱作上座部（Theravada），一派為新起的大眾部（Mahasanghikas）。上座部以印度迦濕彌羅為中心，廣泛流傳，後來又逐漸分裂，到佛滅後四百年左右，已形成二十部。大眾部以中印度摩揭陀為中心，傳播於東西印度。第二次結集後出現的佛教教派的分裂，並不是在經藏上的分裂，而是律藏上的分裂。值得注意的是，第二次結集的實質，只是重誦律藏。至此，佛教經典只有經律二藏，而論藏的出現，則是第三次結集的結果了。

第三次結集 ———————————— 3

與第一、二次由僧侶發起的結集不同的是，第三次結集的發起人，不再是僧侶，而是印度孔雀王朝時代的第三代君主名振千古的阿育王（Ashoka，音譯阿輸迦，意譯無憂，故又稱無憂王，約前 304 年－前 232 年）。阿育王的祖父於西元前 317 年建立孔雀王朝而統一印度。到西元前 268 年，阿育王繼位，四出征伐，擴大版圖，成為印度史上最大的帝國。初期的阿育王是一個暴君，後來信奉佛教，發生了根本性的轉變。

由於阿育王崇信佛教，並且優待僧侶，對他們的供奉十分的豐厚。結果，許多的外道也乘機混入僧侶團體之中。他們的參入，使得一些外道思想進入佛教團體內，造成佛教義理上的混亂，僧侶之中，紛爭不已，釀成不良影響。其後果之嚴重，可從僧侶團體中最重要的說戒儀式——布薩，被迫中斷七年而見諸一斑。有鑑於此，阿育王決定

第三次結集，辨明邪正，淘汰外道，乃由目健連子帝須主持，大約在西元前250年左右，在華氏城（波吒利弗城），與千名僧侶歷時九月，整理經、律、藏三種經典。經、律、藏三藏，也由此而生。據說，阿育王自己也親自作論千章，駁斥邪見，但未流傳下來。

阿育王為了推廣佛教，並為了要求人們遵守理法，在國內建立了許多石柱，刻上敕令和教諭，稱為「法敕」。法敕多為一些道德方面的律令，例如孝敬父母，為人誠實等，他自己也身體力行。在敕令中阿育王通常自稱為「天親仁顏大王」。

阿育王作為佛教徒大力宣揚佛法。他禁止無益的殺生，為平民建立醫院，為旅客建立休息的場所，對貧民施捨，並且親自朝拜佛陀的聖跡，建立了許多佛塔。據傳說，阿育王在位期間 ，共建造八萬四千座佛塔。[28] 第三次結集後第二年，阿育王派遣傳道師九人，各率屬從人員，分赴國內外各地傳教，即佛教史上所謂的「九師傳道」。九師之中，影響最大的，是南下獅子國（即今錫蘭）的一批，即王子摩哂陀和王女僧伽密多所率領的僧眾。不到一年時間，獅子國就成為佛化國家，使斯里蘭卡至今都是南傳佛教的中心。

二百年後的西元前五十年左右，摩哂陀王子傳去的口誦三藏得以筆錄下來。再過四五百年，中印度的大學者佛音到了錫蘭，把錫蘭語的《三藏本文和注解》，譯為巴利語[29]，並加上自己的注解，這就是南傳佛教至今所用的巴利語佛典的來歷。

對於阿育王對印度佛教的作用，有學者這樣評論：
「這樣，早期佛教以阿育王時代為界限，可分為兩個時期。在阿育王時代以前，佛教主要流行於恒河流域，是區域性的宗教；但在阿育王的時代以後，由於阿育王的大力支持和弘揚，使佛教從恒河流域迅速擴展到全國，並傳播到海外。佛陀和阿育王是古

---

28. 維基百科，http://zh.wikipedia.org/zh/ 阿育王。
29. 是一種古代印度俗語，是屬於印歐語系、印度 - 伊朗語族、印度 - 雅利安語支的一種中古印度 - 雅利安語，與梵語十分相近，是錫蘭等地之三藏及注釋書所使用之宗教書面語言。巴利語可以用各種文字書寫，比如婆羅米文、天城文，以及由巴厘聖典協會的英國語言學家理斯 · 大衛斯所採用的適用於各種印度語言的拉丁字母轉寫。http://zh.wikipedia.org/zh/ 巴利語

代印度歷史和佛教史上的兩個著名人物，佛陀是佛教的創始人，是佛教思想體系的發明者；阿育王第一次把整個印度次大陸（除極南端一角外）統一起來，第一次把佛教傳播到全國乃至海外。阿育王向國內外派遣傳教僧團之舉，對佛教的發展具有劃時代的重要意義，從此，佛教從一個區域性的宗教成為一個全國性的，甚至世界性的大宗教。」[30]

大乘佛教與大乘經典 ————————— 4

1. 大乘的意思

在一些佛教學者看來，大乘佛教的興起，是一個龐大且多元化的宗教運動。宗教運動的現象既然複雜，形成的因素當然也不簡單。很難能對大乘的起源獲得一個明確一致的看法。[31]

一般來說，部派佛教認為大乘非佛，就是大乘佛教內部也有兩種看法。一種附會大乘非佛說，另一種認為大乘才是真正的佛法，佛陀成道本身就是大乘佛法的體現。故此，對大乘佛教的興起及其經典的看法，均有不同的意見。我們的介紹也就分為兩種。

關於這一問題，印順法師寫道：「非佛弟子，本著神學、哲學的觀念來研究，不容易得出正確的結論。佛弟子中，或是重視律制的，或是重視法義的，或是重視信仰的，或是重視在家的，每為個人固有的信仰與見解所左右，不能完整的、正確的處理這一問題。」[32]

30. 華方田，「阿育王對佛教傳播有何作用？」，見於黃夏年主編《佛教三百題》，（臺北：建安出版社，2003），206-207。
31. 釋如石，「大乘起源與開展之心理動力」，http://www.jcedu.org/fxzd/new/dcqy-4.htm#4，2013 年 1 月 5 日。
32. 印順，《初期大乘佛教之起源與開展》，（臺北：正聞出版社，一九八一年五月），10-11 面。

一般印度佛教流傳史的研究者，均把大乘佛教的興起，劃在佛入滅後五百年後的西元一世紀中葉至西元七世紀。[33] 大乘是梵文 Mahāyāna 的譯文。Mahā（摩訶）是大的意思，Yāna 則是乘，也就是交通工具，是印度佛教對教法的習慣稱呼，按字面翻譯就是大教法。[34]

「乘」，一般解釋為「運載」、「車輛」，梵文原意有「道路」、或「事業」的意思。大乘佛教，簡稱「大乘」，意謂「偉大的車輛」或「在大道行進的事業」，能運送眾生從生死此岸達到涅槃彼岸。相對而言，「小乘」就是小乘佛教的簡稱，意指先前的佛教就是只能運載一人的車輛或僅能容許一人通過的羊腸小徑。[35] 實際上，「大乘」一名的淵源，可上溯至原始佛教。漢譯『阿含經』便在多處提到這個名字。如『長阿含經』（Digha — nikaya）謂：「佛為海船師，法橋渡河津，大乘道之輿，一切渡天人。」『雜阿含經』（Samyutta — nikaya）謂：「阿難，我正法律乘、天乘、婆羅門乘、大乘能調伏煩惱軍者。」學術者用小乘，並無貶意。

2. 大乘思想與社會根源

照一些學者的看法，大乘佛教的思想起源與大眾部派的幾個分支有關聯。當時的佛教團體，面臨著兩個基本課題，即一、教法的久住；二、教法的精神。比較注重第一個課題的上座部派想的，是如何永佛陀的遺教「完整的」保存並久住於世；而重視第二個課題的大眾部所關心的則是如何「弘揚」佛陀思想與其精神。大乘思想就因此而在大眾部派中萌生。

過往的佛教，較多地受到了當代政府、顯貴、富豪在政治與經濟方面的資助。佛教在較大的意義上來說，就是僧團的佛教。佛入滅之後，部派僧團越來越趨向於自修與義

---

33. 羅照輝 , 江亦麗 ，《東方佛教文化》（太原：山西人民出版社，1986），289 面。但也有例外者，
　　如吳汝鈞認為大乘的出現，可以追溯至佛入滅後一百年左右。見《印度大乘佛教思想的特色》，中
　　華佛學學報第一期 (1987.03 出版)，123 面。
34. 維基百科 , http://zh.wikipedia.org/zh-tw/ 大乘佛教
35. 《佛教三百問》，29.

理的研究，而少與社會有互動。一旦支持僧團的勢力發生變化，以僧團為中心的部派佛教就失去了生存與發展的土壤，更妄論廣為傳播。

在這種情勢下，部分的僧侶與在家眾則強調利他的工作，即菩薩道。這就讓教團與社會有了緊密的結合，使佛教有了更為廣泛的的民間基礎。學者抗塞（E. Conze）以為有兩點促使了大乘的興起：其一是阿羅漢的理想已到了山窮水盡的階段；其二是在家信眾的壓力。[36] 出家僧眾的獨尊地位被在家信眾分享，僧侶與在家信眾在佛教宗教意義上的界線變得模糊。其中一個典型的例子就是經典中的維摩詰（Vimalakirti）。

3. 大乘佛教時代的外來影響

從西元前 326 年亞歷山大大帝在印度西部取得一系列勝利，佔據部分印度地盤。隨後，這些地方被亞歷山大手下大將佔領。前 302 年孔雀王朝收回失地，並佔領部分希臘領地。但一百年之後的孔雀王朝日趨衰敗，希臘人又乘虛而入，大舉南侵印度，包括阿拉霍西亞、健馱邏和喀布爾河河谷都回歸希臘人統治，開始了印度——希臘王國。西元前 170 到 150 年間的米南德一世是一位重要的印度希臘國王，他發起第二次對印度地區的入侵，疆域遼闊。在印度也記載許多米南德的事蹟，並描述他最終皈依佛教，佛教經典《彌難陀王問經》即是他向一位僧侶那先比丘問道的集子。米南德逝世後內戰連連，印度——希臘王國式微，被塞人取代，直到在西元前 10 年左右印度希臘的最後一位君主被印度——塞人滅亡。[37]

簡要地來說，從希臘人進入印度，到希臘人在印度的政治統治最後被推翻，時間長達三百餘年。客觀地說，希臘文化對印度文化的影響，自然不會因為希臘的敗亡而一夜

36. E.Conze, "Mahayana Buddhism", in his Thirty Years of Buddhist studies.（Oxford: Bruno Cassirer, 1967），50-51
37. 維基百科，http://zh.wikipedia.org/zh-tw/ 印度 - 希臘人

消失，在相當長的時間內，必繼續發揮互相影響的作用。大乘佛教從隱到顯的過程，與印度——希臘王國在時間上部分重迭，不能不令人聯想到作為大乘佛教運動的標竿之一的諸佛、菩薩的出現，對佛陀的神化，都可能受到了希臘文化多神信仰的影響，佛像的產生，更可以說是受到希臘神像的直接衝擊而有的現象。[38] 健陀羅藝術是東西方文化整合的產物，特別是它涉及佛像的起源的重大問題，所以一百多年來一直是東西方各國學者研究、探討和爭論的熱點。[39]

4. 大乘是否佛說之諍

「大乘非佛說」的由來，有學者認為這一說法的唯一來源，是小乘人士因對大天恨之入骨，而大天的說法所根據的就是大乘經典，於是小乘人士遷怒於大乘經典，便有了大乘非佛說的口號，把大乘打入外道的冷宮。[40]

大乘經的內容與思想精神，與小乘經典全不相同，文章的文體也與小乘經典有別，在語言方面，不再使用佛說法時的俗語，而是當時婆羅門階級使用的梵語，而且在量的方面，動輒幾百萬言，在出處上也有諸多版本，故而令人生疑。

佛陀在世時，印度尚無書寫工具。貝葉經是在佛入滅後數百年才出現的。以洋洋幾百萬的大乘經由聽者以口傳耳的方式傳諸於後世，均不太可能。[41]

38. 大乘佛教背離了原始佛教樸素的無神論，吸收了婆羅門教的有神論思想，把佛陀神化為超人或人格化的神，為普度眾生而顯現人形的救世主，這種變革又恰恰符合健陀羅地區出現了幾百年的希臘化文化「神人同形」的造像傳統，因此在貴霜時代迦色膩迦的宗教調整和政策之下，健陀羅藝術家開始打破了印度早期佛教藝術的禁忌，遵循希臘、羅馬雕刻的慣例，仿照希臘、羅馬神像的樣品，直接雕刻出佛陀本身人形的形象，創造了希臘的化風格的健陀羅佛像。健陀羅佛像的造型，來源於印度佛教的靈感，主要採用了希臘化藝術的形式，特別是借鑒了與貴霜王朝同時代的羅馬帝國的藝術。術。如果用一個簡單的公式化概括，可以說健陀羅佛教等於希臘化的寫實人體加印度的象徵標誌。王鏞，《中外美術史》，湖南教育出版社，1998，17.
39. 關於這個問題，有這樣一些資料可用。（禪的智慧，聖嚴，115，認為最早是沒有佛像的，但後來逐漸的起來的。也有人說，在佛陀還活著的時候，就有人因不能見到佛陀，以木制佛像。《萬裡無雲》一書的作者，講述了玄奘見到希臘化的佛像時一臉狐疑，認為印度人與中國人一樣，頭髮應當是直的，而不應為捲髮問題）。
40. 依騰義賢，《大乘非佛說的由來》，見《大乘佛教問題研究》（現代佛教學術叢書），（臺北市：大乘文化出版社，1979年），256-257。
41. 于凌波，75-78。聖嚴法師也持同樣的觀點。

佛教學者呂真觀提出了十點依據，主張大乘是佛說。

早期三藏確實有三乘的差別，而且聲聞、緣覺乘的最終果位與菩薩乘的最終果位（佛），在智慧與功德方面確有差異；早期三藏記載，佛陀述說過去佛的事蹟，亦授記當來下生彌勒如來；佛陀本人的存在，證明必有成佛的法門，而成佛的法門，即是菩薩乘、大乘。

早期三藏的九分教或十二分教中，所謂的「方廣」，即是大乘法；以佛陀說法四十九年來看，認為佛陀只說有關蘊處界空的聲聞法和十二起的緣覺法似嫌不足，應加上大乘經典才能充分反映。

早期三藏義理粗淺，許多現象未有解釋，不能與大乘經典的精妙與體系相提並論。若真大乘為後代弟子的偽作，似無此必要，因那些經典可以獨立創教。

若為偽造，可騙一般人，騙不了眾多已證果的修行人。而且，佛教史的學術研究有一個重大假設，即以經典廣傳的時間來推測經典所承載的法義出現的時間。

主張大乘經典是偽造，與《阿含經》的明文記載明顯不符，因為《阿含經》已顯示，大乘法是成佛的法門，既有佛陀的存在，即已證明大乘法的存在。而且早期三藏中，已有實質上的大乘法。

用《大智度論》來證明大乘經典的由來本身是一個有問題的論證方法，因為《大智度論》本身就是大乘經論，所以可信性比較差。但問題是，現在可以從小乘經典來證明大乘的存在，所以，更為可信。[42]

42. 呂真觀，《實證佛教導論》，（臺北：橡樹林文化，2010），第200-208面。

1. 大境界	具有境界廣大的大乘法	
2. 大作為	自利和利眾的大作為	
3. 大智慧	徹悟人無我和法無我	
4. 大精進力	精進不息，完成三個無量劫的漫長過程	
5. 大方便	以大悲心利樂眾生，雖入世但卻一塵不染地根據一切眾生的不同情況，度化眾生	
6. 大成就	具有十力、四無畏、十八不共等佛陀獨有的無比神通	
7. 大功用	佛的無識無為、自然遍及一切的利眾功用	

5. 大乘佛教主要代表人物與經典

在一些學者看來，西元一世紀的阿濕縛支沙，即馬鳴菩薩的《大乘起信論》問世，提倡大乘思想。若依大乘非佛說的看法，這是大乘佛教興起的標誌性論著。而依大乘是佛說的看法，這是弘揚大乘佛法的一本重要的著作。

馬鳴

馬鳴是古代印度著名的佛教哲學家與詩人。據說他於二世紀時出生於中天竺俱薩羅國枳多城，與迦膩色迦王是同時代人。出身婆羅門家族，家學淵源，是卓越之論客。原為婆羅門教的信徒，後在中天竺阿逾陀（今印度北方省奧德地區）與著名佛教學者肋尊者進行辯論，深有所感而改信佛教，習小乘經論，屬說一切有部。曾參與阿毗達磨大毗婆沙論的編纂工作。後來改信大乘佛教。

馬鳴博通三藏，明達內外典籍，能言善辯，吐詞榮美，能夠將深奧的佛教義理用通俗優美的語言表達出來。他改信大乘佛教之時，大乘佛教尚處初創階段。因此，馬鳴常往來於東天竺和北天竺等地宣傳佛教。據稱馬鳴講法，「諸有聽者，莫不開悟」，連馬匹也「垂淚聽法，無念食想」。後以馬解其音，故稱之為「馬鳴」。由於其在宣傳大乘佛教方面的巨大貢獻，中國和日本 有些佛教學者認為他是大乘佛教的創始人。

馬鳴是印度六個最偉大的詩人之一，也可以說是世界最早的十大詩人之一。他是古典期梵文文學之先驅者，開梵文優美文體之先河，在梵文學史上留下不朽的盛名。

他的最著名的作品是將佛陀的生平以梵語寫成的敘事詩《佛所行贊》（Buddhacarita）。這是迄今所知的第一部全面記述佛陀從出生到涅槃的傳記。除其文學價值外，這部史詩還包含了豐富的哲學思想，表現了初期大乘佛教的思想，標誌著佛教從小乘的緣起生滅論向大乘的緣起性空論的過渡。[43]

相傳馬鳴的著作還有《大乘莊嚴經論》與《大乘起信論》。正是這兩部書，標誌著馬鳴在大乘佛教傳信中的先驅起位。《大乘起信論》漢譯本為南朝梁真諦譯，一卷；唐代實叉難陀重譯，作二卷；以真諦譯本較流行。後人對此論頗多存疑。隋《眾經目錄》卷五收入「疑惑部」，謂「《起信論》一卷，人雲真諦譯，勘真諦錄無此論，故入疑。」近代有些學者認為此書非馬鳴所撰，是中國南北朝時託名之作。[44] 但由於此書結構嚴整，文義通順，解行兼重，古今學人盛行傳誦，視為大乘佛教入門之書。

該書的中心思想為論證「如來藏」（真如）與世界萬物的關係和勸人信奉大乘佛教。認為如來藏由生滅心轉，實則不生不滅與生滅和合，非一非異；世界萬有都是「如來藏」的顯現，因而提出「真如緣起」說。勸導人們深信真如佛性和佛、法、僧三寶，修持佈施、持戒、忍辱、精進、止觀等，以獲解脫。[45]

43. 有關馬鳴的資料，華方田，《馬鳴的主要貢獻是什麼》，《佛教三百題》，210-212.
44. 梁啟超引用日本學者的觀點，持此看法。見任繼愈《佛教大辭典》，146.
45. 百度百科，《大乘起信論》，http://baike.baidu.com/view/111003.htm，2011 年 2 月 8 日。

龍樹

龍樹（梵文：Nāgārjuna bodhisattva）是印度古代佛教哲學家，大乘佛教中觀學派的奠基者。龍樹是大乘佛教之集大成者，在佛教史上具崇高地位，為八十四大成就者之一。

關於龍樹的生平，佛教譯經家鳩摩。羅什所譯的《龍樹菩薩傳》和其他一些佛教傳記均有記載，但似均不足徵信。據說龍樹生於西元二世紀，南印度維達婆國婆羅門家庭。幼年通曉婆羅門經典、天文、地理、醫術等各種學問。先學小乘三藏，後在雪山一帶得大乘經典，建立了系統的佛教中觀派理論。

民間關於龍樹的傳說頗多，說他年輕時聰明超群，遍閱經書，了然於心。後又學得隱身術，出入王宮，險些喪命。從此悔悟，迷途知返，下決心皈依佛門。從一位沙門受戒出家，讀遍佛塔之中所有經論，不能滿足其心。於是辭師下山，又訪尋到北印度雪山一佛塔，得《摩訶衍》大乘經典，轉入大乘。但仍覺不過如此。後被引入龍宮，得覽更多經典，反覆細閱，均能成誦。又得龍師傳以神通之術，才與龍師依依作別，回到南印度，弘傳大乘佛法。期間也有傳說龍樹與婆羅門上師鬥法，每鬥必勝。總之，龍樹所到之處，均引多人皈依大乘佛法。傳說中又說他合成了一種長壽藥，活到一百五十歲（有說一百二十歲的）不死，又將此藥分給國王，國王亦過百不亡。王子心急，擔心無王位可繼，求龍樹施捨生命。龍樹自吻而去，國王從此無藥可用，不久也隨之壽終。

一般認為，馬鳴是大乘佛教思想運動的宣導者，而使系統闡釋大乘佛教則是龍樹。龍樹一生，著作極多，有「千部論主」的美譽。他所寫的《中論》、《十二論》奠定空宗─中觀思想體系。與龍樹同時弘法的，還有他的弟子提婆（Deva）所著《百論》與《中論》、《十二門論》合稱三論，為「三論宗」所依據的理論。龍樹的主要思想可

以概括為「中道緣起」、「二諦說」和「實相涅槃」三個方面。龍樹的中觀理論自五世紀由鳩摩羅什系統地傳到中國，被中國佛教宗教如三論宗、天臺宗、華嚴宗、禪宗和淨土宗等作為開宗立論的根據，因此在中國亦被尊為「八宗祖師」、「第二佛陀」，成為佛教歷史上僅次於佛陀的重要人物。

世親與無著

無著與世親兄弟，生於北印度健陀羅國富羅國（今之巴基斯坦的白沙瓦，意譯丈夫城）的婆羅門家庭。生活年代大約在西元四、五世紀。弟兄倆都在「有部」出家，研習小乘空觀理論。據說無著後來跟隨彌勒學習《瑜伽師地論》，從此專門研究唯識思想，改宗大乘。後來把弟弟世親召到阿瑜陀國，向他講述大乘經典。世親讀誦之後，深悔以前弘小乘的錯誤，要割去自己的舌頭，以謝先前誹謗大乘的錯誤。無著對他說：「你既然用舌頭誹謗大乘。現在應以舌頭頌揚大乘，何必割去呢？」這樣，世親捨小乘入大乘，且著書立論，宣揚大乘。世親著有小乘論五百部、大乘論五百部，古來也有「千部論主」之譽。西元 400 年左右，世親八十歲，逝於阿瑜闍國。

無著的主要著作有：《顯揚聖教論頌》、《順中論釋義》、《金剛般若經論》、《攝大乘論》、《大乘阿毗達磨集論》等。世親的著作：《俱舍論》、《唯識二十論》、《唯識三十頌》、《大乘成業論》、《大乘五蘊論》、《大乘百法明門論》、《佛性論》、《無量壽經優波提舍願生偈》。無著世親一系的學說，成為印度大乘佛教的主流。

西元五世紀初，印度佛教在笈多王朝的支持下，建立了那爛陀寺，成為後來的大乘佛教中心，西元 629 年（唐太宗貞觀三年）自長安出發的玄奘大師，就曾來此學習達五年之久。西元 671 年自海路西行求法的義淨，在印度學習二十餘年，也曾在那爛陀寺學習。

殊途
湛然

大乘經典

大乘佛教的經典甚多，傳統上分成五類，分別為華嚴門、方等門、般若門、法華門、涅槃門，稱五大部。其中，方等門由雜藏部發展而來，逐漸發展出《般若經》與《華嚴經》，再漸次展開出《法華經》、《大般涅盤經》等經典。

三藏

1	修多羅藏	經	定學	三學
2	毘奈耶藏	律	戒學	
3	阿毘曇藏	論	慧學	

十二部　將佛經分為十二種類

1	長行	即經中以散文直說顯義，不限字句。
2	重頌	將前義以偈頌結之，有重點宜記之意。
3	孤起	不依長行直接用偈頌直顯其義。
4	授記	為佛為菩薩或聲聞諸大弟子授成佛名號之記。
5	無問自說	係無人發問而佛自說，如阿彌陀經。
6	因緣	述說見佛聞法種種因緣。
7	譬喻	為佛說種種譬喻以解經文令眾生容易開悟。
8	本事	佛說過去度生之事。
9	本生	佛說自身過去受生之事。
10	方廣	佛說大乘廣大微妙的真理。
11	未曾有	記佛現種種神力，如放光、散花等經文。
12	論議	以法理互相辯論法義的經文。

資料來源：http://starskang.com/2011/11/01/ 三藏十二部圖表

西元一、二世紀，大乘思想初興的時候，最早出現的大乘經典，是般若一系的經典。此系經典，卷帙浩繁，達數百萬言。漢譯本有二十九部，七百四十七卷，而以六百卷的《大般若波羅密多經》（簡稱《大般若經》）為主，為唐三藏玄奘大師所譯。「般若」即智慧的意思。「般若波羅密」是用智慧滅掉一切法相而達到涅槃。

繼《般若經》之後出現的大乘經典，是《華嚴經》。《華嚴經》的全名是《大方廣佛華嚴經》，傳說是龍樹在龍宮獲得的。《華嚴經》係「法喻因果」並舉，「理智人法」兼備之名稱，一經的要旨都包含在題目中。大，即包含之義；方，即軌範之義；廣，即周遍之義。即一心法界之體用，廣大而無邊，故稱為大方廣。佛，即證入大方廣無盡法界者；華，即成就萬德圓備之果體的因行譬喻；嚴即開演因位之萬行，以嚴飾佛果之深義，此為佛華嚴。此經以因果緣起理實法界為宗，說菩薩以菩提心為因而修諸行，頓入佛地的因果，顯示心性含攝無量、緣起無盡、時空行願等相涉相入、無礙無盡的理境，及佛果地寥廓無礙、莊嚴無比的勝境。[46]

與《華嚴經》同時出現的，是《法華經》，即《妙法蓮華經》（梵語：Saddharma Puṇḍarīka Sūtra）。後秦鳩摩羅什譯，七卷二十八品，六萬九千餘字，收錄於《大正藏》第9冊，經號262。梵文 Saddharma，中文意為「妙法」。Pundarika 意譯為「白蓮花」，以蓮花（蓮華）為喻，比喻佛法之潔白、清淨、完美。Sūtra 意為「經」，故此經之全名為《妙法蓮華經》。《法華經》為弘揚佛陀的真實精神，採用了偈頌、譬喻等，讚歎永恆的佛陀（久遠實成之佛），說釋迦牟尼佛成佛以來，壽命無限，現各種化身，以種種方便說微妙法。由於行文流暢，詞藻優美，在佛教思想史、文學史上，具有重要的價值，是自古以來流布最廣的經典。

淨土經典是大乘經典的另外一系。此系的經典《阿彌陀經》、《無量壽經》、《觀無

46. 維基百科，華嚴經，http://zh.wikipedia.org/zh/ 華嚴經，2011 年 2 月 10 日。

量壽經》等淨土三經。此外，還有禪定方面的經典，如《般舟三昧經》、《菩薩念佛三昧經》、《首楞嚴三昧經》等。[47]

到無著、世親時代，大約為西元前二百年到四百年期間，又有《大般涅槃經》、《勝鬘經》、《解深密經》、《楞伽經》等。

在大乘經典之後而出現的，就是大乘「論」的時代。如果說大乘經典出現的時代，是具有創造性的時代；大乘論典的時代，是一個組織化、系統化的時代。大體上分為「空」、「有」二宗，即中觀學派與瑜伽學派，在中國又被稱為法性宗與法相宗。重要的中觀論典有《中論》、《十二門論》、《十住毗婆沙論》，以及《大乘二十頌論》等。

需要指出的是，在佛教的經典中，通常所說的佛法並不一定都是佛陀親口說的。龍樹菩薩的大智度論第二卷說：「佛法非但佛說者，一切世間真實善語、微妙好語，皆出佛法中。如佛毗尼中說：『何者是佛法？』佛法有五種人說：一者佛口自說，二者佛弟子說，三者仙人說，四者諸天說，五者化人說。」依這樣的說法，只要所說的符合佛法，縱然不是佛本人，也無妨。佛法就是佛法，與透過什麼人說出來，並不有什麼區別。

或許正是這樣的觀念，當大乘佛教在中土發揚光大的時候，中國佛教也開始出現自己的佛教經典。《六祖壇經》就是被中國佛教徒很看重的一部大乘經典。《壇經》記載了惠能一生得法傳法的事蹟及啟導門徒的言教，內容豐富，文字通俗，是研究禪宗思想淵源的重要依據。

---

47. 對基督徒而言，從小乘經典到大乘經典的過程，似乎可理解為「真理」的發展過程（progressive process）。正如基督教系統化、體系化的總結並非出現在一、二世紀，而要等到四世紀之後一樣，系統的經論，也是佛之後幾百年的事情。

慧能與《六祖壇經》

關於六祖的法號，坊間流行著兩種寫法：「惠能」與「慧能」。但據六祖門人法海在《六祖法寶壇經略序》的記載「……專為安名，可上惠下能也。父曰，何名惠能？僧曰，惠者。以法惠施眾生；能者，能作佛事」，可知當以「惠能」為準，「慧能」當是訛誤。但這兩種寫法，歷史上均有。六祖本人不識字，或許對此並未太過在意。

惠能出家成祖，有一段故事。據說六祖俗姓盧，祖籍範陽（今河北省涿縣）。西元672 年到湖北黃梅參拜五祖弘忍大師學法。兩人之間有一段有趣的對話：

惠能初見弘忍，弘忍便問他：「你是那裡人？來這裡求取什麼？」

惠能回答：「弟子世嶺南人，來到這裡不求其他，只求作佛」。

弘忍聽了仍隨口說：「你世嶺南人，哪裡能作佛」！」

惠能回答：「人有南北之分，佛性並無南北之分。」

這才使弘忍暗暗吃驚，不便回絕，便安排他做一些粗活。當時弘忍有 700 名徒眾。惠能入寺八個月之後，弘忍命各人呈上一首偈語，好透過這些偈語選衣缽傳人。惠能只是一名打雜的，且貌不驚人，因此沒資格參加。

上座和尚神秀，在佛堂寫下一偈：

> 「身是菩提樹，心如明鏡台，
> 時時勤拂拭，莫使有塵埃。」

第二天早上，惠能聽說以後，也要求做一偈。得到許可，便高聲念道：

> 「菩提本無樹，明鏡亦非臺，
> 本來無一物，何使惹塵埃。」

弘忍見此，向惠能傳法衣，正式立他為禪宗六祖。十五年後，惠能在廣州遇到印宗法師，印宗法師為他剃髮，授戒。至此，惠能才算是正式的僧人，在此之前只是「行者」。不久惠能又從廣州到了曹溪寶林寺：在這裡，惠能正式「開山」傳法。這時候，他在禪宗的地位得到確立，被稱為「六祖大師」。他開創頓悟，逐漸成為禪宗的正統。《六祖壇經》，也深受大眾喜愛，以至有「人生最大幸福事，夜半挑燈讀壇經。」一說。

總之，佛教的經典，卷帙浩繁。大乘佛教的各大門派，各有所重，對這些經典也各有所取。除這裡所說的《壇經》外，在中國佛教徒中流行的經典還有《心經》、《金剛經》等。

第
6
章

《聖經》的成書與流傳。

一部《聖經》，多個宗教。猶太教以《舊約》為經典；天主教與基督教新教各教派奉為聖典，雖然在聖典的內容上，有稍許的不同；就是伊斯蘭教，也奉舊約為聖典。穆斯林（回教）稱所敬奉的，乃是亞伯拉罕的上帝。本書以基督教所共同信奉的新舊約聖經為討論對象。

根據聖經自己的啟示，聖經乃是神人合作的作品。聖經的思想與內容出自於上帝，然而其文字的形成，卻是借人手而成，各卷中不同的筆調，也表現了作者的不同性格。那位無窮者曾藉著祂的聖靈，光照祂眾僕人的心思意念。祂曾使他們看見異象和異夢、表號和象徵，得到真理之啟示，然後用人的話語將這些意念具體的表達出來。

如果我們把這本《舊約》與《新約》組成的聖經稱為「有字天書」的話，其實，在此出現之前，還有一個「無字天書」的版本。「有字天書」是在「無字天書」失傳之後才出現的。

無字天書

根據聖經的啟示，在罪惡未進入世界之前，人的眼目所及之處，山嶺河川、花鳥魚蟲，肥沃地土，飄蕩浮雲，都寫著上帝的智慧與慈愛。人類在無罪的狀況下，藉著造物主的創造，可以感知上帝的心懷智慧，得以直接與造物主溝通。可是，自從人類因犯罪而與上帝隔絕之後，他們就失去了這種無上的權利。再也不能單憑現象與比量而獲得準確無誤的真理。

如第三章〈基督教的啟示觀〉所述，上帝並未棄人類於不顧，而是藉著在萬古之先就已制定的救贖計畫，另外開闢了一條途徑，使地上的人仍能與上天取得聯絡。上帝藉著祂的靈與人交往，並藉著啟示祂所揀選之僕人將神聖的光分賜與世人。「因為預言從來沒有出於人意的，乃是人被聖靈感動說出上帝的話來。」（彼得後書1：21）

起初，這樣的啟示並沒有寫成文字，成為書卷流行。在人類起初的二千五百年歷史長河之中，那些曾領受上帝訓誨的人用口授的方法教訓人，上帝的啟示，便以「無字天書」的形式，口耳相傳，父子相續，一代一代的流傳下來。

雖然這些口耳相傳啟示的原型，今天已無處可見。但人們或仍可從世界古老文明中的一些至為根本，至今重要的道德與價值觀念之上，從似曾相識的關於起源的種種傳說中，依稀看出一點早已退色的斑斑點點。若退去那些明顯的神化與藝術化的痕跡，其

實，在印度與中國的古代文明中，都或多或少地仍留有遠古口耳相傳之啟示的影子。中華文化中的敬天愛人精神，就與聖經中的愛上帝愛鄰舍的原則，如出一轍。

訴諸文字的啟示

口耳相傳的啟示，隨著人類記憶的持續衰退與模糊，也隨之變得模糊與混亂，逐漸失去了原有的效驗。在這種情況下，「最爛的筆頭也強於最好的記憶」。訴諸於文字的啟示，便成為必然。那從起初看到末後的上帝，在人類記憶還未退化到完全不可靠之前數百上千年，就親自奠定了文字啟示的基石。

在佛陀出世前近一千年左右，上帝在亞伯拉罕的後裔中興起了一位叫做摩西的先知。吩咐他引以色列人出埃及，經過曠野，到所應許的迦南之地。在途經西乃山時，上帝親口頒佈了十條誡命，並將這十條聖律，親手書寫在兩塊石板上（出埃及記31：18）。十誡全部的文字內容可見出埃及記20：2 — 17，這裡扼要地列出要點。

1. 除了我以外，你不可有別的神。
2. 不可為自己雕刻偶像，不可跪拜那些像，也不可事奉它。
3. 不可妄稱耶和華你神的名。
4. 當紀念安息日，守為聖日。
5. 當孝敬父母。
6. 不可殺人。
7. 不可姦淫。
8. 不可偷盜。
9. 不可作假見證陷害人。
10. 不可貪心。

這十條誡命，實際上就成為整個聖經的基礎與標準。先知們所寫的文字，都必須經得起這兩塊基石的檢驗。舊約時代的大先知以賽亞清楚地寫道「人當以訓誨和法度為標準。他們所說的，若不與此相符，必不得見晨光。」（以賽亞書 8：20）直接點明，上帝的誡命與律法為檢驗一切的真理標準。

先知以賽亞之後七百年，耶穌在世時，從另一個角度，說明了上帝十誡律法的根本與原則性的地位。

> 「內中有一個人是律法師，要試探耶穌，就問祂說：
> 『夫子，律法上的誡命，那一條是最大的呢？』
> 耶穌對他說：『你要盡心，盡性，盡意，愛主你的上帝。
> 這是誡命中的第一，且是最大的。
> 其次也相仿，就是要愛人如己。
> 這兩條誡命，是律法和先知一切道理的總綱。』」
> 〈馬太福音〉22：36 — 40

耶穌所說的二條誡命，來自對十誡的總結。「盡心，盡意，愛主你的上帝」是對頭四條誡命的總結；「愛人如己」，是對後六條誡命的總結。而這兩大原則，是所有律法書與先知所寫的一切書中道理的總綱。換句話說，律法與先知都是這兩條大原則的展開與發揮。聖經中的律法雖多，卻又攝於十誡律法。而十條誡命也無非是要表明「上帝就是愛」（約翰一書 4：8）這一根本大法，正所謂：「一法一切法，一切一法攝。」

與佛法的五戒或其他戒律相比，聖經十誡涵蓋了人類生活所必須同時兼顧的二個維度：即人與創造主上帝的關係，以及與人類自己的關係。這二個維度，又可延伸到那些人眼所不見的天使及諸世界生靈的領域。

上帝手書的十誡，不僅成為人生活的準則，也成為摩西與其他先知寫作的基石與總綱。換句話說，整本聖經的各卷，都是在十誡律法的基礎之上的展開與應用。這樣的工作，

從第一位寫作有字天書的作者摩西起，到寫福音中最崇高之真理的約翰為止，這工作共延續了一千六百年之久，而參與聖經寫作的先知，共有四十位左右。先知們所寫的書卷，經過一段時間流傳之後，被後世依著聖經所啟示的原則與內容，加以甄別，以確定是否納入聖典。這個過程，倒是與佛經的結集不無相似之處。

在基督降世以前的舊約時代，舊約經書的彙集經歷了從西元前 1,500 年到西元前 400 年大約一千年的時間。整個新約的寫作，基本都是在西元一世紀完成的。新約的最後集結成冊則是在西元 397 年。

這樣，就有了我們現今的《聖經》。這本《聖經》其實並不是一本單一的書，而是由 66 本不同的書卷所組成的合集，習慣上我們稱之為《聖經》。全本《聖經》分為兩個部分：即《舊約全書》與《新約全書》，前者簡稱《舊約》後者簡稱《新約》。《舊約》共有 39 卷書，《新約》則由 27 卷書組成。這很好記的：三九二十七。若將這些書卷進一步分類，那《舊約》則有：摩西五經、歷史書、詩歌與先知書；而新約則有：福音書、使徒書信、啟示錄等。

聖經的結構

律法	聖約歷史	先知書	智慧書	新約
創世記	約書亞記	以賽亞書	約伯記	四福音書
出埃及記	士師記／路德記	耶利米記／耶利米哀歌	詩篇	使徒行傳
利末記	帖撒羅尼迦前後書／列王紀上下	以西結書	箴言	保羅書信
民數記	歷代志	但以理書	傳道書	非保羅書信
申命記	以斯拉記／尼希米記／帖撒羅尼迦前後書	小先知	雅歌	啟示錄

如同所述，《舊約聖經》在西元前 400 年，就已彙集成冊，奉為聖典，在以色列民族廣泛流傳。古老的聖經得以流傳至今，除了上帝奇妙的保守之外，也與古以色列民嚴格與準確的抄本息息相關。在印刷術沒有發明之前，聖經的流傳所倚靠的，在相當程度上，就得依靠抄本了。

古代的抄經，有一套嚴格的制度。對所使用的羊皮紙、所抄寫的行數、墨水的顏色和校訂的態度，都有著嚴格的規定。抄經者不能憑記憶抄。抄經之前必先沐浴全身。不可以用新墨寫上帝的名字，每次寫到上帝的名字必專注毛端如同上帝親臨一般。由於他們如此之小心謹慎，對出錯的古卷，他們會毀掉，以免以訛傳訛。而且，當羊皮紙的經卷開始磨損，猶太人會以尊敬的態度，將這抄卷埋葬。

今天大多數的聖經譯本，都是依據一個叫做《馬所拉抄本》（Masoretic Text）翻譯而來的。《馬所拉抄本》有現有存于大英博物館的《開羅抄本》（Cairo Codex，亦稱 Codex Cairensis，西元 895 年）、存於耶路撒冷的《阿勒坡抄本》（Aleppo Codex，主後 900 年後），以及存放在前蘇聯的列寧格勒（Leningrad）的《巴比倫彼得帕力坦抄本》（Codex Babylonicus Petropalitanus，西元 1008 年）。現存《馬所拉抄本》中，最古老的殘存古卷的日期是西元 900 年左右。

從舊約封筆到西元 900 年左右，相去也有 1,300 年左右。這樣，《馬所抄抄本》可靠嗎？由這個抄本而翻譯的聖經版本可信嗎？這不能不說是一個問題。

有趣的是，1947 年在聖經考古學上發生了一種了不起的大事。一名牧童在尋找迷失的羊時發現了一個山洞。當用石頭向洞裡扔擲時聽到了有陶器破碎的聲音。結果走進去發現了七卷古舊的皮卷。這個偶然發現到 1948 年引起了學者們的注意。他將其中

的四卷賣給了當地的補鞋匠與古玩商 Kando，他轉手又賣給了希伯來大學的 Eleazar Lsukenik。另外的四卷則被當地聖馬克修道院的 Marathansius 購得。這位修士轉而將這四幅皮卷帶到了美國東方研究學校。從而引起了美國與歐洲學者的注意。幾經輾轉，這些古卷終於被約為二十五萬美元的價碼購得，被送回既將舉行復國大典的以色列國。

從 1949 到 1956 年間，考古學家與當地的牧民們在發現皮卷的附近地區進行廣泛的挖掘，結果出土了大約 800 幅從西元前 200 年到西元 69 年間的古抄本和其他大量文物。除了〈以斯帖〉一書之外，《舊約聖經》中的其他書卷全部有抄本留下。以《聖經》中最長的一卷書〈以賽亞書〉為例，古卷與今日之聖經僅有三個字之差，而這些字也只是拼寫問題。這些書卷被稱為《死海古卷》。

經比對，西元前 200 年左右的《死海古卷》上的經文，與《馬所拉抄本》是一致的，而兩者之間在時間上相差 1,100 年。由此可見，傳到我們今日的《聖經》是可靠的。

由於年代的關係，與《舊約聖經》抄本相比，《新約聖經》的古抄本就多得多了。5,300 本全本《希臘文抄本》，10,000 本拉丁 Vulgate 抄本，9,300 本早期抄本！這樣加起來一共是共有抄本 24,000 本之多。抄本來自不同的地方：埃及、巴勒斯坦、敘利亞、土耳其、希臘、義大利等不國的國家；從抄本與原本相距的時間上來看，最早的《紙莎草紙抄本》片段與原本相距 50 到 100 年；現存完整的《新約希臘文抄本》與原本相距 300 — 400 年。以 24,000 本的抄本總量來看，其中共有差異 150,000 處。平均說來每個抄本有六處與其他抄本不同的地方。其中 99.5% 的差異沒有實質性問題，如拼寫錯誤，名字的次序不對，一本為耶穌基督，而另一本可能是基督耶穌。由此可見，依據這些抄本而翻譯的《新約聖經》也是可靠的。

根據「威克利夫聖經翻譯者協會」（Wycliffe Bible Translators）的統計，到目前年為止，世界上已有513種語言有完整的《聖經》，1,294種語言有完整的《新約全書》，另外，還有 1,010 種語言至少有聖經中的一卷書。此外，還有大量的語種的聖經翻譯工作正在密集地進行之中。[48] 所以，可以毫不誇張地說，聖經是世界上發行與閱讀量最大的宗教經典。

原本與譯本

《舊約聖經》主要是用希伯來文寫成的，小部分以亞蘭文寫成。這些書卷後來被譯成了希臘文，最早的希臘文譯本為《七十士譯本》。這個譯本在西元前三世紀到二世紀之間成書，是由亞歷山大時期的七十位猶太學者為亞歷山大圖書館而翻譯的。據說，亞歷山大帝王所以頒佈命令翻譯《舊約聖經》，是因為他在西元前 332 年遊耶路撒冷時從但以理書中的預言得知，希臘將被波斯國所傾覆。這個譯本正是耶穌時代通用的版本。

除了〈馬太福音〉之外，《新約聖經》中的各卷書最初都是用希臘文寫成的；〈馬太福音〉是先用希伯來文寫成，後來移譯為希臘文的。對《七十士譯本》與《新約聖經》較早的拉丁文翻譯，出現在西元四世紀與五世紀之間。偉大的學者耶柔米（Jerome，約主後 345 — 419 年）在主後 382 年，受羅馬會督大馬士革（Damascus）之命，開始了這項翻譯工作．耶柔米參照希臘文和希伯來文《聖經》，殷勤地工作了 25 年，終於完成了《武加大譯本》。

到此為止，所出版的《聖經》均為古代語言本，平信徒間很少能讀懂的。西元 1380 年，

48. http://wycliffe.org.uk/wycliffe/about/vision-whatwedo.html/accessed April 2, 2014.

約翰威克利夫將《聖經》譯成了英文。這件事不僅促動了宗教改革的開始，而且為英國基督教的復興鋪平了道路。隨後，成千上萬的人 手中擁有了上帝的話語。在當時要做這樣的翻譯，是需要一種不畏一切的膽識的。

在德國，當年僅 20 歲的馬丁路德在一間大學圖書館查閱資料時，平生第一次看到了一本整本《聖經》。但是，除了在英國之外，各地的《聖經》也都還是古文本；只有受過良好教育者，方能讀懂。因此，他決定要像威克利夫一樣，給自己的同胞一本德語的《聖經》。1522 年，德文《新約聖經》問世了；12 年之後，全本德語《聖經》便開始在德國流行了。

帶著同樣的想法，威廉敦德爾（William Tyndale），在 1525 年將《新約聖經》和部分《舊約聖經》譯成了通俗的英語。丁道爾於 1525 年印刷了第一版的英文新約聖經， 那是有史以來第一本印刷出版的英文《新約聖經》， 使聖經得以大量生產。第一本完整的《聖經》是 1535 年在瑞士出版發行的。接著其他版本的《聖經》也相繼問世，將真理的亮光散佈於世間。不過，在英語世界，最有影響的聖經是《雅各王欽定聖經》。這本《聖經》的翻譯始於 1604 年，於 1611 年結束。

中文聖經譯本

最早的中文《聖經》譯本，當數西元七世紀「大秦景教」所用的《新約聖經》。可惜，完整的譯本未能流傳下來。第一本完整的中文《聖經》，是 1822 年由馬士曼博士與拉沙（Joshua Marshman & Joannes Lassar）合譯的。1823 年，馬禮遜（1782 — 1834）也有中文譯本問世。1837 年又在印尼出版了馬禮遜本修訂本《新遺詔書》。1854 年又有由英美兩國傳教士合譯的《代表譯本》流行。1890 年之後，又有深文理本、淺文理本及白話文本，以及一些不同方言的地方性《聖經》譯本。1919 年，中外教士合作，才有了最為流行的《國語和合譯本》。《和合本》又分「上

聖經名稱	出版年代	譯者／修訂者／出版社
《國語新舊庫譯本：新約全書》	1933 — 1958 年	陸亨理（Heinrich Ruck）、鄭壽麟
《呂振中譯本》／《聖經》	1946 — 1970 年	呂振中
《現代中文譯本》	1973 — 1984 年（1979 年出版）	許牧世、駱維仁、周聯華、焦明、王成章合譯
《當代聖經》	1973 — 1993 年（1979 年出版）	國際新力出版社、國際聖經協會
《聖經新譯本》	1973 — 1992 年	中文聖經新譯委員會
《新約聖經恢復本》	1987 年	李常受等主編

帝」版與「神」版。《和合本》之後，又有一些當代與《現代中文譯本》，這裡不一一舉例。古老的《聖經》，正以新的光芒，照亮有著四千年歷史的中華兒女。研究聖經的熱浪，正在海內外廣大中國人的心中奔流。

閱讀聖經的效用

《聖經》將過往的歷史向世人展開。沒有《聖經》的啟示，人類對於逝去的漫長歲月將無可稽考，所剩下便只是那些無憑無據的猜想和荒誕不經的傳說了。

《聖經》不僅忠實準確的記載了從世界受造之初的歷史，而且還將未來永恆世界的奇妙展示給世人。宇宙中無限神奇的奧秘，創造天地之主的無限榮美，都在《聖經》中

有所顯明。其文字之簡練曉暢，連孺童也可捧讀而受感悟；然其哲理與神學之完全深邃，又使得最聰明的學者也歎為觀止，難窺堂奧。沒有《聖經》，世界將淹沒在有限之人無限的錯誤理論之中，人心必受制於迷信和謬誤而不得真理的自由。

研究《聖經》能使人獲得深遠的真理和屬天的智慧。雖然俗世對《聖經》的神聖不以為然，然而不可否認的是《聖經》的確是一切真知識的源泉。《聖經》像不斷湧流的奔泉，日久彌新。《聖經》是上帝對人的啟示，其神聖的歷史直通到永恆。在紛擾迷亂之中，上帝的聖手保持了其神聖的清純。天啟的靈光直射人類無力穿透的遙遠的古代，使人在此找到人類真正的起源。

《聖經》中有著許多的不解之奧秘，正是這些奧秘說明了其神啟的必然。如果《聖經》所授之知識均能為人識透，上帝的偉大與榮美竟能被有限之世人狹小的心智所完會掌握，上帝也就不再是上帝，而《聖經》也無所謂真神上帝無誤的啟示了。

眾多的奧秘之一就是聖經預言的奧秘。全本《聖經》預言達數千之多。絕大多數已按其所預言的時間與地點而準確應驗了。許多國家的興亡更替，早在歷史上發生之前，《聖經》就預言到了。完全超出人的智識之外，卻完全在《聖經》啟示者的眼目之中。這些應驗的預言，並不超出人類經驗的範圍。這樣，就為世人檢驗聖經的可靠性，提供了可信的依據。耶穌基督曾和藹地道出了上帝發預言的目的。祂說：

> 「現在事情還沒有成就，我預先告訴你們，
> 叫你們到事情成就的時候，就可以信。」
> 〈約翰福音〉14：29

而這些預言所要引導人們相信的，就是基督耶穌與上帝藉著祂救贖人類的救恩計畫。查考聖經，可以使人獲得了生死的智慧，在今生行各樣的善事，等候得著來生榮耀的永生。

《聖經》的成書與流傳。

第 7 章

殊途湛然

眞理四觀。

「橫看成嶺側成峰，遠近高低各不同·
不識盧山真面目，只緣身在此山中·」
蘇軾《題西林壁》

蘇軾（1037 年 12 月 19 日－1101 年 8 月 24 日）是中國文學史與中國文化史上的奇葩，他的文學成就似一座難以逾越的高峰。他的思想，集儒釋道於一體，既有儒家的志誠剛毅，又有道家的清新自然，而且也受到了佛家超脫虛無精神所染。在眾多歌詠盧山的名篇佳作之中，他於元豐七年（1084 年）四月所寫這首《題西林壁》，千古流傳，深得後人的喜愛。詩人藉著描寫盧山變化多姿的瑰麗畫面，用通俗語言深入

淺出地表達出豐富而深刻的哲理，親切自然，耐人尋味。詩的前兩句說明，對於同一件事物，由於觀察者的角度不同，可能會得出不同的結論。而後兩句，似乎點明，要想獲得對廬山正確而全面的認識，還需置身廬山之外。

這首詩，對於我們思考宇宙人生的大道理，也不無啟發。如果把這首詩所引喻的原則用到宇宙與人生的真理方面，則不難看出，對於同一個真理，會因觀察角度的不同，而呈現不同的表述方式；而且，處於宇宙天地中的人，要靠自身來看明宇宙天地的來源，覺悟人生的真面目，都會有一定的難度。這首詩，也從一個側面應證了來自宇宙人生之外的真理本原的啟示，才有可能揭示宇宙人生的真面目。

佛家的真諦觀 —————————————— 1

佛家追求認識世界的真諦，但對真諦的認識角度不同，形成了不同的真諦觀。「一諦」、「真俗二諦」，天臺宗的「一心三觀」、三論宗和慈恩宗的「四重二諦」等，都是這類角度不同而形成的真理觀的具體表現。

所謂「一諦」，即認為真理是唯一的。吳汝鈞對「一諦」有這樣的定義：「絕對唯一真實不虛的真理。天臺宗以為，絕對的真理只能是一，不能是二。故就究極言，只有一諦，並無二諦或三諦。說真諦俗諦，而為二諦，只是方便而已。」[49] 持「一諦」觀的人認為，絕對的真理只有一個，並不存在二個或三個真理。之所以有這樣的分別，不是真理的本質有二個或三個，而是開方便之門罷了。

---

49. 吳汝鈞，《教的概念與方法》（臺北市：臺灣商務印書館，1988 年），265 面。

印度大乘佛教中觀派（空宗）的奠基人龍樹（Nagarjuna ，約 2/3 世紀）提出了「二諦」說。所謂的「二諦」(twi — satyas)，是指真諦（paramartha — satya）與俗諦（samvrti — satya）。

佛教看人，有聖凡之別。聖者得道成佛；凡者凡夫俗子，未能開悟證道。佛教的真諦觀，因為都是站在人的角度看問題，所以就按著人的分類，把他們對事理的看法相應地冠以「真俗二諦」之名。

真諦又稱為勝義諦、第一義諦；「聖智所見真實之理性也，是離虛妄，故雲真」。真諦為悟道者所觀知到，所證得的究竟道理、終極境界或第一義聖諦。

俗諦又稱為世諦、凡諦、世俗諦。「迷情所見世間之事相也。是順凡俗迷情之法，故雲俗。」[50] 而俗諦也就是指一般凡夫俗子對事物所抱持的觀念與看法。

照龍樹的說法，「真諦是空理，俗諦是假名有。」[51] 佛教中的「空」和「有」，是比較基本也比較複雜的概念，我們在這裡先不作更深入地討論，僅引一段方立天先生用比較通俗的話，對早期部派佛教提出的「二諦」所作出的詮釋。

「由各種要素和合而成的事物，人們給予了假名，而為常識所認可的，為世俗諦；構成事物的要素，其本質恒常不變，這是殊勝智慧分析後所得的認識，稱為勝義諦。」[52] 這樣看來，佛教在認識世界的真理觀上，似乎在世間常理與出世佛理，在現象與本質，在一般性的常識與佛教法理上作了區分。真俗二諦既有區別，又有聯繫。「佛是以真俗二諦為眾生說法。對於二諦，一是要瞭解二者的不同，否則就不能了知超越俗諦的真諦。二是不依俗諦，也不能了知真諦，即無法證得涅槃。」[53]

50. 佛學大辭典，二諦條。
51. 吳汝鈞，265。
52. 方立天，中國佛教哲學要義（下），1148 — 1149。
53. 方立天，1153。

若站在涅槃解脫的角度來說，那麼，俗諦因為是凡俗之人的常識，也就不能引人涅槃
解脫。而能引人至涅槃解脫的認識，也就是真諦或說勝義諦了。佛教所關心的，是與
涅槃解脫有關的真理。吳汝鈞甚至這樣說：「我們也可以鬆動地說，真諦是宗教的真
理，俗諦是科學的真理。」[54] 不過，這種分法也不能太絕對。因為按龍樹的說法，為
了便於指導人們接受佛教的真諦，如實認識事物的本來面目，佛只好借用世俗認識所
說的有、無、空等名詞來說明緣起、無自性，因而佛為眾生方便而說的真理，也可以
叫做俗諦。

值得一提的是，大乘佛教中觀派在空無（真）與實有（俗）的兩端之間，又提出「實
相」的說法，認為「只有不落於無與有兩端，遠離無與有兩端，才符合事物的實相，
這就是中道。中道也就是實相，就是最高真理。中道實相就是大乘佛教中觀學派的真
理觀。」[55]

2. 一心三觀

「一心三觀」是天臺宗提出來的。天臺宗是隋唐時期最早產生的中國佛教宗派，因創
始人智顗常住浙江天臺山而得名。天臺宗也因在教義理論方面以《妙法蓮華經》為主
要依據，而稱為「法華宗」。「天臺宗，代表了中國大乘佛學高峰的佛教宗派，不僅
屹立中國佛教史，中國佛學史，甚至中國哲學史數百年，並且在今天的日本佛教界及
佛學界都仍是首屈一指的重要宗派。」[56] 天臺宗較為獨特的教義中有「一心三觀」的
觀法。陳義孝居士編《佛學常見辭彙》上這樣解釋：

又名圓融三觀、不可思議三觀、不次第三觀等，是天臺宗圓教的觀法。天臺宗說宇宙
萬有，都具有空假中三種諦理，而這三種諦理又互具互融，空即假中，假即空中，中
即空假，如果我們在一心之中這樣作觀，即叫做一心三觀。[57]

54.. 吳汝鈞，佛教的當代判釋，226 — 227。
55. 方立天，1152。
56. 杜保瑞，天臺宗學派綱要，http://homepage.ntu.edu.tw/~duhbauruei/4pap/3bud/c70.htm，取於 7/20/2011。
57.「一心三觀」，見於陳義孝居士編，《佛學常見辭彙》，摘錄於 http://www.muni — buddha.com.tw/
　　buddhism/021.htm，2011 年 7 月 21 日。

「一心三觀」是說要在一念心中觀得一切緣起事物都是空、假、中三種性質的統一。觀萬物是「空」，是因為看到世間萬物都因緣起而生起，皆無自性，所以是「空」。但這並不是說什麼也沒有，而是說事物的存在是有條件性的。「假」是虛假、施設、權宜等意思。通常佛教講假名有兩層意義：一是指客觀上沒有實在的東西與之相應的虛假的名稱，空名；二是施設名目來表示事物，而事物本身只是因緣和合，並無真實自性。佛教從名稱與事物虛假不實兩方面論假名，而這兩層的意思是相通的」。[58]「空與假不可分離，非空非假，就是『中道』。」[59] 所謂「一心三觀」，就是在一念心之中同時看到事物的這三個方面，就是把握了佛教最究竟的真理。

似乎可以認為，「一心三觀」是「真俗二諦」的另一種表達方法。說「空」相當於真諦的觀法，說「假」相當於「俗諦」的觀法，而說「中」，則是說「真俗二諦」之間的聯繫與統一。

3. 四重二諦

大乘佛教各宗，因為傳承或立論方法不同，對二諦的解釋也各不相同。三論宗和慈恩宗將真俗二諦進一步進行細分，開顯為四重，即有所謂的「四重二諦」。

隋吉藏中觀論疏之四重為：
第一重：有為俗諦；空為真諦。
第二重：空有為俗諦；非空非有為真諦。
第三重：二 (真俗) 而不二為俗諦；非二 (非真非俗) 非不二為真諦。
第四重：前三重二諦為俗諦；非非不有，非非不空為真諦。
若將上式簡化有為俗，空為真；有空為俗，非有非空為真；非有空為俗，亦有亦空為真；非非亦有非非亦空為俗，非非不有非非不空為真。即是吉藏大師原來簡式。

殊途
湛然

58. 方立天，中國佛教散論（北京：宗教文化出版社，2006），78。
59. 黃夏年，佛教三百題（臺北：建安出版社，1996），52。

佛教的真諦觀，反映了佛教站在不同的角度對於宇宙間萬事萬物的基本看法。在歷史上，由這種「真俗二諦」觀，引申出「佛是真諦，儒道等是俗諦。真俗既同一體，則儒釋道三教之本必然無二。」[60]，為儒釋道三教同源說，提供了一定的理論根據。我們再次重複一點，因為佛教是站在人本的立場上立教，按著覺悟與否對人群進行歸類，所以，看待事物真相（真理）的角度，也就出現了以世間約定俗成的道理為「世俗諦」和以佛教神聖智慧洞見的真理為「勝義諦」之分了。

▌真理四觀

佛法真諦觀		《聖經》真理觀	
二諦觀	勝義諦	觀測角度	上帝的角度
	俗諦		人的角度
一心三觀		時效層面	永恆的層面
四重二諦觀			時代性的層面

基督教的真理觀 —————————————— 2

對於基督教來說，真理只有一個，那就是上帝。由上帝所說的一切話，所行的一切事，都是真理的體現。創造者所隱藏於自然界的規律，也是真理的一部分。但是，《聖經》所關心的重點，是救贖性的真理，是能把人引向永生，使人脫離罪惡而得真自由，與天父上帝同歸於好的真理。

> 「你們必曉得真理，真理必叫你們得以自由。」
> 〈約翰福音〉8：32

60. 王元化，思辨發微，（香港：三聯書店，1992），第 114 面。

「耶穌說：『我就是道路、真理、生命；
若不藉著我，沒有人能到父那裡去。』」
〈約翰福音〉14：6

「你們既聽見真理的道，就是那叫你們得救的福音，
也信了基督，既然信祂，就受了所應許的聖靈為印記。」
〈以弗所書〉1：3

「因他們不領受愛真理的心，使他們得救。」
〈帖撒羅尼迦後書〉2：10

耶穌宣稱「我就是道路、真理、生命」。凡是真理，都是由於上帝，因為上帝是真理的本源。但祂降世所傳給人的真理，卻是以人類的得贖為核心的。有一位宗教作者說得好，基督盡可以向世人啟示科學中最深奧的真理。祂盡可以揭發一些需要多少世紀的辛勤鑽研才能探察的奧秘。祂也可以提出一些科學方面的建議，作為世人畢生思考的資料和發明的原動力。但祂並沒有這樣作。祂沒有說一句話來滿足人的好奇心，或將屬世榮譽的門戶敞開來饜足人的野心。在祂的一切教訓中，基督使人的心意接觸到無窮者的心意。祂沒有叫人研究世人對上帝，祂的聖言，或祂的作為所有的理論學說。祂乃是教他們從上帝在祂的作為，祂的聖言，以及祂的神旨所作的表現上認識祂。

基督並沒有講述抽象的理論，只講述那發展品格所必需的，以及足以加強人認識上帝的能力，並增長他行善的效能。祂對人所講的真理都是關乎為人之道，並以永恆為出發點的。[61]

上面的這段引文，一方面說明了基督的真理觀，同時也提到基督「所講的真理都是關乎為人之道，並以永恆為出發點的」。這就是《聖經》真理的不同視角問題。

61. 懷愛倫，《基督比喻實訓》，第一章。

從這個方面來說，覺者釋迦牟尼對待真理的態度也有類似之處。佛教中有所謂「十四無記」的說法 [62]，把一些與人生覺悟沒有直接關聯的東西，暫且放到一邊，不予理會。

基於《聖經》的基督教，以上帝對人的啟示立論，故而對於宇宙人生真理的看法，至少就有兩個層面，即上帝的層面與人的層面。或說「神人二諦」。進一步說來，因為上帝是不受時空限制，是無限的，永恆的，而人都是歷史性的、具體的、生活在一定的時空之中的有限的生命體；所以，看待真理的視角上，又有永恆的視角與時代性的視角的區別。這樣看來，也可以說有「四重二諦」的特徵。

1. 上帝的層面

先來看上帝的層面。上帝作為永恆的「常住法」是萬事萬物的唯一根源。上帝不受時空的限制，在宇宙天地創造之前就有上帝；在宇宙天地毀壞之時，仍有上帝；宇宙天地的重造，仍是透過上帝而實現。宇宙天地以及其中的萬事萬物，從被造到重造，經歷生滅的變化，但上帝卻是不變不易。所造的萬物，均在一定程度上如實地反映上帝的本體法性，上帝才是唯一的真如實相。《聖經》中上帝這樣說：

> 「耶和華以色列的君，以色列的救贖主萬軍之耶和華如此說：
> 我是首先的，我是末後的；除我以外再沒有真神。
> ……除我以外，豈有真神嗎？誠然沒有磐石，我不知道一個！」
> 〈以賽亞書〉44：6，8

另一方面，上帝又是預知一切的。將要發生但尚未發生的事，上帝早已預知。我們在前面已經談到過，上帝所預言的事情應驗不爽，也表明上帝的話是經歷得檢驗，是可以信靠的一個看得見的憑據。上帝在上古之時，就曾預言人類的救贖主將要降臨。從

---

62. 「十四無記」，即：（一）世間常（二）世間無常（三）世間亦常亦無常（四）世間非常非無常（五）世間有邊（六）世間無邊（七）世間亦有邊亦無邊（八）世間非有邊非無邊（九）如來死後有（十）如來死後無（十一）如來死後亦有亦非有（十二）如來死後非有非非有（十三）命身一（十四）命身異。

人類的始祖開始，用了四千年的時間，一直用不同的方式預言彌賽亞（即受膏君，救世主的意思）的來臨。耶穌的降世，既說明瞭上帝預言，進而說明上帝聖言的可信性，同時也藉著預言來檢驗耶穌作為基督身分的真實性。兩者互相應證。

> 「我從起初指明末後的事，從古時言明未成的事。」
> 〈以賽亞書〉46：10

> 「現在事情還沒有成就，我預先告訴你們，
> 叫你們到事情成就的時候就可以信。」
> 〈約翰福音〉14：29

相對於有限的人來說，上帝的層面的一個重要的特徵是，上帝看萬事萬物有一種超越時空的視角。對上帝來說，過去、現在、未來，都是同一時段，都是當下，並沒有時間上的差別，沒有人的層面上會出現的起始與終結。比方說，在人看來，是一件將來的事，但在上帝的眼中，卻是一件已經完成了的事。

> 「我的肺腑是你所造的；我在母腹中，你已覆庇我。
> 我要稱謝你，因我受造，奇妙可畏；
> 你的作為奇妙，這是我心深知道的。
> 我在暗中受造，在地的深處被聯絡；
> 那時，我的形體並不向你隱藏。
> 我未成形的體質，你的眼早已看見了；
> 你所定的日子，我尚未度一日，你都寫在你的冊上了。」
> 〈詩篇〉139：13 — 16

論到有關宇宙天地的真諦，對於上帝來說，宇宙天地和其中的萬物，是「無始無終」的，是同時存在，也永遠存在的。它們一起存在於上帝的創造計畫之中，存在於上帝的心裡。宇宙間所發生的一切事，已經發生的，或將來發生的事，都為上帝的心所預知。在尚未發生之時就為上帝所看見，在將來所發生的一切事都成為遙遠的過去之後，

殊途
湛然

依然存於不可言說的神秘深奧的上帝心底。佛教界常聽到的「一念三千」、「心生萬物」、「萬法唯心」、「萬法唯識」、「心外無物」等說法，只有對永恆的常在的上帝的「心識」而言，才能成立。「心想事成」，這句話，用到上帝的身上，最為合適。

2. 人的層面

人是上帝所造，是受造之物，所處的層面與造物主的層面有本質的差異。《聖經》上說：

> 「耶和華說：我的意念非同你們的意念；
> 我的道路非同你們的道路。
> 天怎樣高過地，照樣，我的道路高過你們的道路；
> 我的意念高過你們的意念。」
> 〈以賽亞書〉55：8 — 9

用天與地的高差，來比較上帝與世人所處的層面的高下，應當大致能說明問題。正因為如此，所以上帝透過啟示，將有關自己與宇宙人生的真理向人類展開。但展開之時，卻考慮到了人的層面與視角。人是在具體的歷史時空受造下，在具體地歷史時空下生活的。不能想像一個脫離時空，卻依然真實存在的人。

對於人來說，我們周遭的宇宙是有起點的，正如同人的出生有時間上的起點一樣。在我們所生活的宇宙之內，我們不能現觀到任何一件沒有起點的事物。我們周遭的宇宙也是會有終點的，正如同人的一生也會有終點一樣。在我們所生活的宇宙之內，我們同樣不能現觀到任何一件沒終點的事物。因為我們現在所處的人生與宇宙，均有一定的時效性。關於這一點，我們將在以後相關章節再作進一步的展開。

所以，從人的層面來看，耶穌是在西元前四、五年左右出生在伯利恆，又在西元31年，作為上帝的羔羊，為人類的罪被釘死在十字架上。但是從上帝的角度來看，基督卻是

「創世以來被殺之羔羊」（啟示錄 13：8），在人類尚未犯罪之時，基督就是那預備好，將在人類萬一犯罪之時，預備為人替罪的上帝的聖子。兩者在時間上存在著明顯的矛盾，但在矛盾的表像之下，卻是奇妙的統一。救贖人類的計畫，早在創造之前，就已存於超越時空的上帝心中；但在有限的時空中歷史性地具體實施，卻到等到耶穌降生之後才能完成。《聖經》將這兩個視角，同時啟示發人，讓人能一方面窺見上帝的視角，一方面又能站在人的角度看待真理。

3. 永恆的層面

與上述兩個層面相應的，是有限的歷史性時間與無限的永恆的時間概念。這樣就導致了《聖經》真理觀上的另外兩個觀念，即永恆性真理觀與時代性真理觀。

所謂永恆性真理觀，是指適於永恆的時間的真理。諸如，《聖經》啟示「上帝就是愛！」（約翰一書 4：9），就是一個永恆性的真理。在過去，現在，以及永遠的未來，都是真理。在天上、在地上、在將來的新天新地的新宇宙之中，都是不變的真理。反映上帝的愛的律法原則是不變不易的，適於任何時間、任何地點，超越於時代與地域。同樣地，「違背律法就是罪。」（約翰一書 3：4），也是一個適應於任何時代的不變的真理。上帝是終極的存在，是一切生命的源頭（詩篇 36：9）；「你（上帝）的道就是真理」（約翰福音 17：17）；「敬畏耶和華，是智慧的開端；認識至聖者便是聰明。」（箴言 9：10），等等，這些都是永恆性的真理。

4. 時代性層面

雖然上帝的話就是真理，但並非上帝所有的話都是永恆性的真理。永恆的上帝對一定的時空內所說的有些話，具有明顯的時代性特徵，是時代性的真理。

殊途
進然

舉例來說，《聖經》中所提到的洪水的審判（創世記6：17），就是一個具有時代性的真理信息，只適合於生活在挪亞那個時代的人。雖然洪水的審判對後世具有警示作用，但後世不會再受到同樣的洪水式的滅絕。因為洪水之後，上帝說過，「我與你們立約，凡有血肉的，不再被洪水滅絕，也不再有洪水毀壞地了。」（創世記9：11）

尼尼微是古代亞述帝國的重鎮之一，於底格里斯河東岸，在今日伊拉克北部城市摩蘇爾附近。大約在西元前九世紀，上帝興起一位叫做約拿的先知，要傳一道毀滅性的信息給住在那裡的人，說「再等四十日，尼尼微必傾覆了！」（約拿書3：4）同樣地，這樣的一道信息，仍然是只適合於特定的時間與地區的，雖然它的原則可以普世應用。人若不悔改，都有可能遭受覆沒的命運。

時代性真理的另一個特徵，是注意到真理有其與時俱進的一面。《聖經》的啟示錄，重點啟示了末後將來快成的事。其中特別警告世人，不要拜獸和獸像，在額上或在手上受它的印記，以免要「喝上帝大怒的酒」（啟示錄14：9—11），而要有羔羊的名，「和祂父的名寫在額上」（啟示錄14：1）。這是一道在以前的世代所沒有出現過的信息，具有濃厚的末世彩色，是特別給末後的時代性信息。

一般來說，時代性信息具有考驗的性質。在洪水的時代，人們可能也會接受一些永恆性的真理原則，卻不接受給那個時代的關於洪水的信息。結果，就被洪水沖沒，只有挪亞一家八口人，與動物進入方舟而得倖存。尼尼微城的人，也因那道傳給他們的警告信息而自卑悔改，而倖免於難。直到二百多年後西元前605年，亞述帝國被新崛起的新巴比倫王國所滅，尼尼微隨之沒落。

瞭解《聖經》中所出現的多元真理視角，有助於我們在研讀《聖經》時不為因視角不同面出現的表面上的矛盾經文所困。同時，也不要張冠李戴，把上帝的視角與人的視角搞混，或者，把適於不同時代的真理作錯位的應用。古時的猶太人，之所以拒絕接

受耶穌為他們所盼望的彌賽亞，其中一個重要的原因，就是錯誤地期盼作為彌賽亞第一次降臨的耶穌，去執行《聖經》預言中彌賽亞第二次降臨要完成的使命。

對於佛教界的朋友們，瞭解《聖經》所啟示的「四重二諦」式的真理觀，可以消除許多關於緣起與佛性、法性、真知、第八心識、如來藏識等方面的誤解。在基督徒看來，佛家在將佛性、法性、真如、第八識與如來藏等方面的認識，可以近似地看成是對基督神性的探索性認識。站在《聖經》的角度來看，粗略地說，佛家的一些誤解，就在於把人的本性與神性混為一談了。只有基督兼具神人二性，適合於用真妄二性來作近似地描述，而一般的世人，都只有有罪的人性，而不具「自性」，不等於那個本性清淨的「我」。

第 2 篇

相對笑

The Ten Commandments

I
Thou shalt have no other
gods before me

II
Thou shalt not make unto
thee any graven image

III
Thou shalt not take the name
of the LORD thy God in vain

IV
Remember the sabbath day
to keep it holy

VI
Thou shalt not kill

VII
Thou shalt not
commit adultery

VIII
Thou shalt not steal

IX
Thou shalt not bear false
witness against thy neighbour

相對
一笑

佛經記載，

覺者釋迦牟尼曾對聖凡作了一個分別。

這個分別就在所謂的「六見處」裡。

所謂「六見處」，

就是包括色、受、想、行、識等

五蘊在內的六個命題。

對於第六見處，

北傳《中阿含經‧阿犁吒經》的翻譯為：

「此是神，此是世，此是我。

我當後世有，常、不變易，

恒、不磨滅法。」。

凡夫的六見處，將五陰（或五蘊）當作是我，我所，或以為與我互相包含。而聖者的六見處，認為色、受、想、行、識均不是我，不是我所，也不是與我互相包含。不過，凡也好，聖也罷，兩者在第六見處上的看法，卻是基本相同：認為有一法是世界、是我、在死後仍然常住、是永遠不變的存在。

這個常在法，在佛法裡有許多的名稱，如前面提到過的大「我」、心、真如、真際、實際、真實際、實相、圓成實性、第八識、如來藏、阿賴耶識、諸法實相等。認識到這個無常之外的常在、不變易、永不磨滅法的存在，是修學佛法的基礎。若沒有常住法，就只能無常之內打圈圈，修學佛法就會失去意義。萬法均由這一本而出。佛法的覺悟，也是從認識到這一常在、不磨滅法而開始。

從名稱上來說，《聖經》中對於那不變易的永遠常在的實在體，有著另一套描述與指稱的語言，叫做上帝、創造主、耶和華、自有永有、起初與末後、初與終等。

讓我們感興趣的是，在這兩套不同語彙的後面，是否有著某種關聯性。本篇的討論，將越過字面的不同，直探文字相背後的實相。並進而討論佛法與《聖經》關於宇宙人生的源起的不同結論，追溯世界之苦難與罪惡的源頭，並以耶穌基督的示現而收尾。佛家的覺悟之途與基督的救贖大計，是本篇對觀的重點。

第

8

章

相對一笑

諸法實相與
常一主宰。

「我是自有永有的。」
〈出埃及記〉3：14

在進行本章的討論之前，讓我們先來看一個有趣的現象。筆者初來臺灣時，發現超市
有一種叫「大土豆」的食品，其實根本不是什麼土豆，而是漂亮大粒的花生！這與
在大陸的情形是不一樣的，在中國大陸，花生與土豆是兩樣不同的東西。花生是花
生，土豆是土豆，兩者不會混淆。但是在臺灣，當你聽到大土豆時，可能不會想到
馬鈴薯，而是花生。花生與大土豆，名稱不同，實體卻無二致。在外國語言中，花生
更是有不同的名字：英文叫做 peanut，德文叫 erdnuss，西班牙語叫 maní，俄語叫
арахис，但都是名異實同。

讓我們來看另一方面。人們對花生不僅存在著名稱上的叫法不同，就是對它的性質與認識與描述，也不盡相同。但這並不影響對於花生在功能上的大體一致的認識。比方說，中醫認為，花生味甘，性平，可潤肺、補脾、和胃、補中益氣，是我國傳統的滋補食品。民間有「生花生養胃，煮花生潤肺，炒花生保肝」的說法。而現代營養學，則認為花生營養豐富，含有蛋白質、不飽和脂肪酸、B 族維生素含量高外，還含有天然多酚類物質，如白藜蘆醇、植物異黃酮等，具有抗菌、消炎、抗氧化的作用。這些都有利於強健我們的消化系統。而且，人們對於花生的認識，也可能隨著時代的變化而發生變化。中醫與現代營養學對花生的描述，表面雖有差異，但實際上，花生就是花生，它對人體的功用並不因人們對它的認識與表達的不同而有什麼不同。

其實，這樣的例子，枚不勝舉，反映了語言的多樣性、差異性與局限性。外婆與姥姥，其實就是同一個人。就是對人眼能看得見，摸得著的活生生的人，中醫與西醫的描述與看法也大不相同。這樣的回顧，對我們以下的討論會很有幫助。

諸法實相 —————————————————— 1

中國人民大學著名佛教學者方立天先生在《中國佛教哲學要義》對佛教的產生動機與目的，以及佛教真理觀的發展，有一段精闢的論述：

「釋迦牟尼創立佛教的動機和目的，是基於對生命的體驗形成一種廣大的悲願，以教化和救度世人，而不是尋求客觀的知識，探索外部世界的真理。他要教化人，就要向人宣揚人生解脫的真理，而人生的解脫又離不開對外部世界的認識。這種佛教立場和

教化需要，決定他不是著重從主觀認識與客觀世界的一致性和有用性的知識中尋找真理，而是側重從宗教倫理實踐即遵奉行為規範中尋求真理，由此而提出了四諦和三法印的真理論。後來，部派佛教闡發了真、俗二諦說，即出世間真理與世間真理的區分與關係的學說。隨後，大乘佛教中觀學派進一步探尋一切事物的真實的、常住不變的本性——『諸法實相』，以此為統一的、最高的真理。『諸法實相』成為了大乘佛教的標幟。」 [63]

學佛修行的人可能會對上述評述有不同見解，認為大乘並非後來發展而來，但對於探求一切事物後面的「真實的、常住不變的本性—諸法實相」為大乘佛教的標貼，或許不會有太多的意見。

我們似乎也可以這樣來說，釋迦牟尼創立佛教的目的，是引導眾生透過對宇宙人生背後的諸法實相【本質】的發現與覺悟，而透過對這種發現與覺悟來指導自己的宇宙觀與人生觀，具體落實在改變身、口、意的行為取向，以求最終解脫於三界的束縛，滅除一切的煩惱，離苦得樂，涅槃寂靜。

這一點，與基督教的本質不無相似之處。《聖經》中的三段經文，概括了基督教的宗旨：

一、因明《聖經》開悟增慧 ·······································

> 「並且知道你是從小明白聖經，
> 這聖經能使你因信基督耶穌，有得救的智慧。」
> 〈提摩太後書〉3：15

二、因信耶穌得永生機緣 ·······································

> 「上帝愛世人，甚至將祂的獨生子賜給他們，
> 叫一切信祂的，不至滅亡，反得永生。」
> 〈約翰福音〉3：16

63. 方立天，"印度佛教真理觀略論" http://read.goodweb.cn/news/news_view.asp?newsid=51335，2014 年 2 月 8 日。

三、住永生中見萬物的根源上帝 ••••••••••••••••••••••••••••••••••

> 「認識你獨一的真神，並且認識你所差來的耶穌基督，這就是永生。」
>
> 〈約翰福音〉17：3

我們知道，佛教產生於印度，佛法的術語多從印度教借來，但又被賦與不同的意義。印度教中充滿了對梵天，至尊神的描述，印度教的民間實踐也呈現複雜與多樣化的態勢。印度教所崇拜的，究竟是一神，還是多數，不僅外人看得迷糊，就是教門中的人也有時會感到困惑。說多神教者有之，也有人說印度教所尊崇的其實是獨一至尊神首，人們所看到的各種神明，只是其以不同形體示現於根器與境遇不同的人而已。

釋迦牟尼所傳授之佛法，在探討世界的本原，人生之根本等問題時，避開了印度教中與神明有關的說法，另闢蹊徑，用了其他一些說法。大乘佛教的標貼性語言「諸法實相」，便是其中之一。提起佛教，一般人會想到無常、空、無我等。但如果一切都是無常與虛空，佛法就失去了意義。事實上，佛法試圖引導人在無常之外覺悟常在法，在空境之外尋實有，在有為法之外覓無為法，在無我非我之外見大我真我。所以，對於學佛修行者來說，認識或覺悟到常住不易的諸法實相，修習佛法才有了目標與方向。換句話說，無常無我的人生，只有找到不生不滅、常住不壞、恆常不易的宇宙人生背後的本質存在，才有意義。

佛經之中，以諸法實相為佛智所知見的最為實在的論述很多。我們在此選錄一二段佛經文字，作為引證。

> 「大乘因者，諸法實相。」
>
> 《觀普賢菩薩行法經》

《法華經》則稱諸法實相為佛所成就的第一稀有難解之法。

> 「佛所成就第一稀有難解之法，唯佛與佛，乃能究盡諸法實相。」

所謂諸法如是相，如是性，如是體，如是力，

如是作，如是因，如是緣，如是果，如是報，如是本末究竟等。」

《法華經》

天臺智者大師這樣說：

「常樂我淨名一實諦。一實諦者即是實相。實相者即經之正體也。」

《妙法蓮華經玄義卷第八下》

在智者大師看來，「常樂我淨」就是一實諦，而這一實諦不是別的，正是諸法實相。
至於常樂我淨，我們在下面還會專門談到。這個實相才是所有佛經的真正根基。這個
說法與我們上面所說的看法是一致的，也就是說，離了常住不變的實相，佛教就失去
了根基。

「一法異名者，（中略），實相之體祇是一法，佛說種種名，

亦名妙有真善、妙色、實際、畢竟空、如如、涅槃、虛空、佛性、

如來藏、中實理心、非有非無、中道第一義諦、微妙、寂滅等。

無量異名悉是實相之別號，實相亦是諸名之異號耳。」

《妙法蓮華經玄義卷第八下》

天臺智者大師繼續說，實相之體只是一法，但佛卻賦予了這個實體諸多的名稱。這些
名稱包括從妙有、真善、妙色、實際、畢竟空、涅槃、虛空、佛性、如來藏、中實理心、
非有非無、中道、到微妙、寂滅等，都是實相的別名。對佛不解的人，會執著於不同
的名號，而不知其根本圓融，名異實同。

若用比較通俗的佛家習語來說，諸法實相就是唯一有「自性」的實在，是既真又實
的。「『真』是從認識論角度，指如事物之本來面目；『實』主要從實在論角度，指
不依待他物而實有。」[64] 或者說，一切現象背後真常不變的體性，即如（tat）、真如
（tathata^）、實相。有趣的是，作為印歐語系成員之一的英文中的「那」(that) 就與

64. 陳兵，《真實論》，陳兵官方博客，http://blog.sina.com.cn/s/blog_710c21b8010176xl.html，2013 年 8 月 15 日。

梵文中的 tat 相關聯。那個無須修飾、無須定義或不可言語的現象世界背後的根本因素，就是「那個」實相。

與諸法實相相近的另一個常見的名稱是「真如」。在古印度護法等人所編著《成唯識論‧卷九》中有，「真謂真實，顯非虛妄；如謂如常，表無變易。謂此真實，於一切位常如其性，故曰真如。」極言真如的真實、永恆、不易的本性。

佛家其所謂深奧之理，也常表現在對諸法實相的認識與論述方面。然而，從方法論上來說，佛家所走的路線，是透過可觀察的現象世界，力圖瞭解現象世界背後的實在或實相。這是一條由表及裡，由現象到本質的由下至上的覺悟的路徑。諸法實相與無常人生在體、相、性上的根本差異，使得有限的人，在肉身之中，無論以何種方式，都無法參透諸法實相的本質；人靠自己所能看到的，最多是根據諸法實相在萬法之中所體現的功用，而加以認識。這類認識並不一定會不著邊際，但卻很可能是模糊不清的，就算是所體證或推測到的不可說之處，也不一定就盡等於實相的本來面目。

《聖經》中的上帝 —————————— 2

這個問題，若是拿到《聖經》啟示的視角之下，就顯得比較容易琢磨與領會。因為，基督教的起點不是探索真理的人，而是啟示真理的上帝本身；同樣地，基督教的終點也不是人，而是上帝。與佛家不同的是，基督教所走的則完全是另一條路徑。如前所述，這是由萬物背後的實在（在基督教裡稱為上帝），直接向人類提示宇宙人生真相的路徑，是一條從上至下，由內而外，由本而末的啟示的路徑。從一定的意義上可以認為，《聖經》就是對這種自上而下的啟示的一個忠實的記載，因而具有典範性的意

義，是我們研究基督教的唯一可靠經典。因此，我們的討論，自然也就從上帝開始。而討論的依據，也就全部出於《聖經》之中。

翻開《聖經》，跳入眼簾的第一句話，就是「起初，上帝創造天地。」（創世記 1：1）八個大字，驚世駭俗，道破真諦。將時間的起源，宇宙的出現，道個清楚明白，婦孺可知，聖凡皆曉。

《聖經》所謂之起初，言人類所生存的天地。上帝創造萬物的六天，即為起初。六日之內，上帝創造天地海和其中的萬物，第七日便安息舒暢。（創世記 2：1 — 3；出埃及記 31：17）

然而，在人類所生存的宇宙天地之前，上帝還創造了無以勝數的天使與數目不祥的諸世界。合起來，也可說為三大領域：諸世界及其上的生靈；天及其上的天使；天地及其間的萬物與人類。但諸世界究竟有多少世界，其上都有些什麼樣的生靈；天使的數目究竟是多少；人類所生活的這個宇宙天地中的天究竟包括多少星系，《聖經》都沒有明確的啟示。因為這些與《聖經》所關心的核心問題，即人類的救贖與通過對人類的救贖而展示上帝真實的品格，同時顯明與天道相悖的性質與後果關係不大。

每一宇宙，均有一受造起始的時間。對每一個宇宙而言，受造之前，了無一物。天與天上的天使受造之前，亦了無一物。諸世界未造之前，了無一物。同樣，人類所生存的天地受造之前，也是了無一物。本來無一物，唯自在者自在，唯創造者獨存。

上帝的存在並沒有其他先在的原因，因為祂是自在者。《聖經》啟示上帝是「自有永有的」，或說是「自在永在的」（出埃及記 3：14）。希伯來的先知在論到上帝的自在時說：「諸山未曾生出，地與世界你未曾造成，從互古到永遠，你是上帝。」（詩

篇90：2）套用佛家的術語來描述的話，我們可以說，上帝就是唯一具有「自性」的實在，是諸法的實相。上帝依其內在的自性而自在。祂的存在，不假外物。

換句話說，上帝就是存在本身。其他萬物的存在，都因上帝而存在，而不是因內具自性而存在，萬物的存在，都是假外物而存在的。這種因其自身的存在，而引起其他事物之存在的過程，《聖經》稱之為創造。在這個意義上，自在者就是創造主。或者我們可以說，創造主才是本質性的存在，而其他萬物，都只是現象性的存在。套用佛家常用的語言來說，（上帝）本質性存在，真實不妄；（萬有）現象性存在，虛而不實。說萬有虛而不實，是因為萬有的存在，是靠賴上帝本質性存在而存在的緣故。

出人意料的是，這樣的自在者，不是一位，而是三位。《聖經》中以聖父、聖子、聖靈來描述這三位自有永有，自在永在的上帝。毫無疑問，既用到父與子的概念，就是借用人類家庭關係的語言來進行描述，是想以人類所能明白的語言與關係來描述存在於三位自在的上帝之間的關係。雖說是三位，卻在旨意、行動、品格上高度一致，形同一人。有些基督教的神學書，以「三位一體」來描述；有些以水的三種狀態，來比擬三位上帝之間的關係，均難以達意，不必過於執著。

這樣的三位上帝，是個什麼樣子，沒有人知道。按照《聖經》的啟示，「上帝就照著自己的形像造人，乃是照著祂的形像造男造女。」（創世記1：27）起初，男女雖是照上帝的形像造的，但是，卻不太可能從男女的形像反推回來，推出上帝的形像與樣式來。這就好比蘋果電腦（Mac）與個人電腦(PC)，都是人造出來的，卻不大可能根據這兩款電腦的結構與樣式反推回去，推出人的結構與樣式來。

人雖不能根據自己的樣子，反推出上帝的樣子。但也不能因此而認為上帝不能像人一樣能聽聽看，有自己的心思意念。針對一些作惡的人以為上帝必不看見他們所作的惡，

也不會去思念，不會追究。靈感的詩人這樣發問：「你們民間的畜類人當思想。你們愚頑人，到幾時才有智慧呢？造耳朵的，難道自己不聽見嗎？造眼睛的，難道自己不看見嗎？管教列邦的，就是叫人得知識的，難道自己不懲治人嗎？耶和華知道人的意念是虛妄的。」（詩篇94：8—11）「祂由自己的居處，視察大地的眾庶：祂既創造了眾人的心靈，當然知曉人的一切言行。」（詩篇33：14-15，思高版）

「上帝是個靈。」（約翰福音4：24）「是那獨一不死，住在人不能靠近的光裡，是人未曾看見，也是不能看見的，」（提摩太前書6：16）。人既屬土的，是屬血氣的，有的只是如佛家所說的五蘊之身，自然是無法看到五蘊之外的靈體的。《聖經》上說：「從來沒有人看見上帝。只有在父懷裡的獨生子將祂表明出來。」（約翰福音1：18）這裡所說的「父懷裡的獨生子」，是指著耶穌基督而言的。正因為人看不見上帝，所以，上帝就差耶穌基督降世為人，透過祂的為人處事，藉著祂的言傳身教，來彰顯上帝的品格，啟示上帝的形像與樣式。

真相的認識　佛法與福音對

佛法中的真理	《聖經》中的上帝
諸法實相	創造萬物的上帝
自在	自有永有
真實不變易	永不改變
常一主宰	獨一的上帝
天上天下，唯我獨尊	除我以外，沒有別的神

偶像不能體現自在者 ——————— 3

　　上帝在賜下耶穌進行自我啟示的同時，明確禁止任何形式的偶像崇拜，包括以耶穌為物件的各種造型的崇拜。其中的一個原因，或許是因為上帝完全超然物外，祂本體的真像，是湛然屬靈的，是任何物質造型都無法表現的。有形的造型，不僅不會提高人們對於上帝的認識，反而會極大地妨礙人們的認識能力與領悟能力。事實上，釋迦牟尼在世之時及圓寂之後的至少二百年間，亦無偶像。有趣的是，《金剛經》中亦有「若以聲色見我，則不得見如來」的說法。

在對比真神與偶像方面，《聖經》有一些有趣但引人深思的經文。我們錄兩段於此。

> 「你們究竟將誰比上帝，用什麼形像與神比較呢？
> 偶像是匠人鑄造，銀匠用金包裹，為它鑄造銀鏈。
> 窮乏獻不起這樣供物的，就揀選不能朽壞的樹木，
> 　　為自己尋找巧匠，立起不能搖動的偶像。
> 　　你們豈不曾知道嗎？你們豈不曾聽見嗎？
> 從起初豈沒有人告訴你們嗎？自從立地的根基，你們豈沒有明白嗎？
> 　　上帝坐在地球大圈之上，地上的居民好像蝗蟲。
> 　　祂鋪張穹蒼如幔子，展開諸天如可住的帳棚。
> 　　祂使君王歸於虛無，使地上的審判官成為虛空。
> 　　他們是剛才栽上，剛才種上，根也剛才扎在地裡，
> 　祂一吹在其上，便都枯乾，旋風將他們吹去，像碎秸一樣。
> 　　那聖者說，你們將誰比我，叫他與我相等呢？
> 　　你們向上舉目，看誰創造這萬象，按數目領出，
> 祂一一稱其名。因祂的權能，又因祂的大能大力，連一個都不缺。」
> 　　　　　　　　　〈以賽亞書〉40：18 — 26

> 「然而，我們的神在天上。都隨自己的意旨行事。

諸法實相與
常一主宰。

他們的偶像，是金的，銀的，是人手所造的。

有口卻不能言，有眼卻不能看。

有耳卻不能聽。有鼻卻不能聞。

有手卻不能摸。有腳卻不能走。有喉嚨也不能出聲。

造他的要和他一樣。凡靠他的也要如此。」

〈詩篇〉115：3 — 8

上帝就是愛 ———————————————— 4

《聖經》並不把精力放在證明上帝的存在上，它所著力啟示的，是上帝最為根本的品格與本性。在這一點上，與佛法相同。佛法並不去證明諸法實相的真實與實在，而是力圖去認識與覺悟實相的本質與本性。上帝在《聖經》中所出現的最主要角色就是創造主與救贖主，所啟示的上帝最為根本的本性就是「上帝就是愛」。（約翰一書 4：8）上帝的愛是永不改變的，永不止息的。

對於學佛的信眾來說，需要注意的是，《聖經》中的「愛」，與十二因緣「受愛取有生老死」中的所說的「愛」有著本質的不同。《聖經》中的「愛」，可以與佛法中的慈悲、憐憫、佈施、放下、無我、去除執著、公平正義等，在理解上互為參照。《大般涅槃經梵行品》上說：「慈者即是眾生佛性。慈即大空，大空即慈。慈即如來。」佛家所說的慈悲心、歡喜心、利益心、攝受心、哀愍心、和潤心等，都在《聖經》的「愛心」之中。

粗略地來說，《聖經》中的愛是一種原則，是與人的情緒與感受有分別的。《聖經》中的愛指的是公義與慈愛的結合，上帝的愛裡既有慈悲憐憫，又不失公平正義。整本《聖經》都是在揭示這一主題。上帝的創造與救贖的一切活動，也都是愛的展開與體

現。《聖經》中的愛的意義非常地豐富，謙卑、和平、良善、誠實、溫柔、節制、喜樂、包容、激勵、捨己、犧牲、慷慨、喜愛公義、遠離罪惡等，都是愛的原則之具體展開。我們這本書所談的所有話題，也都是在這個大原則之下展開。

無變易　無移影 ————————— 5

與無常的世界不同，上帝是如如不動，真實不虛，如實安住，不變不壞的。《聖經》上說：「各樣美善的恩賜，和各樣全備的賞賜，都是從上頭來的。從眾光之父那裡降下來的。在祂並沒有改變，也沒有轉動的影兒。」（雅歌 1：17）文理本的翻譯可能更為傳神，「凡美善之施、純全之賚、皆由於上、自光明之父而降、彼無變易、亦無移影。」（雅歌 1：17，文理本）上帝「無變易、無移影」的愛，是萬派之通途，眾流之歸趨，諸法之大旨，是無常人生的希望與根本保障。

細心的人會發現，佛經對於諸法實相的諸多描述，其實與《聖經》中的上帝的本質與性情比較接近。我們或者可以大膽地向前邁進一步，佛法中那捉摸不定、不可言說、不可思議的諸法實相，其實是人在有限的智識範圍透過宇宙人生而對上帝所作的有意義的探求。

常一主宰 ————————————— 6

我們在第一章介紹釋迦牟尼的生平時有提到，傳說太子剛生下來就能自己行走 7 步。太子每走一步，他的腳下就湧現出一朵蓮花。並且太子右手指天，左手指地，大聲宣

稱：「天上天下，唯我獨尊。」

對於釋迦所說的這個「我」，以研究早期佛典著稱的楊郁文先生指出，「釋尊否定異學所立論之『我』，可是保留異學所給予『我之定義』」。就是說，佛陀說「我」，用的仍是印度教中關於「我」的定義，但他有自己的理解與發揮。在這個定義裡，「我」有三層定義：

❶ 主、自在—《雜 · 110 經》：

「凡是主者悉得自在；五陰是我，得隨意自在令彼如是不令如是！」

❷ 常—《別譯雜阿含 330 經》：

「色（等五陰）是無常，無常故即無我。」反過來說：常即是我。」

❸ 獨一、自有—《長 · 15 阿 [少／兔] 夷經》：

「彼眾生作是念：我今是大梵王，忽然而（自）有，無作我者，.... 我先至此，獨一、無侶，由我力故，有此眾生，我作此眾生。」

將這三個基本含義合在一起，「我」就有「常、一、主宰」之義。也就是說，那具有常住不變、獨立自主、且創造眾生的即稱之為「我」！佛法中的「我」，是自在者，是常在者，是創造者。學佛的最終極的目的，也就是為了覺悟這個「我」。

需要注意的是，由於語言的局限性，佛法上把五蘊組成的無常的「假我」，也稱為我。同時，又以「我」來稱這個「常一主宰」者。因此，有必要對此作出分別。五蘊之我為「假我」，「常一主宰」之我為「真我」、「真我」。中土佛教，言眾生皆有佛性，本性具足，不待外求。這樣，不僅視成佛為可能，而且以內求為成佛之道。換句話說，人生的意義，就在於要藉著無常的「假我」，以覺悟那個常在的「真我」。「我」的

本相既如此，無怪乎傳說中佛陀出世時大聲宣稱，「天上天下，唯我獨尊。」

若以「自在者、常在者與創造者」來看佛法中的「常一主宰」的「我」，倒與《聖經》中那自有永有的創造主上帝有幾分相似。請看幾節經文：

《聖經》中的我

上帝親賜十誡時說，「我是耶和華你的上帝，曾將你從埃及地為奴之家領出來。除了我以外，你不可有別的神。」（出埃及記 20：2 — 3）

上帝也曾藉著舊約時代的先知以賽亞說，「我是首先的，我是末後的；除我以外再沒有真神。」（以賽亞書 44：6）

希伯來《聖經》指示，「敬畏耶和華是智慧的開端；認識至聖者便是聰明。」（箴言 9：10）智慧的開端，就在於認識與敬畏這「除我以外再沒有真神」的「我」，認識與敬畏這位自在永在，自有永有的創造主與救贖主。

如何認識宇宙背後的這個「我」，其實也是基督教最為重要的問題之一。耶穌在世時，曾這樣問他的門徒：

耶穌說：「你們說我是誰？」
西門彼得回答說：「你是基督，是永生上帝的兒子。」
耶穌對他說：「西門巴約拿，你是有福的！
因為這不是屬血肉的指示你的，乃是我在天上的父指示的。」
〈馬太福音〉16：15 — 17

我們不妨認為，那天下獨尊的「我」，不是別人，正是創造與救贖人類的上帝。我們

這樣作結，並非自己的獨創。在《聖經》中記載了新約時代的偉大使徒保羅的一段經歷。如果硬要作一對應的話，可以認為大乘佛教裡龍樹的地位，就近似於保羅在新約時代基督教的地位。

「保羅站在亞略巴古當中，說：『眾位雅典人哪，我看你們凡事很敬畏鬼神。
我遊行的時候，觀看你們所敬拜的，遇見一座壇，上面寫著『未識之神』。
你們所不認識而敬拜的，我現在告訴你們。創造宇宙和其中萬物的上帝，
既是天地的主，就不住人手所造的殿，也不用人手服事，好像缺少什麼；
自己倒將生命、氣息、萬物，賜給萬人。』」
〈使徒行傳〉17：22 — 25

保羅在雅典的時候，看到雅典人所拜的一尊「未識之神」，保羅便因機施教，告訴雅典人，他們的「未識之神」就是那創造天地上帝。保羅的這段話說得分外的明顯，上帝是萬物的創造主，並不住在人手所造的殿，也不缺什麼東西。倒是維持人的生命所需要的生命、氣息與萬物，都為上帝所賜。翻譯成佛家的語言，人是沒有自性的，人所表現的生命，以及維持這種生命現象所需的一切，如氣息、萬物都無自性，均為有自性的實在所生。

接著保羅表明了上帝造人的目的與人當下所當行的。

「祂從一本造出萬族的人，住在全地上，
並且預先定準他們的年限和所住的疆界，
要叫他們尋求上帝，或者可以揣摩而得，
其實祂離我們各人不遠；
我們生活、動作、存留，都在乎祂。
就如你們作詩的，有人說：『我們也是祂所生的。』
我們既是上帝所生的，
就不當以為上帝的神性像人用手藝、心思所雕刻的金、銀、石。

按照保羅的說法，人都是從一支血脈而來。根據摩西五經所載，人類原來說同樣的語言。但在巴別塔事件後，當時的人被賦予不同的語言，被分散到世界上不同的地方。但上帝的意思，仍是叫人尋求認識祂，通過自然與生活中的經歷等多方面去揣摩上帝。金、銀、石所做的像，都不是上帝的本像。那些形像不過是人類心思的產物罷了。事實上，並非所有的人都認識上帝，但好消息是，「世人蒙昧無知的時候，上帝並不監察」。換句話說，人類蒙昧無知的時候，上天並不監察，但上帝並不希望人執迷不悟，而是要各處的人都幡然悔悟，認罪悔改。

智者不惑 ──────────────── 7

禪門有話說，「小疑小悟，大疑大悟，不疑反而不悟。」學佛者在上帝的問題上，並非毫無疑惑。然而，疑惑若能得到消釋，必能得到大的覺悟。

關於上帝的一個錯誤的觀念就是宿命論。「一個人無論經歷快樂，痛苦或不苦不樂，此等全是由於上天的造作。」《增支部》。照這種觀念，人類是創造主意志的產物，人的命運由上帝預先制定。在佛家看來，這種觀念將上帝所給予給被創造者所謂的「自由意志」變成一個徹頭徹尾的謊言。

「若有萬能之主的存在，支配一切眾生的苦樂和善惡，
此天主沾滿了罪惡。人類只能按其意志行事。」
《大菩提本生經》

在佛陀看來，若苦樂皆為上帝所為，那麼，這樣的上帝就必然是邪惡的上帝了，因為祂製造苦，叫人承受。這樣的觀念，在佛陀對那些從事自我苦修的天衣派行者的評說辭中見到一斑：「諸比丘，若有情眾生經歷的苦樂為上帝創造，那麼，此等天衣派行者一定是由邪惡的上帝創造的。因為，人們得承受如此悲慘的痛苦。」

佛陀在《尼乾經》中再次對這種宿命論式的觀念予以了駁斥。他說：「故爾，由於上天的造作，人們成為兇殺者、偷盜者、不貞潔者、謊言者、謗言者、惡語者、貪欲者、歹毒者、邪見者。因此，對於那些由上帝創造出來的人，他們既沒有希望也沒有能力和必要作此事或不作彼事。」

佛陀不僅駁斥上帝這種近乎於流行於基督教界的那種「預定論」式的宿命論觀念，也同樣斥責那種認為上帝無所不能，現實世界的一切都為上帝所造的觀念。上帝有大能，但並非善惡美醜之事，無所不能，都在祂行事的範圍之內。基督徒在表述上帝的能力時，很少作這樣的區分。

> 「有眼之人皆能見到疾病，
> 梵天為何沒把所創造之人塑造好？
> 如果他法力無邊，
> 為何他又很少伸出他祝福之手？
> 為何他創造之人又都慘遭痛苦？
> 為何他不給他們施予快樂？
> 為何欺騙、謊言和無知如此盛行？
> 為何虛偽如此囂張？真理和正義如此衰落？
> 數落你梵天非正義，
> 創造了容納錯誤的世界。」
> 《般達龍本生故事》

上面這些論述，讓我們看到，學佛者並非一定會否定上帝的存在。但把現實世界的一

切善惡美醜，都歸結為上帝所創，這是不可接受的。同時，把人的最終歸宿，完全置於上帝的掌控之中，而與人的行為與主觀意志無關，也同樣是不能接受的。

要讓學佛者接受作為創造主的上帝的存在，承認上帝是慈愛、公正、大能的，同時又賦予受造的人類以自由意志來選擇自己的最終命運，必須掃清上述有關上帝的一些誤解。而要解決這些問題，不僅要明白宇宙人生的緣起，也要明白那完美無缺的上帝與這個殘缺不全矛盾重重的世界，究竟是一種什麼樣的關係。其實，認識諸法實相也好，認識上帝也罷，都落實到一個實處，那就是人類自身的命運問題：人是否有能力自救，人最終的命運究竟掌握在誰手裡。這些問題，自然引出我們對佛家關於緣起的探索與《聖經》關於宇宙萬物來源的啟示。

相對一笑

佛教對緣起
的探索。

「宇宙生死大疑團，其餘枝葉總無幹。
若從枝葉疑將去，欲破疑根事恐難。」
——夏蓮居居士

學佛的人所追求的，是了生死，脫輪迴，轉迷成悟，離苦得樂，覺悟成佛。而其中最重要的事情，是要如實地瞭解宇宙的來源與生死的根因。其他問題，猶如枝葉。根本問題清楚了，枝葉問題就不難解決。若專注於枝葉問題，則根本疑團不去，有本末倒置之虞，或只是治標不治本，達不到目的。

所謂的根本問題，涉及到三個方面：①萬法的本源；②宇宙與眾生的來源；③是世界為什麼會成為今天這個樣子，世界為什麼會有「四劫」，即有成立、持續、壞滅、空

無（成、住、壞、空）的過程？人為什麼會有生、老、病、死？找到了這些問題的答案，自然也就找到了人生方向與目的。按著這個目的與意義去尋找實踐人生的正確原則與途徑，就是順理成章的事了。

在這一章裡，我們不打算把討論的重點放在宇宙結構的描述之上。佛法中所描述的三界十方，雖然宏大，但所關心的重點，卻落實在人所生活的世間。佛祖把世間的大小與邊緣之類的問題，歸於「無記」之列，認為與有情眾生的覺悟無直接關係的問題，因此不是佛法所關心的核心問題。

緣起說是一切佛教之共義。據說佛陀最初的十大弟子中的舍利弗和目犍連，就是因為聽到馬勝比丘講緣起說，才皈依佛教的。佛陀所說之佛法，皆建立在緣起說之上，離此皆非佛法。緣起立，則佛法立；緣起倒，則佛法也隨之坍塌。然而，佛教各宗，對緣起的詮釋，有種種差別，以致對此一核心與根本的問題，見仁見智，令人生奇。這種情況，使得要對佛教界的各種緣起說進行客觀的介紹，有一定的難度。

首先，南傳佛教認為只有上部座佛教才是佛教的正宗，最能反映佛陀之真傳，同時認為大乘非佛說。既有這種認定，那麼，大乘佛教中流行的各種緣起說法，也就都不被南傳佛教或小乘佛教（筆者使用這一術語時，沒有任何貶低的意味）所認可。

其次，北傳佛教或大乘佛教認為成佛才是佛法的目標，在這方面有釋迦牟尼本人為證。只有那些能使人成佛道的方法，才能被稱之為佛法。而且又由於眾生種性不同，根器有別，因緣差異，所以佛陀就施設三乘法教，應機接引不同的眾生。在大乘的眼中，小乘的聲聞與緣覺二乘的解脫道，「只是因應根機而方便施設之法，並非究竟成佛之道。」[65] 用更為通俗的話說，小乘只是佛法的初階，有進一步深入的必要。而大乘才

65. 方竹平，《佛法真實義》，（北京：宗教文化出版社，2009），第 3 面。

佛教對緣起的探索。

是佛法正道，是更深入更完全，因而也是真實的佛法。因此，只有大乘的緣起才能真實的反映佛陀最初的教導。

可是問題是，在大乘佛教各宗之間，也出現了不同版本的緣起說，而且對同一種緣起理論，就是一宗一派內部，也有不同，甚至根本對立的解釋。

讀者不難看出，上述情況，使得我們欲較為客觀地介紹佛教界的緣起說，頗有難度。所以，下面的介紹，充其量只能反映部分學佛者在這一問題上的認識，不一定能代表整個佛教界。

緣起的概念

《佛說稻芊經》中更直接的說：「見緣起便見法，見法則見佛。」此即是說，「緣起」就是「法」，而「法」就是「佛」。緣起、法、佛是三位一體。

所謂緣起，是指佛陀站在生死流轉的立場上來現觀有情生命的現象。所關注的，主要是世界為什麼會成為今天這個樣子，為什麼會有生老病死，這叫做「內緣起」。而宇宙天地是怎麼來的問題，叫做「外緣起」。我們來看一段于凌波居士的解釋：

> 「緣起，是佛陀以有情生死流轉的立場所證悟的真理，……這種有情生死流轉的緣起，具足的說，就是無明緣行，行緣識，識緣名色，……後來，由有情生死流轉的緣起，擴及於萬法生滅變異的緣起，而把前者稱『內緣起』；後者稱為『外緣起』。……內緣起，是指生命流轉的緣起；外緣起，是指物質變化的緣起。」[66]

華嚴宗將佛教緣起思想進行歸類，分為四種，分別是「業感緣起」、「賴耶緣起」、「真如緣起」及「法界緣起」。另外，還有真言宗提出的「六大緣起」。可見，佛教界對於緣起說的理解與詮釋，的確是複雜而多彩的。

66. 于凌波，《唯識名詞白話辭典》（唯識名詞白話新解），摘錄於 http://fodian.goodweb.cn/fodict.asp，2012 年 6 月 5 日。

前面提到舍利弗和目犍連都是因為聽到馬勝比丘說到緣起才皈依佛陀。馬勝比丘對他們所說的，是一首著名的偈：

> 「諸法因緣生，緣謝法還滅。
> 吾師大沙門，常作如是說。」

據信，三諦真道都包含在這首緣起偈的前二句裡了：一、諸法是存在的——這是俗諦。二、諸法雖然存在，但從因緣而生，因緣滅，法亦滅，所以不是真的存在，而是假的存在——這是真諦。三、諸法雖然是假的存在，不真實的存在，但是有名字——這是假諦，亦即中道諦。而這首偈的後兩句，則揭示了佛陀以緣起為其說法的核心所在。《雜阿含經上說》上記載了佛陀的話：

> 「有因有緣集世間，有因有緣世間集；
> 有因有緣滅世間，有因有緣世間滅。」[67]

佛陀強調，世間一切，均有「因」，亦有「緣」。一切皆是因緣聚合而成。因緣相聚則現（生），因緣相分則散（滅）。佛陀思考人生中生老病死的問題，推演出「十二因緣」，即一無明、二行、三識、四名色、五六入、七受、八愛、九取、十有、十一生、十二老死。佛陀認為，之所以有生老病死，是因為有這十二過程。雖然佛陀觀察到了世間生老病死產生的過程，並由此提出了消除生老病死的「四聖諦」，但佛陀卻明說，「緣起法者，非我所作，亦非餘人作。」[68]一般來說，小乘佛教堅持緣起說，認為眾生由無明、或惑而作業，由業而生苦果，由苦果再起無明、或惑做業，輪迴不斷，所以眾生身心世界皆由業力所起。所以，這種緣起觀有時也被稱為「業感緣起」。

細看這十二因緣不難看出，在這裡佛陀只說前支是後支的緣，並沒有說到因。十二因緣中的第一緣，是「無明」，「不明白道理，亦即愚癡的別名。」[69]《佛光大辭典》對「無

67《雜阿含經》卷 2（CBETA, T02, no. 99, p. 12, c23-25）
68.《雜阿含經》卷 12（CBETA, T02, no. 99, p. 85, b23-29）
69. 陳義孝，《佛學常見辭彙》，http://zh-cn.oldict.com/ 無明 /，2012 年 6 月 6 日。

十二因緣

十二因緣與三世因果

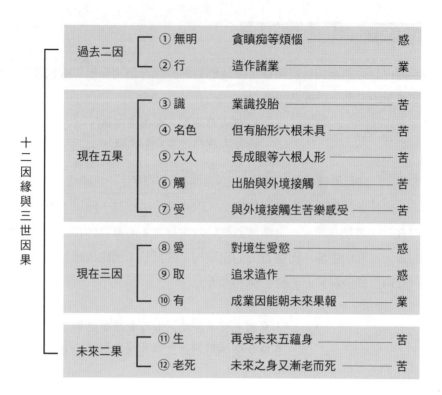

過去二因	① 無明	貪瞋痴等煩惱	惑
	② 行	造作諸業	業
現在五果	③ 識	業識投胎	苦
	④ 名色	但有胎形六根未具	苦
	⑤ 六入	長成眼等六根人形	苦
	⑥ 觸	出胎與外境接觸	苦
	⑦ 受	與外境接觸生苦樂感受	苦
現在三因	⑧ 愛	對境生愛慾	惑
	⑨ 取	追求造作	惑
	⑩ 有	成業因能朝未來果報	業
未來二果	⑪ 生	再受未來五蘊身	苦
	⑫ 老死	未來之身又漸老而死	苦

明」的解釋是，「不通達真理與不能明白理解事相或道理之精神狀態。亦即不達、不解、不了，而以愚癡為其自相。泛指無智、愚昧，特指不解佛教道理之世俗認識。」[70]我們也可以把「無明」理解為對能夠引起煩惱的事實真相的無知。換句話說，「無明」是指對不明白什麼原因會造成生命中的煩惱與苦難。

不難看出，根據十二因緣，既然生老病死最終是因為「無明」而造成的（又稱「流轉門」），那麼，解脫就只要能斷開苦的因，就能斷開苦果，也就是停止生老病死的流

70. 《佛光大辭典》，無明條。http://zh-cn.oldict.com/ 無明 /，2012 年 6 月 6 日。

轉（又叫做「還滅門」），從而證得涅槃。下面的這段話，表明了還滅門的可能：

> 「因此生彼，若無此因，便不生彼；因此有彼，若此滅者，彼便滅也。
> 所謂緣無明行，乃至緣生有老死；若無明滅，則行便滅，乃至生滅則老死滅。」
>
> 《中阿含經》卷十一，《頻婆娑羅王迎佛經》

可是，這裡有一些問題。若說生死流轉起於無明，請問是誰的無明呢？換句話說，產生「無明」的主體是誰？第二，這個產生「無明」的主體從何而來？第三，是什麼原因造成了這個主體生出「無明」呢？

有問答說，是過去世的無明。可是，最早的過去世從何而來？那個無明未生之前的主體是什麼樣子？他從何而來？很明顯，這並不是無理的問題。但這似乎不是佛陀說十二因緣關注的重點。

有學者認為，「十二因緣論提出的是一套宇宙生發過程的解釋模型」[71]。也就是說，十二因緣所描述的，是一個邏輯的過程，而沒有觸及到更為根本的人的來源問題，沒有觸及到「一念無明心起之基礎問題，簡單地問即是，人為什麼會有一念無明，如果不能說明此來源，十二因緣說即無由成立。」[72] 用今天的哲學術語來說，可以認為業感緣起是認識論，而不是「存有論」或「本體論」，因為不接觸緣起法存在之根源。「說緣起只是由無始之無明而來，並不能令人豁然，人亦可再追問，緣起法之體性為何？如是則非業感緣起所能說明者。」[73]

所以，要找到更為基本的，或更為本源的說法，還需要進一步探索。大乘佛教的各種緣起論，也就是沿著這條線索繼續挖掘的結果。我們先來看由唯識宗提出來的阿賴耶識緣起觀。

71. 杜保瑞，《華嚴宗法界緣起說之成立條件》，http://homepage.ntu.edu.tw/~duhbauruei/4pap/3bud/c80.htm，2012 年 6 月 10 日。

72. 杜保瑞，同上。

73. 謝大寧，《試析華嚴宗「法界緣起」義》，中正大學學報第一卷第一期，1990.09，頁 55-76。

佛教對緣起的探索

佛經中的「識」，是個多義字，至少有兩方面的意思。一個是十二因緣中的第三支「識」，是指所謂「六識身」。說得具體一點，就是眼識、耳識、鼻識、舌識、身識、意識。這是一個必須在「六根」具足之後，才會出現的「識」。同樣，也會隨著「六根」的變化而變化，隨六根的生滅而滅沒。在十二因緣裡的第三支「識」還可以往前追溯到第二支「行」，而第二支「行」，可以追溯到第一支「無明」。（十二因緣分別為：無明、行、識、名色、六入、觸、受、愛、取、有、生、老死）

而另一個「識」，出現在「十因緣」的第一支。與十二因緣不同的是，十因緣裡少了「無明、行」兩支。只有：「識、名色、六入、觸、受、愛、取、有、生、老死」十因緣。這裡的「識」是一個頭，不能再往前追溯了。

《大正藏 · 雜阿含經 · 二八七經》同時提到上述的「十因緣」與「十二因緣」。經文先說到佛陀「未成正覺時，獨一靜處，專精禪思」，思想「何法有故老死有，何法緣故老死有？」的問題，開始逐一推演，結果追溯到「識」時，不能再往前追溯。「我作是思惟時，齊識而還，不能過彼。」意思是說，到這個「識」時就打止了，再不能往前追溯了，所以是「齊識而還，不能過彼。」接著，繼續思考，但思考的問題有了一點點變化，「何法無故則老死無？何法滅故老死滅？」前面思考「有」的問題，現在思考「無」的問題。思考的過程就是對著十二因緣來進行的。佛陀推演說「行滅故識滅，識滅故名色滅」。在這裡「識」之前有「行」、「無明」，「識」之後有「名色、六入直到老死。」[74]

---

74. 如是我聞：一時，佛住舍衛國祇樹給孤獨園。爾時、世尊告諸比丘：「我憶宿命，未成正覺時，獨一靜處，專精禪思，作是念：何法有故老死有？何法緣故老死有？即正思惟，生如實無間等：生有故老死有，生緣故老死有。如是有……取……愛……受……觸……六入處……名色，何法有故名色有？何法緣故名色有？即正思惟，如實無間等生：識有故名色有，識緣故有名色有。我作是思惟時，齊識而還，不能過彼：謂緣識名色，緣名色六入處，緣六入處觸，緣觸受，緣受愛，緣愛取，緣取有，緣有生，緣生老病死、憂悲惱苦，如是如是純大苦聚集。

我時作是念：何法無故〔則〕老死無？何法滅故老死滅？即正思惟，生如實無間等：生無故老死無，生滅故老死滅。如是生、有、取、愛、受、觸、六入處、名色、識、行廣說。我復作是思惟：何法無故行無？何法滅故行滅？即正思惟，如實無間等：無明無故行無，無明滅故行滅；行滅故識滅，識滅故 名色滅，名色滅故六入處滅，六入處滅故觸滅，觸滅故受滅，受滅故愛滅，愛滅故取滅，取滅故有滅，有滅故生滅，生滅故老病死、憂悲惱苦滅，如是如是純大苦聚滅。

從這段經文中可以看出，一個追溯到「識」不能再往前追溯，另一個，可繼續追溯到「行」與「無明」。兩者都用了同一個字「識」，但意思應當有所不同。

佛經中還有一些文字有類似的描述，如小乘《增壹阿含經》卷三十一上有：「此識最為原首，令人致此生、老、病、死，然不能如此生、老、病、死生之原來。」表達的也是同樣的意思，即這個「識」是最原實的存在，沒有任何其他事物先於此「識」而存在。

這個「最為原首」的「識」，在佛經中又稱為「阿賴耶識」或「藏識」、或「含藏識」，「異熟識」及一切種識，或稱為「第八識」。這個「第八識」，又有稱之為「自性」（即自有、常有、獨有之性謂之自性）、「真心」、「自性清淨心」的。用禪宗六祖慧能的話來說，這個「識」或「心性」是「本自清淨」、「本不生滅」、「本自具足」、「本無動搖」、又「能生萬法」的。「三界唯心，萬法唯識」一說中，也把「心」與「識」等同起來，作為生出萬法的根本因。

換句話說，這個「識」就是那最原初的本體。印度人叫做 tat(本真)，就是英文的「That」（那一個），不需要用任何字眼去修飾，但又不知道如何用名字去稱呼，所以直接叫作「那個」。佛陀則以「識」呼之。

這種情況，有點像中國的老子，當他描述那在天地萬物造生之前就存在的那個本體時，也感到語言不好用，勉強取個名字，叫做「道」。請看老子原文：

「有物混成，先天地生。寂兮寥兮，獨立不改，周行而不殆，可以為天下母。吾不知

其名，字之曰道，強為之名曰大。大曰逝，逝曰遠，遠曰反。故道大，天大，地大，
王亦大。域中有四大，而王居其一焉。人法地，地法天，天法道，道法自然。」
《道德經》第二十五章

所說的阿賴耶緣起，也就是以這個「識」為根本的緣起理論。「三界萬法必須以第八
識為根本因才能產出，三界萬法出生之後，又必須以第八識為等無間緣才能存在和運
轉，這樣的緣起理論，稱之為賴耶緣起。」[75] 中國佛教中興起的唯識宗，就是持這
種看法的一個宗派。對持這種看法的人來說，阿賴耶緣起與十二因緣並行不悖，十二
因緣是對生死流轉之的原因與過程的描述，但賴耶緣起則是在存有論上作進一步的詮
釋，說明萬事的本原。

持這種認識的人來說，常引《阿毗達磨大乘經》上的一首偈來說明第八識的重要性。

「無始時來界，一切法等依，
由此有諸趣，及涅槃證得。」[76]

大意是說，第八識是從無始以來就存在，因為有它的緣故，才會生出三界萬法，同時
三界萬法的維繫，也有賴於第八識。所以，阿賴耶識（第八識），是宇宙萬物的根本因，
也是六道輪迴的根本因，以及證得涅槃的根本因。

《中阿含經》卷 54 上更是有這樣的話說，「此是神，此是世，此是我，我當後世有，
常、恒、不磨滅法」。北傳佛教《阿犁吒經》也作如是翻譯。其中的「常、恒、不磨
滅法」，說到底，就是常在法。與這段經文相應的南傳《蛇喻經》上的譯文是：「常恒、
久遠、非變異法，予永遠如是存在。」很顯明，無論是南傳還是北傳，都論及有一個
「永遠如是存在」的「予」（我），或常在法的存在。稱這個常在的「予」是「神」，
也就有「創造主」的意思在內。

75. 呂真觀，312 面。
76 此經無漢譯本，轉引《成唯識論》卷三（CBETA,T31, no. 1585, p. 14, a13-14）

那麼，阿賴耶緣起與涅槃解脫有何關聯呢？「識」的意義是「了別」，唯識學建立八種識，一至五為眼、耳、鼻、舌、身五種識，第六為意識，第七為末那識，第八為阿賴耶識。但並非所有的識，都是能引人斷煩惱，趨覺悟之識。所以，就需要有一個「轉識成智」的過程，識必須成為智，才能證得涅槃得解脫。

如來藏緣起

對於一些學佛者而言，阿賴耶識就是如來藏，就是真如。所以阿賴耶識緣起與如來藏緣起以及真如緣起，只有說法上的不同，並無實質上的區別，三者說的是同一回事。對他們來說，要證明這一點並不難，因為有大量的佛經經文可以引證。茲各舉二例，以資說明。

阿賴耶識 = 如來藏識

「大慧！此如來心阿犁耶識如來藏如來藏諸境界，
一切聲聞辟支佛諸外道等不能分別，何以故？
以如來藏是清淨相，客塵煩惱垢染不淨。」
《入楞伽經・佛性品第十一》

「佛說如來藏，以為阿賴耶；惡慧不能知：藏即賴耶識。
如來清淨藏，世間阿賴耶，如金與指環，『輾轉』無差別。」
《契經》

阿賴耶識 = 真如 = 如來藏

「眾生心所起　能取及所取　所見皆無相　愚夫妄分別
顯示阿賴耶　殊勝之藏識　離於能所取　我說為真如。」[77]

阿賴耶識固然含藏染淨兩種種子，「真如只是第八識心體所顯的清淨性」[78]。 所以，可以在這兩者間劃等號。關於賴耶緣起與真如緣起的論證還可以更加複雜，但以上所

---

77. 《大乘入楞伽經》卷 6，（CBETA, T16, no. 672, p. 626, a12-15）
78. 呂真觀，370 面。

佛教對緣起的探索。

述，大致可以認為是一個開始，也能基本反映賴耶緣起的概貌。

不過，另一部分學佛者卻認為，阿賴耶識不同於如來藏。阿賴耶識染淨真妄混雜，以現行諸法為緣，生煩惱惡業而招感苦果，三世因果輾轉相續。而如來藏卻是自性清淨心。如來藏緣起認定，真如或如來藏為染淨之緣所驅，生種種事物，其染分現六道生死輪迴，其淨分現四種聖人。因此在眾生之內就均包含有自性清淨心。這樣一樣，眾生就被賦予了成佛的內在的根據，也就不必像賴耶緣起所說的那樣，要等待外在的聞熏，而只需將本來就內具的自性清淨心彰顯出來就可以了。在教理上，就可以由三乘佛法轉向一乘究竟了。

如來藏被蒙蔽時，是「迷」；不被蒙蔽時，是「悟」。如來藏緣起論，是從「迷和悟」的根源去說明「流轉與還滅」的因果關係。說「如來藏中藏如來」，是說眾生皆有佛性，相當於「流轉門」；說「如來藏中如來現」，是說諸佛皆由眾生成，相當於「還滅門」。既然人人皆有佛情，是否還要修行呢？如來藏緣起的解釋是，固然人人都有佛性，但聖者是藏其佛性，好隨緣度化他人。而凡夫則隨染緣流轉於生死，始終沒有轉變染汙的心識。但是，因為人人都有「自性清淨心」，只是一時被染緣所蒙蔽，所以只要離開染緣，如來藏自性清淨心自然展現，經修行能成佛。

法界緣起

華嚴宗所說的緣起。要用普通的語言解釋，實屬不易，茲引《中華百科全書》對此的定義，加以說明：

法界緣起，為華嚴家之特色，指萬法彼此間之脈絡為相互交錯，認為法界之事法，互相融通，不論有為無為、色心依正、過去未來，盡成一大緣起。此乃以盡法界之量來作為緣起，即舉一切法界諸法，無一法非實相，然萬法之實相亦無非是現象，故任舉

一事一物，即能盡收其餘所有物，若以一法為主，則其餘一切法為伴，便形成相即相入，圓融自在，相依相成，互為主伴之因緣關係，始可彰顯重重無盡之神妙智用。宇宙萬象，在此法界緣起之大系統下，物物關聯，事事無礙；一毛孔中便有無量佛剎，在其中曠然安住，一微塵中便可圓融三世一切諸佛，並能普作佛事。然此必達成就果海時所彰顯之妙境，亦為華嚴宗之教理極致，絕非一般眾生所能窺知，亦不同其他孤門之緣起；如唯識宗認為一切法之現象皆由阿賴耶識中含藏之種子所變現，故稱賴耶緣起，空宗明一切法為因緣所生法，緣生之故，則其性本空，由其性本空，才能成就諸法；性宗為明一切法當體即為真如，真如隨緣成就一切法。起信論明一切法依如來藏緣起而有，由生滅與不生滅和合而成。密宗以六大為萬法生起主因。華嚴之法界緣起系綜合前面諸緣起，而認為法界中一切諸法，無不互為緣起，以盡法界量來作為緣起，又稱「無盡緣起」。（楊政河）[79]

有人對法界緣起的特點，作出這樣的總結：「法界緣起有兩個要點。第一是世出世間，一切現象，均由法界清淨心隨緣生起，離開法界一心更無別物。第二是，在此法界一心作用下，各種現象無不處於你中有我，我中有你，你即是我，我即是你的法界，『圓融無礙』、『重重無盡』的聯繫中。」[80]

用現代通俗的話來說，第一，無論是解脫界還是未解脫界裡的一切生命與存在，都是由同樣的法界清淨心在一定的條件下創造的。離開這個法界清淨心，就沒有這些東西與生命體的存在。第二，宇宙間的萬事萬物，是互為因果、相互聯繫、相互作用的。第三，既然一切都出於同一心，同一法性，所以諸佛與眾生，淨土與穢土，世俗世界和佛國世界也是圓融無礙的。在這種視角下，一即一切，一切即一。

細看之下，法界緣起仍然是以如來藏清淨心為義理的依據，兩者之間並無本質上的區別。我們甚至可以進一步說，賴耶緣起、如來藏緣起與法界緣起屬同一大類的緣起理

79. 法界緣起，《中華百科全書》，http://ap6.pccu.edu.tw/Encyclopedia/data.asp?id=493，2012 年 6 月 15 日。
80. 維基百科，「法界緣起」，http://zh.wikipedia.org/wiki/ 法界緣起，2012 年 6 月 15 日。

論，均有別於以過程描述為主的業感緣起，而同屬於存有論方面的緣起之說。而且，在後三種緣起理論中，都有盡力說明二個問題，即萬物的本原及這一本原是如何生成萬物的。

小結

我們從上面的簡述中可以看出，緣起法是佛法的根本大要。可以再次重複地說，緣起法立，則佛法立；緣起法破，則佛法破。小乘佛教所說的十二因緣法，主要是描述生死流轉的原因與過程，並非說明流轉的第一因——無明——的承載體是從何而來。所以，不是本體論上的緣起法，或者用佛教的術語來說，不是存有論上的緣起法。大乘佛教內的緣起法，雖有阿賴耶識緣起、如來藏緣起與法界緣起之分，但均意在說明萬物之本原及萬物之生成的過程；同時也都不否定十二因緣。

換句話來說，佛教的緣起法，是佛陀對萬法的本原、萬法的生成，以及生死流轉的現象所進行的思考與覺悟的結果。佛陀並不否定有「創造」的過程，雖然佛教所用的語言有所不同，諸如「生起」、「變現」等。而對於萬物的本原，佛經裡雖然也用了「神」，但沒有用「上帝」、「天」、「造物主」這樣的字眼，而是用了「識」、「真如」、「如來藏」、「法界」、「佛性」等詞彙。

如果說儒家的目標是要「知天」而「敬天」、道家以「知道」而「行道」為目標，那麼，我們似乎可以安全地說，佛家的目標，是要去知「識」，認「識」，以便轉「識」成智，去把這個最原初的「識」當成最根本的「實相」而加以證「實」，從而解脫覺悟，證得涅槃永生。

佛教界對出現不同的緣起理論，有自己的解釋，認為是為了順應根性不同的眾生的需

要，同時也是由於觀察的角度不同，側重的方面不同，或表述的方式不同所造成。但是，就是同一宗派內的不同人士，對同樣的緣起理論的認識與解讀，常常也是大相庭徑，相去千里。比方說，在對「第八識」阿賴耶識的實質的認定上，在佛教界可謂千差萬別，從不生不滅的常住法到可生滅變化的意識心，各種觀點都有，並既不能統一，也不彼此相協。這樣的現象，以一句以根性不同，悟性有別，應機說法等來解釋，恐怕是不夠的。這恰恰是從下往上的覺悟之路徑所帶來的必然產物。

對於宇宙生死這樣的根本問題，佛教界的說法不一，沒有一致的看法。無論人們對於這些問題持什麼樣的不同的看法，但一個不可否認的事實是，我們所生活的世界與地球是一樣的。我們的膚色與語言或許不同，但我們的身體結構與維繫生命的所需的基本物質並無二致。如同小孩子只能是從一個母親的母腹生下來一樣，也只會有一種觀點與看法，是與真實的情況相契合的，是如實的真理，雖然這一真理可以不同的方式表述出來。但各種契合真理的表述之間，彼此必然是一致的。

在人對真理的認識上表現出局限性的時候，恰好就是啟示開始的地方。

相對一笑

《聖經》所啓示
的萬物起源。

我們在第三、四章比較了覺悟與啟示兩種認識真理的途徑，得出了一個結論，因為人的生命時間及認識工具（六根六識）的有限性，對於超越於六塵之外的實體，不能通過六根來接觸，也無法通過六識來感受與認識。只要有人身，就會有此限制。而啟示則不同，它是真理直接給人的啟示，因而能突破覺悟的局限性，將人所需要明白的真理，清晰、準確、無誤的啟示出來。啟示的真理，雖不是人的探索與覺悟的產物，卻經得起人從各方面的驗證。

宇宙天地萬物的由來，在佛教屬於「外緣起」的問題，這個問題同樣也是《聖經》所關注的重大問題。《聖經》直接啟示，宇宙天地萬物與眾生（世間與出世間）均無自性，均為同一上帝所造。宇宙眾生大致可分為兩大類，有道德理性的生命與無道德理性的生物；兩大類生命，均為同一位造物主所創造。前者又有三大類：天使、「諸世界」

的居民、以及地球上的人。後者種屬繁多，人莫知其數。天使是在來往於上帝與諸世界之間的信使，以天使的數目之龐大可知，諸世界亦難以數計。而且，他們的受造在人類所生活的天地受造之前；但《聖經》所啟示的重點，乃在於人類所賴以生存的宇宙天地的由來與走向。

我們在這一章裡，將沿著佛法緣起的思路展開，既探討天地萬物的生成，又考察人類世界何以成為現今的這個樣子。

創造之因

如前所述，在存有的意義上，上帝就是存在。在本質的層面上，上帝就是生命。而從根本性情上說，上帝就是愛！

上帝以「三位一家」的實體存在著，生活著，彼此的愛著。聖父、聖子與聖靈之間，充滿著無限的愛的交流，和諧甜美，喜樂平安，過去如此，現在如此，將來永遠如此。聖父聖子之間大愛充盈，親密無間。「愛子是那不能看見之上帝的像，是首生的，在一切被造的以先」，「人看見了我（子），就是看見了父。」（約翰福音 14：9）宇宙天地萬物的創造，正是聖父聖子之間的愛的延伸與拓展，「萬有都是靠祂造的，無論是天上的，地上的；能看見的，不能看見的；或是有位的，主治的，執政的，掌權的；一概都是藉著祂造的，又是為祂造的。」（歌羅西書 1：15 — 16）

可見，上帝並非因為孤獨才創造，而是因為愛的延伸與拓展愛才為愛子創造了天上的，地上的，能看見，不能看見的一切眾生，且讓愛子（基督）來管理所創造的一切。可以說，那深不可測，妙不可言，比天高、比地厚的上帝之愛，是一切創造的根本動因。

上帝的旨意是要讓祂憑著無限智慧與慈愛所造的眾生，都來分享上帝彼此之間無限的

大愛，讓愛的音符跳動在每一個眾生心中，在宇宙之間譜寫出一曲曲愛的樂章。

真正的愛必以自由為其永遠的基礎。上帝既是愛的源頭與化身，為要在祂所造的眾生身上培養與發展真正的愛，便賦予了每一個生靈以思想、情感與行動的自由。眾生可以選擇去愛，讓生命充滿愛；也可以選擇與愛相反的思想、感情與行為，使生命枯萎、衰殘。這種與愛的原則相反的行為，就是《聖經》上所說的罪。

因為上帝是愛，祂的本性與反映祂旨意的律法也是愛。從一定的意義上來說，賜予生靈自由的同時，也存在著一定的危險。萬一出現有著自由旨意的生靈，背離愛的原則，那會是怎樣的結果呢？只要上帝創造的諸世界的芸芸眾生中，尚存有一個想利用上帝所賦予的神聖的自由，嘗試與愛的原則相違的思想、感情與行為，這個危險就依然存在。至於要如何從根本上杜絕任何一個可能越軌的想法，使所有的生靈自覺自願的遵守愛的原則，這是任何生靈都沒法猜到的「永古隱藏不言的奧秘」（羅馬書16：25）。

這種出軌的可能性既然存在，上帝就為一切有理性的眾生制定了一個考驗期，以便他們能在這個考驗期內，形成穩定如法的品格。這與一般公司所招聘的員工轉為長期的正式工之前先設立試用期的道理是相通的。只有那些恪守公司規約的人，才有望轉為長期正式工。對那些在試用期內不守規約的人，公司就可依法在試用期內或結束之時，解除與該員工的雇傭關係，不留後患。考驗期對於受造的眾生靈的平安與幸福是必要的，因為考驗期的設立使上帝有了篩選的機制：既能保證上帝在考驗期結束時，可以將不朽的生命賜給遵紀守法不逾軌的生靈，同時又能把不法者拒之於永恆的大門之外，以免危及到宇宙的安寧與幸福。縱然是天使，也不例外。雖然上帝為應付潛在的叛亂，作了應對的準備，但受造之物離開天定的法則，走向其反面，卻不是上帝所規定與計畫的。

從無到有的創造

上帝的創造，是從無到有的創造。「我們因著信，就知道諸世界是藉上帝的話造成的；這樣，所看見的，並不是從顯然之物造出來的。」（希伯來書 11：3）上帝並不是拿什麼永恆存有之物來創造，而完全是一個從無到有的創造過程。組成萬物的最基本的物質，並沒有永恆的實在性或自性，這些基本物質以及由這些基本物質所組成的其他萬物，都是上帝所造。借用佛家的術語來說，是「人法二空」。

根據《聖經》的記載，上帝用六天創造天地萬物，第七日安息，賜福這一日，定為聖日。（創世記第一、二章）。「耶和華用能力創造大地，用智慧建立世界，用聰明鋪張穹蒼。」（耶利米書 10：12）《聖經》以非常簡練的語言敘述了創造的秩序大致如下：

第一天：地、水、光、暗；
第二天：空氣、分開天地；
第三天：乾地與海、植物（青草、菜蔬、樹木）；
第四天：太陽、月亮、星辰；
第五天：水中生命與空中的飛鳥；
第六天：牲畜、昆蟲、野獸；男、女。

上帝所創造的一切，有規律、有秩序，從植物到動物、一直到人，都是「各從其類」。今天，依然是「種瓜得瓜，種豆得豆」，「龍生龍，鳳生鳳」，界限分明，無有造次，並沒有介於二個種屬之間任何過度性物種的存在。現代科學進行了許多跨越種屬的雜交配對，出現了一些變異的物種，但仍無任何中間過度型的動植物，來支持進化論，或其他因緣聚合理論。

「天地萬物都造齊了。到第七日，上帝造物的工已經完畢，就在第七日歇了祂一切的

工，安息了。上帝賜福給第七日，定為聖日；因為在這日，上帝歇了祂一切創造的工，就安息了。」（創世記 2：1 — 3）

為了紀念這創造的大工。上帝又有六日創造完工之外，另設立一個第七日，賜福給這第七日，並分別為聖，作為人類安息的日子。七日一週的迴圈，世界流行。佛家的經典中，看似沒有以第七日作為安息之日的記載，但以七日為週期來記量時間的作法，也是俯拾即是。佛陀菩提樹下的覺悟，有說「七天」的，也有說「七七四十九天」的。佛門的「打佛七」與禪家的「打禪七」，恰巧也都是以七為週期的。

人的創造

根據《聖經》的記載，上帝用塵土造人，希伯來話叫做亞當；「耶和華上帝用地上的塵土造人，將生氣吹在他鼻孔裡，他就成了有靈的活人，名叫亞當。」（創世記 2：7）。耶和華上帝在東方的伊甸立一個園子，把所造的人安置在那裡。（創世記 2：8）伊甸園就是人的家。

《聖經》中的造人的過程，與中國古代聖賢對人的創造過程，如異曲同工，不謀而合。

> 「凡人之生也，天出其精，地出其形，
> 合此以為人；和乃生，不和不生。」
> 《管子・內業》

佛陀提出人由「五蘊」（色蘊、受蘊、想蘊、行蘊、識蘊）聚合而成；蘊聚則生，蘊散則亡。不僅如此，佛陀更推想在任何「名」、「色」（人亦可算「名色」中的一種）之前，必有法界常住的「識」。只是佛陀沒有明確說明這個識，是如何讓「五蘊」在特定的時間與地點聚合為人的，又是依什麼樣式而聚成人。《聖經》關於人的來歷的啟示，如同太陽，發出亮光，照亮在人的來源上的一切宗教與哲學的猜測與推想。身

體髮膚，受之於父母；但人的生命來自於上帝。「人命關天」，誠之謂也。

「乾坤揭主榮，碧穹布化工。」（詩篇 19：1，吳經熊譯本；和合本譯作：「諸天述說上帝的榮耀；穹蒼傳揚祂的手段。」）雖然說上帝所造的一切，都述說上帝的本性，彰顯造化之工的智慧與奇妙；但創化的傑作，卻是人，因為在這個宇宙天地中，只有人是照著上帝的形像和樣式（創世記 1：26）而造的。美麗的地球乃是為人裝飾起來的，上帝把人所看到的一切都交給人管理。。「上帝說：我們要照著我們的形像，按著我們的樣式造人，使他們管理……全地。」「上帝就照著自己的形像造人，乃是照著祂的形像造男造女。」（創世記 1：26 — 27）亞當雖然是用塵土造的，但他乃是「上帝的兒子。」（路加福音 3：38）後來有詩人以靈感的筆寫下：「天，是耶和華的天；地，祂卻給了世人。」（詩篇 115：16）

上帝初造的人類，在外貌和本性上都有上帝的形像，可謂「人之初，性本善。」造物主的手初造的人，高大、優美、均稱、睿智、靈秀、純潔。人的情感受著理智的支配，人的性情契合上帝的旨意。上帝愛人，人愛上帝；天人合一，和平安寧。

可是，從另一方面，人在上帝所造的全宇宙中的地位，卻是比天使要「微小一點。」詩人大衛寫下了這樣靈感的詩句：「我觀看你指頭所造的天，並你所陳設的月亮星宿，便說：人算什麼，你竟顧念他？世人算什麼，你竟眷顧他？你叫他比天使微小一點，並賜他榮耀尊貴為冠冕。」（詩篇 8：3 — 5）

這樣，我們看到，人的受造，一方面有著「上帝的形像和樣式」，而另一方面又「比天使微小一點」，表明人的受造與上帝以及天使有關聯。如果說上帝的愛是人類受造之因，或許，天使乃是人類受造之緣。對於這個關聯，我們放在下一章再討論。

上帝創造諸天，創造天地萬物，均有一定的法則。這法則，既是上帝本性的折射與寫

照，又是萬物賴以生存的根本。中國古代的先民們對此也有所認識，《孟子》裡有這樣一段話，說得更明確：

> 「詩曰：「天生蒸民，有物有則。民之秉夷，好是懿德。」
> 孔子曰：「為此詩者，其知道乎！故有物必有則，民之秉夷也，故好是懿德。」
> 《孟子‧告子上》

譯文：「《詩經》說：『上天生育了人類，萬事萬物都有法則。老百姓掌握了這些法則，就會崇高美好的品德。』孔子說：『寫這首詩的人真懂得道啊！有事物就一定有法則；老百姓掌握了這些法則，所以崇尚美好的品德。」』

今天的無神論者，也承認天地萬物中有客觀的規律存在。科學家探索宇宙的奧秘，也不斷從自然中發現一些藏於自然界的法則與規律。一個令人費解的現象是，人們普遍意識到需要有像牛頓那樣傑出的科學家，才能發現這些哪怕是簡單的規律，然而，卻有人認為那些規律之後，沒有任何智慧，沒有規律的制定者，有的只是偶然！

人類的創造，有一個先後的順序，先造男，後造女。根據《聖經》的啟示，女人的受造富於戲劇性。在男人造好之後，上帝把他安置在伊甸園裡，讓他「修理看守」（創世記2：15）又設立了一個象徵性的試驗，以考驗人是否願意順服上帝與天道。耶和華上帝吩咐他說：「園中各樣樹上的果子，你可以隨意吃，只是分別善惡樹上的果子，你不可吃，因為你吃的日子必定死！」（創世記2：16 — 17）這個考驗性的試驗，可以認為是人類生命存亡的法則。很明顯，依據這個法則，順之則存，逆之者亡。這個試驗同時揭示，人體裡面沒有內在的生命。他生命的維持，需要靠進食人體之外的生命樹上的果子。這就好比世人沒有什麼外來的動力，完全靠自身內在的動力而不停地運轉。汽車沒有油了就會停下來，飛機缺油就不能再飛行。沒有電，常用的電腦、手機等，均無法再工作。我們眼目所及的一切，都是如此。生命在生命現象之外，而

人不過是眾多生命現象中的一種。人生可以展示生命的壯麗與魅力，但不等於生命。因為，唯有創造主上帝才是生命。

然後，「耶和華上帝用土所造成的野地各樣走獸和空中各樣飛鳥，都帶到那人面前，看他叫什麼。那人怎樣叫各樣的活物，那就是它的名字。那人便給一切牲畜和空中飛鳥、野地走獸都起了名；只是那人沒有遇見配偶幫助他。」（創世記 2：19 ─ 20）能夠給眾多的動物分門別類的取名字，表明上帝所造的亞當不僅是善美的，而且是聰明智慧的。既然動物均為上帝所造，順帶給動物取名也順理成章。但這節經文很有意思，它隱約地透露出上帝不僅要讓人類行使管理地上的一切權力，同時，也要透過這個過程，讓亞當感受到自己的缺乏，從而凸顯造女人的過程與意義。

接著，《聖經》對女人的受造作了簡單的描述：

> 「耶和華上帝使他沉睡，他就睡了；
> 於是取下他的一條肋骨，又把肉合起來。
> 耶和華上帝就用那人身上所取的肋骨造成一個女人，領她到那人跟前。」
> 〈創世記〉2：21 ─ 22

《聖經》記載了男人的反應：「那人說：這是我骨中的骨，肉中的肉，可以稱她為『女人』，因為她是從『男人』身上取出來的。因此，人要離開父母，與妻子連合，二人成為一體。」（創世記 2：23 ─ 24）這是人類詠頌的第一首詩篇。乍看之下，像是對女人的讚歎。但細讀之下會發現，詩句中有些句子極不平凡。「人要離開父母，與妻子連合，二人成為一體。」須知，當時人類剛剛受造，亞當與女人就是人類的始祖，並沒有其他的人間父母可言。看來，事情並非表面看來的那麼簡單。這首詩篇下面，隱藏著什麼樣的重大玄機，我們將在下一章繼續探討。

上帝造了人類的始祖之後，並非要一直創造下去，而是把繁衍人類的事情，交給人類，賜福他們藉著生育來創造更多的人類生命。

上帝就照著自己的形像造人，乃是照著祂的形像造男造女。上帝就賜福給他們，又對他們說：

> 「要生養眾多，遍滿地面，治理這地，
> 也要管理海裡的魚、空中的鳥，和地上各樣行動的活物。」
> 〈創世記〉1：27 — 28

《聖經》啟示的靈光，驅散了一切籠罩在萬物源起上的疑雲。從《聖經》的啟示中，我們看到上帝先創造了天地及其上的一切；然後，又用地上的塵土（相當於佛家所說的「法」）造人。相對於人來說，可以認為是「法有我無」。但細究之下，那用來造人的塵土本身也是被造的，並沒有獨立永存的自性。所以，可以進一步說「我空」與「法空」的「法我兩空」。

在人類所生存的這個宇宙或世界的創造裡，雖然空中的飛鳥、海裡的魚、地上的昆蟲與走獸，都與人一樣，領受上帝所賜的生命。但唯有人是按著上帝的形像和樣式造的，反映著作為萬物本原的上帝的真實「真如本性」。

照理，由完美聖善的上帝所創造的一切，應當完美地運轉下去。而不致於有今天的世間所見到的真善美好與假惡醜並存的現象，也不致於有與人天、人與人、人與社會、人與自然不和諧的情形出現。既然創造之初，人有上帝的形像和樣式，何以變得癡迷罪惡？今日之世間為何到處是苦？依佛的看法，那導致世間生死流轉的「無明」之念又從何而來？從誰開始？無明是如何落到人的頭上的？

讓我們感興趣的是，《聖經》對此有什麼樣的啟示呢？

緣起理論之比較

緣起理論	優點	缺點
十二因緣起	否定今日混亂之世界為全智全能上帝所造,為有情之生死提供解釋模式	未能確定世界的來源,未能確定起初的「無明」之主體
進化論	否認混亂的現實世界為上帝所造	進而否認上帝的存在與起初的創造
創造論	肯定上帝的存在與創造	有時也把今日之世界的一切歸於上帝之手
善惡之爭緣起論	肯定上帝的存在與起初的創造,又啟示今日之混亂的背後有善惡之爭的宇宙背景。	

《聖經》所啟示的萬物起源

相對一笑

無明的
起頭。

佛說十二因緣，十二因緣以無明為首，為生老病死的根本因，有情眾生或在纏傳、或出纏傳，都與無明相關。佛經中對無明，有諸多論述，略舉幾例：

▪ 認為無明是一種不認識成法背後之真實的狀況

「不知真實，說名無明。」
《分別緣起初勝法門經》卷下

▪ 認為無明是與法界不相應的心念

「以不達一法界故，心不相應，忽然念起，名為無明。」
馬鳴菩薩《大乘起信論》

- 不了明終極的真理為無明

「於第一義諦不了故名無明。」

- 以過去的煩惱為無明

「過去煩惱名為無明。」

《涅槃經》卷二十七，獅子吼菩薩品

若把這個說法，加以基督教式的引申，似乎可以認為人類的始祖在伊甸園所犯罪之罪造成人類老病死的「無明」。

- 無明非為實有，無生處

「善男子！此無明者，非實有體，如夢中人，
夢時非無，及至於醒，了無所得；
如眾空華，滅於虛空，不可說言有定滅處，
何以故？無生處故。
一切眾生於無生中妄見生滅，是故說名輪轉生死。」

《圓覺經》卷上

《圓覺經》上認為，無明並非有真實之體性。就好比人在夢中，夢中非無，但醒時非有。又好像鮮花，在虛空中生，又在虛空中滅。無明既然沒有生處，也就無有滅處。眾生執迷不悟，故輪轉生死不休。

德女問無明

很顯明，上述幾次對無明的論述，都是以有情眾生為主體的。是有情眾生的無明，而非無明的無明。有情眾生為何會生起無明，也一直是學佛者想要明瞭的事。《大智度

論》中，有一段德女與佛陀關於無明的對話：

「德女白佛言：世尊！如無明內有不？

佛言：不！

外有不？

佛言：不！

內外有不？

佛言：不！

世尊！是無明從先世來不？

佛言：不！

從此世至後世不？

佛言：不！

是無明有生者滅者不？

佛言：不！

有一法定實性，是名無明不？

佛言：不！

爾時，德女複白佛言：若無明無內，無外，亦無內外，
不從先世至今世，今世至後世，亦無真實性者，
雲何從無明緣行乃至眾苦集？世尊！
譬如有樹，若無根者，雲何得生莖節枝葉華果？

佛言：諸法相雖空，凡夫無聞無智故，
而於中生種種煩惱，煩惱因緣，作身、口、意業，
業因緣作後身，身因緣受苦受樂。
是中無有實作煩惱，亦無身、口、意業，亦無有受苦樂者。
譬如幻師，幻作種種事，於汝意雲何？是幻所作內有不？

答言：不！

外有不？

答言：不！

內外有不？

答言：不！從先世至今世，今世至後世不？

答言：不！

幻所作有生者滅者不？

　　　　　答言：不！
　　　實有一法是幻所作不？
　　　　　答言：不！
　　佛言：汝頗見頗聞幻所作伎樂不？
　　　　答言：我亦聞亦見。
　佛問德女：若幻空，欺誑無實，雲何從幻能作伎樂？
　德女白佛言：世尊！是幻相法爾，雖無根本而可聞見。
　佛言：無明亦如是，雖不內有，不外有，不內外有；
　　　　不先世至今世，今世至後世；
　亦無實性，無有生者、滅者，而無明因緣諸行生，乃至眾苦集。
　　　　　如幻息，幻所作亦息；
　無明亦爾，無明盡，行亦盡，乃至眾苦集皆盡。」
　　　　　　——以上出自《大智度論》

如果我們用比較通俗的話來說，無明的生起，是沒有什麼根基，沒有理由的。無明既不是有情眾生內在的部分，也不是外在的客觀存在。無明是當下的行為，既不從先世來，也不到後世去。用現代的話來說，無明是不是先知的遺傳，也不會遺傳到後世，無明是當下的念起。

我們需要指出的是，諸法如相是靈明智慧，不變不易，不生不滅的，因此不是無明的主體。若「實相」陷入「無明」，則「實相」有變易，有失最上等的智慧，就會有生滅變異，就會與「實相」的基本品質不符，從而喪失「實相」的資格。

所以，在談無明的問題是，應當要在萬法（萬物）的「實相」與生成的「萬法」（萬物）之間劃一條清晰明確的線。換句話說，要看明創造主與受造物之間的明顯的區別。創造主永遠是本原，是不生不滅、不變不易的。而墮入「無明」的，是生成之物，是受造之物。兩者的位置不能搞錯，不可置換。

佛經論無明不無見底，但始終給人以模糊朦朧，難以捕捉的感受。我們不妨來看看《聖

經》在這一關鍵問題上，有何啟示。

如前所述，上帝的創造分為三個層次：天使、諸世界生靈、人類以及各自生存的宇宙空間。不難想像，完美的創造主的創造也必然是完美的。《聖經》中對諸世界及其上的生靈，著墨不多；所啟示的重點在於天使與人類。根據《聖經》的啟示，最早地墮入「無明」的受造之物，竟然是天上的一位地位最高的天使。

無明起於路錫甫

這位高貴的天使，用希伯來話來說，叫做「路錫甫」（「明亮之星、早晨之子」的意思，見以賽亞書 14：12）。《聖經》啟示說他「受造之日所行的都完全，後來在你中間又察出不義。」（以西結書 28：15）《聖經》中對他心中生起的無明之念，有這樣的描述：

> 「明亮之星，早晨之子啊，你何竟從天墜落？
> 你這攻敗列國的何竟被砍倒在地上？
> 你心裡曾說：我要升到天上；
> 我要高舉我的寶座在上帝眾星以上；
> 我要坐在聚會的山上，在北方的極處。
> 我要升到高雲之上；我要與至上者同等。」
> 〈以賽亞書〉14：12 — 14

經文指出，這些話只是路錫甫心中所動之念。似如馬鳴菩薩《大乘起信論》所說，「以不達一法界故，心不相應，忽然念起，名為無明。」試想，上帝是自有永有的常在者（常在法），而這個叫做「路錫甫」的天使，本無自性，因上帝的創造與維繫才得以生存。一個無自性的受造之物，如何能與自有永有的至上者同等呢？而且，離開了那創造他

的至上者，這個無自性的生命根本就不能生存，惶論與至上者同等！這個動念，表明路錫甫既不知上帝「真實」，也不知自己的「真實」。正如佛家所言，「不知真實，說名無明。」

從另一個角度來看，諸法無我，皆無自性，路錫甫也不例外。然而，忽然念起，欲以他那個「非我」、「無我」之假我，等同於那至高至上的「真我」。如此之念，貪、嗔、癡俱現。隨之而來的，必是我執與我慢。《聖經》的啟示，恰好證實了這一發展勢態。「是貪嗔癡，皆以無明黑暗為首，從彼所生，由彼所長。」（《守護國界主陀羅尼經》卷十）

《聖經》上說，「你因美麗心中高傲，又因榮光敗壞智慧，」（以西結書 28：17）嫉妒、驕傲與自大，最終導致了這位曾經是上帝寶座前最高地位的天使犯罪墮落。《聖經》只是簡單地描述了他的犯罪過程，「因你貿易（原文與申命記 19：16，意為「搬弄是非」）很多，就被強暴的事充滿，以致犯罪」（以西結書 28：18）路錫甫離開了他在上帝面前的本位，出去到眾天使中間散佈不滿的精神（猶大書 6），以實現他能夠「升到高雲之上；我要與至上者同等」的企圖。

上天造物，有物有則。就是天使，也有適用於天使的法則規範。順天之則者昌，逆天而行者亡。比方說，「呼吸」是人的生命法則之一；一個人若是違背這個法則，不呼吸，時間長了可能會損傷大腦，傷害軀體；若是過長，則會造成死亡。而人的生命，既有身體方面的健康法則，也有道義方面的、屬靈的或道德的法則。違背哪一個方面的結果，都是死亡。所以，天使也有天使的法則要依。不依法而妄行，就是《聖經》上所說的犯罪。因為「凡犯罪的，就是違背律法；違背律法就是罪。」（約翰一書 3：4）一般人只會看到違背身體法則會帶來怎樣的後果，對違背道德法則的結果，就看得不是那麼清楚了。《聖經》直接說明違背上帝所定之法則的結果，就是死亡，就是從存

在走向不存在。違背律法就是罪，而「罪的工價乃是死」，「犯罪的，他必死亡。」（羅馬書 6：23；以西結書 18：4）

對於那些從被造以來，一直被愛的氣氛所包圍，被愛所激勵，一直自由自在地順著愛的律法而行的天使們來說，他們一直與上帝一條心，一切都是那樣的自然，他們甚至沒有感覺到有什麼律法規則的存在，也沒有想過偏離上帝的律法而行會怎樣，更不會想到死是怎麼一回事。

天上的爭戰

《聖經》並沒有詳細地說明撒但在天上是如何進行欺騙工作的，但卻清楚地指出撒但「說謊是出於自己；因他本來是說謊的，也是說謊之人的父。」（約翰福音 8：44）《聖經》並沒有披露撒但是如何撒謊欺騙的，但啟示了他行欺騙的結果，有三分之一的天使受他的迷惑，與他一起反叛。三分之一是個什麼概念，我們不得而知，應當是非常非常多。上帝憑著祂無窮的智慧，沒有容讓反叛者繼續留在天庭，而是把他們逐了出去（啟示錄 12：4）。

「在天上就有了爭戰。米迦勒同他的使者與龍爭戰，龍也同他的使者去爭戰， 並沒有得勝，天上再沒有他們的地方。大龍就是那古蛇，名叫魔鬼，又叫撒但，是迷惑普天下的。他被摔在地上，他的使者也一同被摔下去。」（啟示錄 12：7 — 9）

經文中所提到的米迦勒（意思是「像上帝的那一位」）是天使長。雖然以天使長的形像出現在天上，實際上卻是聖子的化身，是眾天使的創造主。而與米迦勒爭戰的龍，或撒但，就是前面所提到過的那個名叫「路錫甫」的天使，他在天上的地位原來僅次於聖子基督。從撒但及黨羽公開與米迦勒和他的使者爭戰的事實來看，不難看出，第一，撒但及其黨羽不服米迦勒的領導，不然，也就不會與之一戰了。第二，爭戰的事實還說明，撒但一夥不服管束天使的律法，居然到了以爭戰來反叛的地步。兩者都反

映了他們對上帝的不滿。

爭戰引起的問題

毋庸置疑，天上的爭戰必然引起了眾生靈對許多問題的疑慮與思考，諸如：上帝的話真的可信？米迦勒憑什麼要位居眾天使之上？祂真的是天使們的創造主嗎？何以證明？

上帝真是愛嗎？祂的律法真是愛的律法嗎？上帝的律法是否完全？還是有改進的餘地？何以證明？對上帝制定的法則，真的一點也不能偏離嗎？偏離的結果會是什麼？上帝的智慧與能力值得依賴嗎？如何證明撒但及其黨羽的犯罪不是由於他們被造時就存有瑕疵，以致到了一定的時候，就不能繼續遵守上帝的律法呢？如何證明？換句話說，上帝的創造真的是「真妄和合」嗎？是完美無瑕的，還是瑕玉參半、真妄混合？撒但及其黨羽的犯罪的根源是否出在被賦予自由意志的問題上？如何證明賦予有理性的生靈自由意志不是一個錯誤？

說到底，對宇宙間出現的動盪，誰應該承擔責任？又應負什麼樣的責任？違背上帝的律法究竟會帶來什麼樣的後果？

如何戳穿撒但的謊言，讓全宇宙看清他的種種欺騙與真面目？

如何使這一次叛逆的嘗試成為一切聖潔的生靈的永遠鑑戒，不讓他們對於罪惡的性質存任何幻想，並保守他們不致犯罪，不致受罪的刑罰，永保宇宙的的安寧與幸福？

上帝將撒但及其黨羽逐出了天庭，卻並沒有將他們立即消滅。因為即使將他們毀滅，也不能平息因天上的善與惡的爭戰所引發的一系列的問題。這些問題若不得到徹底解決，就始終存在著叛亂再度爆發的隱患，宇宙的長治久安就始終得不到保障。必然給

予撒但充分的時間與空間，讓他背叛的面目及其結果，得以充分暴露，宇宙的眾生也能從中學得教訓，更深切地認識到上帝就是愛，更確定地認識罪的性質及其毀滅性的可怕後果，從而得到警示，自覺自願地效忠於上帝，甘心樂意地遵守上帝的律法，讓愛充滿全宇宙，使無明永遠不再現起。

應對無明之策

那麼，上帝將如何應對？如何證明米迦勒乃是眾生的創造主，撒但及其同夥既從天庭趕出來，又從何處獲得空間來推行他的施政綱領呢？宇宙眾生靈心中因善惡之爭的爆發而引起的許許多多疑而未決之事，又如何能得到解答？〈啟示錄〉裡有兩處記載了天上生靈頌贊上帝的讚美詩歌，一方面反映了曾經存於天上生靈心中的疑惑得釋的歡欣，另一方面也反映了上帝應對善惡之爭的策略與手段。

「我們的主，我們的上帝，你是**配得**榮耀、尊貴、權柄的；因為你創造了萬物，並且萬物是因你的旨意被創造而有的。」（啟示錄 4：11）

「大聲說：曾被殺的羔羊是**配得**權柄、豐富、智慧、能力、尊貴、榮耀、頌贊的。」（啟示錄 5：12）

兩處經文中的「配得」二字，暗示所配得的部分曾經是受到質疑的。啟示錄 4：11 說明基督透過創造證明自己是配得「榮耀、尊貴、權柄」與配受崇拜的。啟示錄 5：12 則表明藉著救贖，基督證明自己是配得「權柄、豐富、智慧、能力、尊貴、榮耀、頌贊的」。〈啟示錄〉的這兩節經文，也間接地透露出上帝對撒但叛亂的應對之策，即創造與救贖！經文中所說的救贖，對象並不是天使，而是人類。佛家在這一點上，有一個有趣的說法，輪迴六趣，只有人才有覺悟的機會與可能。

因此，上帝在善惡之爭中所採取的對策，都應當考慮到這些問題。從有三分之一的天使受撒但欺騙而與他站在一起的事實上可以看出，就算是貴為天使的生靈，其智慧仍是有限的。對上述這些問題，上帝無法站在無限者的角度與層面，向有限者作出說明與解釋，就如同一位傑出的數學家，不能站在數學家的角度與層面，來向一位小學生解答一個最高深的數學問題一樣。他甚至必須站到比小學生更低的層面，來對面臨的問題作出解答，才能確保小學生能明白他所解釋的一切。

首先，即使是上帝宣佈基督（米迦勒）為萬物的創造主，但這畢竟是上帝的一句話而已，對於已經對上帝產生了不信任的生靈，其說明力有限。其次，就算接受基督是眾生的創造者，又何以證明撒但及其使者在受造之初就是完美無瑕的呢？很顯然，已不可能從他們身上進行檢驗，因為他們已經犯罪了。再者，天使們也是在撒但犯罪之時才體會到有律法的存在，何以證明上帝的律法是完全的，是合情合理的？天上的生靈習慣了對上帝的敬拜，如何進一步證明上帝不是高抬自己，不是以自我為中心的自私之徒呢？而且，又如何證明撒但的主張最終所帶來的不過是包括他自己在內的痛苦與毀滅呢？有什麼可以作為記號，一方面可以不斷地指向上帝無限的愛，同時又起到提醒宇宙眾生不再重蹈覆轍的作用呢？

上帝在這樣的背景之下，啟動創造天地與安置人在地球上的計畫，就為進一步展示上帝愛的真品格，同時兼顧回答這些問題搭建了有效的平臺。

創造天地的緣

前文提到，上帝就是愛！在無始的永恆之中，上帝的心中就有創造天地的計畫。可以說，上帝的愛，就是宇宙天地受造的根本因。但撒但及其黨羽的墮入「無明」與天上的爭戰，構成了包括地球在內的宇宙天地受造的當下之緣。這樣的因緣聚合，促使上

帝創造了「三間」——即時間、空間與人間。

上帝用話語創造

首先，父上帝在天使與諸世界的眾生靈面前，藉著愛子基督創造萬物，就無可置疑地顯明，三位一體上帝中的聖子，以天使長米迦勒為應化之身的上帝愛子基督，就是具有創造能力的創造之主。如經上所記，「又早已立祂為承受萬有的，也曾藉著祂創造諸世界。」（希伯來書1：2），使徒約翰也用靈感的筆寫下了千古不朽的名句，揭示了上帝創造的奧秘：「太初有道，道與上帝同在，道就是上帝。這道太初與上帝同在。 萬物是藉著祂造的；凡被造的，沒有一樣不是藉著祂造的。」（約翰福音1：1—3）。而且基督是用祂的話作為創造的手段。「諸天藉耶和華的命而造；萬象藉祂口中的氣而成。……因為祂說有，就有，命立，就立。」（詩篇33：6，9）「耶和華用能力創造大地，用智慧建立世界，用聰明鋪張穹蒼。」（耶利米書10：12）。

撒但在天上既用口中的謊言欺騙天軍，上帝就用口中的道與之爭戰。受造之物的語言稍縱即逝，但創造主的話卻有創造的能力，隱藏著無限的智慧與大能。同時，上帝用口中所出的話來創造還表明了一種親密的關係。既有說話者，必有聽話者，兩者之間有著親密的關係。上帝用道來創造，又用道來管理，持住萬有。上帝的道是受造物與創造主之間唯一的紐帶。「從來沒有人看見上帝，只有在父懷裡的獨生子將祂表明出來。」（約翰福音1：18）耶穌說，「若不藉著我（肉身之道），沒有人能到父那裡去。」（約翰福音14：6）這句話，既指人類墮落之後的情形，也指人類受造之初的情形，所不同的是，墮落前是藉著基督與父溝通，墮落後是在基督裡與上帝相交。細觀《聖經》對創世的記錄，就能察出上帝的確是在天上出現爭戰的機緣之下，來進行天地的創造的。

創造之初的好與不好

〈創世記〉第一、二章記錄了上帝的創造活動。創造雖為三位一體的上帝作為，但卻是藉著聖子進行的。所以，基督的創造主地位透過創造以無可置疑的方式而明明地彰顯在全宇宙眾生面前。前後所引用〈啟示錄〉中天使吟誦的讚美，「我們的主，我們的上帝，你是配得榮耀、尊貴、權柄的；因為你創造了萬物，並且萬物是因你的旨意被創造而有的。」（啟示錄 4：11）即表明創造的舉動，使得所有有關基督「榮耀、尊貴、權柄」的問題得到澄清，疑雲頓消。連撒但也不例外，「魔鬼也信，只是戰驚。」（雅各書 2：19）

從一定的意義上來說，可以認為天地的創造是一個樣板型的創造。宇宙的眾生靈注目著上帝的創造。上帝在創造的過程中，反覆地宣佈祂所創造的一切完美無缺，是「好的」，沒有任何瑕疵（創世記 1：4，10，12，18，21，25，2：12），似乎是針對眾生心中可以存有的疑問，即墮落的天使是否受造完美無瑕。

而對人的創造，上帝親自用祂先前所造好的塵土，在宇宙眾生面前造了一個塵土的人形。又將生氣吹進他的鼻孔裡，使他成為一個有靈的活人（創世記 2：7）。 但創造主上帝認為，僅有亞當仍然「不好」（創世記 2：18），於是，為亞當造配偶，「耶和華上帝使他沉睡，他就睡了；於是取下他的一條肋骨，又把肉合起來。」（創世記 2：21）上帝用亞當身上的肋骨造了一個女人，領到他跟前。

比天使微小一點

從生命的品質來說，人是按著上帝的形像與樣式造的（創世記 1：26 — 27）；從生命的層級來說，人又是比「天使微小一點」（詩篇 8：5）。而創造人的材料，就來自於被上帝看為「好的」塵土，所造的人上帝宣佈為「甚好」（創世記 1：31）！「那

時，晨星一同歌唱；上帝的眾子也都歡呼。」（約伯記38：7）既然比「天使微小一點」的人都「甚好」，不難看出，那比人類高一等的天使的創造，必是更好。路錫甫及其黨羽也與其他的天使一樣，曾經是上帝完美無瑕的創造。

其次，上帝並沒有為人類寫下千萬條律法的條文，而是在伊甸園中置有生命樹與善惡樹，並且吩咐「園中各樣樹上的果子，你可以隨意吃，只是分別善惡樹上的果子，你不可吃，因為你吃的日子必定死！」（創世記2：16—17）這條禁令，以最簡單與最為合理的方式體現了上帝律法的性質、要求與合理性。在園中各樣樹上的果子可以隨意吃的吩咐裡，透出了上帝的關切與眷愛。而在違背禁令的部分，則直接說明瞭其嚴重的後果，又充分體現了上帝律法的公義性。人既有能力採摘其他樹上的果子，也同樣有能力不採摘善惡樹上的果子。這條禁止還表明，遵守上帝的律法不是難挑的重擔，而是輕鬆愉快的事。受造之物守好上帝律法的可能性與合理性，在這個伊甸園的考驗上，顯得甚為突出。

第三、是否履行這一禁令的規定，在人來說，不是能力問題，而是選擇的問題。在人的生死大事上，人可以有所選擇的這一事實表明，被造的人類被賦與了充分的自由意旨，可以主導自己的行為。

上帝在伊甸園以禁令的方式為人類所設的考驗，實際上體現的是順從與背逆這兩條根本對立的路線。人若選擇吃分別善惡樹上的果子，所選擇的不僅僅是一個禁果的問題，實際上是選擇一條背逆的道路，其終點就是死亡。「有一條路，人以為正，至終成為死亡之路。」（箴言14：12）

倘若比天使微小一點的人，能善用上天所賜的自由旨意，尚能不去吃分別善惡樹上的果子，持守上帝愛的原則而不犯罪，則撒但及其同夥就更沒有犯罪的理由與藉口。人在聽從上帝吩咐的行為上，不僅要證明上帝創造的完美性、上帝律法的完備，而且也

將證明賜給受造之物自由意旨的決定，也是無可挑剔的。藉著人類與上帝之間不斷深入地交往，宇宙眾生會更進一步認識到，上帝就是愛！

與此同時，撒但及其同黨的行為，必進一步在全宇宙面前暴露撒但的真實面目、顯明罪及其嚴重的後果，不僅會證明上帝將撒但趕出天庭的處理是正確的，而且還會看明必須對罪進入徹底的根除。撒但所主張的那一套，就是在跟從他的天使之中，也行不通。而這一切，都需要時間。

設立安息日

但上帝的活動並沒有隨著人的受造而結束。「天地萬物都造齊了。到第七日，上帝造物的工已經完畢，就在第七日歇了祂一切的工，安息了。上帝賜福給第七日，定為聖日；因為在這日，上帝歇了祂一切創造的工，就安息了。」（創世記2：1─3）。安息的意思是停止下來，表明上帝造物的工完成了，停下來了。安息尚有另一層意義，「因為六日之內耶和華造天地，第七日便安息舒暢。」（出埃及記31：17）「舒暢」的意思，如同畫家屏住呼吸作畫，畫畢，長長地舒一口氣一樣，說明上帝六日創造之後的舒暢的心情。

試想，當上帝完成祂的創造，不僅實現了創造天地與人類的計畫，而且為應對天上爆發的善惡之爭作好了一切準備。如果人類順從上帝的旨意，則讓解決全宇宙關於善惡之爭所引起的各種問題，指日可待。宇宙最終的安寧便安定無虞，這豈能不令創造者長舒一口氣呢？

然而，上帝制定安息日的目的，卻不是為了自己。祂將安息日及其所連帶的賜福一併賜給人（馬可福音2：28），讓人藉著安息日與創造主交通，更多地認識創造主與主更親近。安息日的神聖性，乃由上帝的神聖性所決定，而持守神聖的安息日則是人類忠誠於上帝的一個表徵。人類對上帝每多一份認識，就多一份勝過撒但的欺騙與迷

惑勝算。每週一次的安息日，將成為一個有力的證據，向全宇宙表明上帝與祂的受造物之間愛的交融，展示受造的人類因順服上帝的律法而有的喜樂與平安。相對於善惡之爭來說，持守安息日也將成為人類遠離背叛者撒但，成功地勝過他的試探的記錄，安息本身即表明了遠離爭戰。如此，安息日不僅成為對上帝創造的紀念，也是對善惡之爭的勝利的慶祝。對未墮落的生靈與善惡的天使來說，安息日則有可能成為斷化忠實於上帝一個永遠的記號，鮮明地突顯順服上帝的平安與喜樂與對抗上帝的爭戰與不安。這種強烈的對比，將可能有效地杜絕任何人對犯罪所存的幻想。

人入無明

如前所述，在記錄了創造過程之後，〈創世記〉第三章沒有記載任何人類的其他活動，而是把話鋒一轉，直接轉向了伊甸園發生的撒但的試探與人類的犯罪。撒但附身於蛇，對女人進行了試探，蛇對女人說：「你們不一定死；因為上帝知道，你們吃的日子眼睛就明亮了，你們便如上帝能知道善惡。」（創世記3：4—5）試探的結果，女人聽信了撒但的謊言，而且在自己犯罪之後，成為丈夫的試探者，使得亞當也與她一起吃了禁果。《聖經》上記錄了這暗淡的一幕：「於是女人見那棵樹的果子好作食物，也悅人的眼目，且是可喜愛的，能使人有智慧，就摘下果子來吃了，又給她丈夫，她丈夫也吃了。」（創世記3：6）至此，上帝所造的人類為撒但的試探所勝，雙雙墮入無明，犯罪離開上帝，要面臨犯罪的後果——死亡。

佛教認為，人類最初是從光音天來的。因他們一念貪心起，品嘗了地球上的「地肥」，身體中地大的成分增加，因貪吃過甚，結果身體沉重得無法飛翔，只好在地球上居住下來，即成為人類的祖先，這就是佛教中關於人類的起源（見《起世經》之〈最勝品〉）。有興趣的讀者，可將佛經的說法與《聖經》的啟示自行比較。

上帝在創造人的事上，固然證明祂所創造，包括所有天使在內的一切生靈都是完美無

瑕的，那體現上帝愛的偉大原則之上帝律法也是合情合理，公義而慈愛的。在善惡樹的問題上，表現了人類被賦予自由意志，而合理地應用這一自由意志的可能性，在全宇宙面前被證明是無可置疑的。人類若有摘取園中各樣樹上果子的能力，則自然有能力不去吃善惡樹上的果子。雖然上帝的律法與這伊甸園的試驗一樣，他們所表現的性質一樣，是良善、慈愛、公義的，但亞當犯罪的事實本身，仍給了撒但繼續控告的機會，繼續他在天上對上帝的不實指控與對眾生的欺騙。

人類的犯罪將一個巨大的難題擺在上帝面前：如果上帝向罪人施憐憫，就勢必證明上帝不是公義的上帝。同樣，如果上帝對罪人施以當得的懲罰，撒但又會說原來上帝造人就是為了毀滅人。上帝又要被指責為沒有慈愛的上帝。撒但自己既因叛逆而被逐出天庭，在他看來，人類的命運也必像他一樣，永遠與上帝的慈愛隔絕。

人類的墮落所關涉的問題，不單單是人類的存亡問題，同時也關係到上帝的律法的尊嚴，上帝政權的合法性基礎，以及上帝的品格是否值得信賴等多方面的問題。因善惡之爭而引發的問題，若得不到完滿的回答，就難保宇宙不再陷於再次的動盪。撒但及其黨羽是否能受到公義的懲罰，也會因此成為一個未知之數。可見，對人類犯罪的處理，將直接關係到全宇宙的安全。

為何可獲救贖的是人類而不是天使

《聖經》雖然沒有交待亞當與妻子犯罪的具體時間，但似乎不難想像他們是在被造後不久，對上帝的認識尚不充分的情形之下犯罪的。這一點，從上帝為犯罪的人類預備了救贖的計畫，而對於撒但及其同黨的叛亂卻沒有救拔的計畫這一事實上，可得到應證（啟示錄 13：8；希伯來書 2：16）。畢竟，撒但及同夥對上帝的認識，要比初生的人類深刻得多。撒但既認識上帝的品德，瞭解祂的良善，竟決定順從自私自恃的心意，這就是他最後的選擇，上帝再不能用什麼方法來救他了。但人類是受了欺騙；人的心智被撒但的詭辯蒙蔽了，所以不知道上帝的慈愛是何等長闊高深。因此，人還有

明白上帝之愛的希望，還可能因看明上帝的品德而被吸引歸回上帝。

如何將人類從「必定死」的命運中解救出來，在表現上帝的慈愛的同時，又能維護上帝公義的原則，同時強有力地證明上帝的律法的公正合理完備性，是任何上帝所造之有理性的生靈都必須且能持守好的，這就成了極待解決的問題。因為這個問題，不僅關係到人類的命運，而且也關係到上帝律法，上帝政權的合法性基礎，上帝國度的根本原則，而且還關係到上帝的品格與尊嚴以及全宇宙的長治久安。

在這種情形之下，上帝有必要啟動所預設的第二套，也是最後一套方案，來應付宇宙間因無明而引發的善惡大鬥爭，以拯救失喪的人類，粉碎撒但的謊言與指控，揭示罪的本性及其後果，確保宇宙的安寧，高舉上帝的律法，彰顯上帝的偉大之愛，捍衛上帝的品格與尊榮。我們將在下一章，來揭示上帝永古隱藏不言的奧秘！

187
無明的
起頭。

第
12
章

永古隱藏不言的奧秘。

如果說上帝在撒但叛逆之時，選擇了創造天地與人類來展示上帝的慈愛與智慧，同時也以此作為對善惡之爭中方方面面問題的回應；那麼，在人類墮落之後，上帝仍然選擇了以創造為實質的救贖計畫，來展現祂的慈愛與智慧，同時對善惡之爭中的各類問題，作出最後的回應，一次解決宇宙眾生心中所在的各類問題，並從根本上徹底剷除罪及其可能滋生的土壤。所不同的是，初次的創造是藉著亞當與女人，再次的創造則是藉著第二個亞當耶穌和從他而生的女人——教會，來完成上帝在善惡之爭中的旨意。

事實上，根據《聖經》的啟示，救贖人類的計畫並不是什麼馬後炮或過後之計，而是在創世之前就定下來了，作為上帝寶座根基之原則的延展。上帝和基督從起初就

預見撒但的背叛，也預知人類因背叛者的欺騙而墮落。雖然上帝並沒有命定罪惡要存在，但祂預見到它的存在，並未雨綢繆，為應付可怕的變故作了充分的準備。

本來，宇宙萬物的創造，就已充分地彰顯了上帝無比的愛。自然界美麗的萬物，奇妙地滿足著世人與一切動物的舒適與成長的需要。山川河流，陽光雨露，空中飛鳥、海裡游魚、深山走獸，萬水千山總關情，無不顯明造化主的智慧、能力與慈愛。

「將事隱秘乃上帝的榮耀；將事察清乃君王的榮耀。」（箴言 25：2）上帝不僅將祂的愛隱藏在大自然的創造之中，也在創造的過程中，埋下了在必要的情況下將以更直接的方式展露祂無限大愛的伏筆，以致當這種情形出現時，眾生不會誤以為上帝要做出的任何計畫為過後的補救之法。

隱藏不言的奧秘

實際上，上帝的救贖計畫在創造人類的過程中，就已現出了端倪。《聖經》中稱上帝的救贖計畫為「永古隱藏不言的奧秘」，思高版譯為「這奧祕從永遠以來，就是祕而不宣的」（羅馬書 16：25）。若是人類從來沒有犯罪，這些奧秘或許就要永遠「祕而不宣」了。

首先，上帝選擇「照著我們的形像、按著我們的樣式造人」（創世記 1：26）。但是，造人的過程卻與在同一天受造的其他生物不同，不是單憑上帝口中而出，而是「耶和華上帝用地上的塵土造人，將生氣吹在他鼻孔裡，他就成了有靈的活人，名叫亞當。」（創世記 2：7）耶和華上帝親自用地上的塵土為亞當「預備了身體」，預表著祂將為第二個亞當「預備身體」（希伯來書 10：5）。

其次，從女人的受造過程，可以看出救贖計畫的端倪。在伊甸園完美無罪的情形之下，

上帝宣佈「那人獨居不好，我要為他造一個配偶幫助他。」（創世記 2：18）似乎點明亞當一人不足以充分實現上帝的旨意，因而要為他造一個配偶。「耶和華上帝使他沉睡，他就睡了；於是取下他的一條肋骨，又把肉合起來。」（創世記 2：21）女人造好之後，上帝將她帶到亞當面前，亞當誦頌出了《聖經》所記載的第一首詩：

> 「那人說：這是我骨中的骨，肉中的肉，可以稱她為『女人』，
> 因為她是從『男人』身上取出來的。
> 因此，人要離開父母，與妻子連合，二人成為一體。」
> 〈創世記〉2：23 — 24

▌兩個亞當之對照

第一個亞當	第二個亞當
耶和華用塵土預備軀體 （創世記 2：7）	你曾為我預備了身體 （希伯來書 10：5）
照著上帝的形像和樣式受造（創世記 1：26，28）	上帝本體的真像（希伯來書 1：3）
耶和華使他沉睡，他就睡了（創世記 2：21）	就自己卑微，存心順服（腓立比書 2：8）
睡了（創世記 2：21）	以至於死，且死在十字架上 （腓立比書 2：8）
取下他的一條肋骨，又把肉合起來（創世記 2：21）	正如基督愛教會，為教會捨己（以弗所書 5：25）
上帝就用那人身上所取的肋骨造成一個女人 （創世記 2：22）	因我們是祂身上的肢體（有古卷加：就是祂的骨祂的肉）（以弗所書 5：30）
為這個緣故，人要離開父母，與妻子連合，二人成為一體 （創世記 2：24）	這是極大的奧秘，但我是指著基督和教會說的（以弗所書 5：32）

四千多年之後，那坦露出上帝「永古隱藏不言的奧秘」的保羅，把教會比作基督「祂的骨祂的肉」（以弗所書 5：30），並指出引述亞當的詩詞最後一句說：「這是極大的奧秘，但我是指著基督和教會說的。」（以弗所書 5：31）很明顯，保羅將女人的受造以及與亞當的關係，用來預表基督和教會的關係，他從始祖的受造中看出了上帝的救贖大計。

從上表的比較不難看出，亞當順服地睡了，讓耶和華上帝從他身上取出一根肋骨，造成一個女人，與女人合而為一，象徵著第二個亞當基督順服上帝，捨己犧牲，死裡復活，教會是基督的身體，與基督合而為一。這樣，從造人的過程，就已露出了救贖計畫的端倪，等到事情發生而需要啟動這一計畫時，就無人可以指責上帝的救贖計畫是過後之計了。

需要指出的是，救贖的計畫雖在造人的過程中已露出端倪，但受造的塵土之人裡面，並沒有任何使人可以得到救贖的根本與依據。救贖的依據在於創造者的本性，在創造者心中。而這一計畫的實施，則是創造主無上慈悲、智慧與大能的最高展現。人性不是人得贖的依據，上帝神聖的本性才是人獲得重生的根本所在。

救贖計畫的啟動與實施

撒但及其天使犯罪所涉及的一些基本問題，雖然透過天地萬物以及人類的創造得以澄清。但人類在撒但的誘惑之下選擇犯罪，使本已漸散的疑雲又再度密佈，特別是上帝的律法是否完全，有理性有自由意志的受造之物是否能夠持守上帝的律法問題，再度成為全宇宙關注的焦點。

伊甸園宣佈救贖的計畫

從上面對人類受造的過程分析中可以看出，上帝救贖人類的計畫當在人犯罪之前就已

制定。〈啟示錄〉上稱基督是「創世以來」「被殺之羔羊」（啟示錄 13：8），也表明救恩的計畫在創造天地之前就已經設立了。（還記得我們前面談過的「真理四觀」嗎？）然而，上帝第一次在伊甸園正式向人類宣佈這個計畫，卻是在宣佈了對蛇的咒詛之後與對犯罪的人類處分之前，上帝直接對撒但說：「我又要叫你和女人彼此為仇；你的後裔和女人的後裔也彼此為仇。女人的後裔要傷你的頭；你要傷他的腳跟。」（創世記 3：16），在宣佈魔鬼撒但最後的失敗和毀滅的同時，上帝向人類宣佈了聖父與聖子所制定的拯救人類的計畫。

救贖的計畫是在父與子之間制定的，在「兩職之間籌定和平」（撒迦利亞書 6：13）。天父的愛和聖子的愛同是墮落人類的救恩之源。聖父與聖子商定，叫世人可以「藉著上帝兒子的死，得與上帝和好」（羅馬書 5：10）。又藉著對聖子所成就的救恩，而獲得永生。「上帝愛世人，甚至將祂的獨生子賜給祂們，叫一切信祂的，不至滅亡，反得永生。」（約翰福音 3：16）但在眾世紀中將其發展的多個階段，所啟示給墮落的人類顯明的工作，則是透過人子來完成的。這些在創世之前就已定立的計畫，若非上帝的啟示，單靠人的覺悟又如何能知曉！

然而，上帝的聖子不是帶著祂在未有世界以先，同父所享有的榮耀降臨；若是那樣，有罪的世人就都必在祂的榮耀面前被毀滅了；也不是以天使的身分降臨；若是那樣，與人類的溝通與感受存著較大的距離，甚至不是以與亞當未墮落前相似的樣式降臨，若是那樣，與犯罪之後的亞當及其子孫仍有距離；聖子下凡，是「凡事該與祂的弟兄相同」（希伯來書 2：14，17），將祂的神性隱蔽在人性裡，那不可見的榮耀掩藏在可見的人體中，「不以自己與神同等為強奪的；反倒虛己，取了奴僕的形像，成為人的樣式」（腓立比書 2：6—7），「成為罪身的形狀」，上帝的聖子成為「女人的後裔」，道成肉身，住在我們中間（羅馬書 8：3；約翰福音 1：14）。在無罪的本性上披上我們有罪的性情，以便知道怎樣搭救受試探的人。」創世記 3：15 預言女人的後裔的

腳跟雖然要受傷，但他必傷蛇的頭，取得最後的勝利。

救贖計畫的地面實施

「及至時候滿足，神就差遣他的兒子，為女子所生，
且生在律法以下，要把律法以下的人贖出來，叫我們得著兒子的名分。」
〈加拉太書〉4：4—5

耶穌降生

耶穌降生之時，世界與伊甸時的情形相比，已發生了巨大的變化。首先，從耶穌所處的外部的環境來說，經歷過咒詛、洪水，以及四千年罪侵襲的世界，與處在伊甸園中的亞當相比，相去甚遠，處於絕對的劣勢。其次，從自身的情況而言，耶穌雖是馬利亞受聖靈感孕而生（馬太福音 1：20），卻是「照樣親自成了血肉之體」，承受了人類在體力、智慧和品格，和經過四千年的退化之後的一切軟弱，與墮落前後的亞當相比，耶穌的人性在各方面都與他相差太遠，同樣處於絕對的劣勢。類似於第一個亞當的受造，「比天使微小一點」，第二個亞當與第一個亞當相比明顯處於劣勢，說比第二個亞當比第一個亞當「微小一點」，應該也說得通。

上帝藉著口中的話創造，天地萬物應著上帝口中的話而創造出來，實際上就以實物的存在方式表明了上帝話語是可信的，證明上帝「說有就有，命立則立」。 那支配萬物生長運行的法則，並不因罪的出現而有絲毫變異，亦從側面見證著那管理有理性之生靈的道德與屬靈的律法，也必不隨犯罪的發生而改變，這樣方顯出上帝話語與旨意的一致性。

耶穌的降生，從另一個方面應證了上帝的話是可信的、可靠的。那在創世之初就曾應許的「女人的後裔」，經過四千多年終於如期從天而降，來到人間。耶穌雖然貴為上

帝的聖子，享有與上帝同等的性情，卻放棄天上的一切，降生於世，且降生在比一般嬰兒出生環境都惡劣的馬槽裡，創造之主為救贖受造之世人的這種為救的迂尊降卑，是對任何認為上帝是以自我為中心、抬高自我的看法的最強有力回擊。

耶穌一生順服，謹守上帝的誡命，「常在祂的愛裡。」（約翰福音 15：10），他自己作見證說，撒但在他裡面「是毫無所有」（約翰福音 14：30），受到審判時，地上的審判者查不出他有什麼罪來。（路加福音 23：4；約翰福音 18：38）在第一個亞當失敗的地方，耶穌作為第二個亞當均勝過試探，所度過的每一天，都是完全公義，無可指謫。耶穌來，以自己順服的一生，顯明了上帝律法的義。「耶和華因自己公義的緣故，喜歡使律法（或作：訓誨）為大，為尊。」（以賽亞書 42：22）

耶穌使律法為大為尊

基督在屈身披戴人性這件事上，顯示了與撒但完全相反的品格。但祂在屈辱的路上，不惜更前進一步：祂「既有人的樣子，就自己卑微，存心順服，以至於死，且死在十字架上。」（腓立比書 2：8）耶穌忍受了我們當受的死，使我們能得祂固有的生。「祂為我們的過犯受害，為我們的罪孽壓傷。因祂受的刑罰，我們得平安。因祂受的鞭傷，我們得醫治。」（以賽亞書 53：5）藉著耶穌的生與死，展示了上帝無限的救贖之愛，「惟有基督在我們還作罪人的時候為我們死，上帝的愛就在此向我們顯明了。」（羅馬書 5：8）上帝在大自然中所展現的無私之愛，與十字架上所彰顯的捨己和犧牲，交相輝應，見證上帝就是愛，而且上帝的愛是無私的！在十字架上，「慈愛和誠實彼此相遇；公義和平安彼此相親。」（詩篇 85：10）

聖子的降世是主動的，墮落的人類甚至還沒有想到需要救贖的這件事時，上帝就宣佈了救贖的計畫。聖子情願為罪人捨命犧牲，好讓凡接受祂的犧牲的人，可以免受上帝律法的審判，祂的行為完全是出於自願的，祂說：「我父愛我；因我將命捨去，好再

取回來。沒有人奪我的命去，是我自己捨的。我有權柄捨了，也有權柄取回來。這是我從我父所受的命令。」（約翰福音 10：18）耶穌的死不僅沒有使律法失效、或對上帝律法的神聖權威與尊嚴有絲毫的損傷。正相反的，基督在十字架上的犧牲，正顯明上帝律法的公義之不變性。耶穌的流血犧牲，證明律法之要求是正當合理的，祂的死使律法為大為尊，向全宇宙提供了律法不變之特性的無可辯駁的證據。

耶穌在曠野惡劣的環境之下，靠著上帝口裡所出的一切話，勝過撒但的試探，不僅進一步證實上帝的話是可信的，而且證明在伊甸園的亞當實在沒有任何犯罪的藉口。耶穌在這樣劣勢之下能夠善用上帝所賜的自由意志，守好上帝的律法的事實本身，是對亞當在優越的環境與人性之下未能持守上帝律法的譴責。作為人子耶穌的順服，同時也給世人留下順服上帝律法的榜樣，作為上帝之子，祂又藉著聖靈賜給人順服上帝律法的能力。上天藉著耶穌而賜下的救贖計畫，把全天庭都包括在其無限的犧牲之中，聖靈的幫助，聖天使的服役，使得任何一個有罪的世人，只要願意，都有可能與耶穌一樣，靠賴上帝的恩典與能力，從背逆中轉回，以順服上帝的律法為喜樂。任何一個人，忽視上天所賜的如此宏大的救恩，都將是一個錯誤。耶穌的生與死以及由祂所成就的救恩大計，封住了任何可以想像的理由或藉口，使自己置身於這偉大的救贖計畫之外。

律法要求人們擁有公義的生活和完美的品格，這是世人拿不出來的。但基督取了人性來到世上，過著聖潔的生活，鑄造了完美的品德。這一切祂都白白賜給凡願意接受祂的人，祂的生活就代替了世人的生活。這樣，人們過去的種種罪惡，就因上帝的寬容而蒙赦免。此外，基督還將上帝的屬性授與人類，按照上帝品德的模式建造人類的品格，使之具有屬靈的強健和完美。這樣，律法的義就在信基督的人身上成全了。上帝能「使人知道祂自己為義，也稱信耶穌的人為義。」（羅馬書 3：26）

耶穌使救贖人類成為可能

藉著耶穌的生與死，不僅證明上帝的公義不會破壞祂的慈愛；而且還證明罪人能得赦免；律法是公義的，也是完全能遵守的。撒但的控告被駁倒了。上帝已給人明確無誤的憑據來證明祂的愛。比天使微小一點的人類始祖，尚且沒有理由不持守上帝的律法。那麼，生命形式比人類更高的撒但及其黨羽，就更沒有犯罪不能持守上帝律法的理由或藉口了。救贖大工的完成既是為了我們，也是為了眾天使和未曾墮落的諸世界。他們與我們同享基督勝利的果實。上帝的律法與政權的基礎得到鞏固與捍衛，上帝愛的品德在全宇宙面前得到彰顯與維護。有關受造者與上帝律法方面的所有問題，也都有了正面的回答。

自從撒但在伊甸園篡奪了對地球的管理權，繼而成為「世界的神」（哥林多後書4：4），到耶穌降世之時，地球在撒但的管理之下，已經日見衰敗、絲毫沒有蒸蒸日上、欣欣向榮的趨勢。違反上帝的律法，非但沒有給人帶來自由與超越，所帶來的是無情的奴役與可惜的墮落。如果真讓他來管理天上的居民，後果如何，不需要發揮任何想像力就可以知道。撒但對抗上帝的主張，被證明是具有破壞性的與毀滅性的，直接威脅著宇宙的安寧，而不是帶給宇宙和平與希望。

耶穌在十字架上犧牲，使罪人得赦不僅成為可能，而且能安全地赦免罪人。耶穌替罪人而死，以無可置疑的聲音向全宇宙宣佈，罪的工價乃是死！十字架敲響了撒但的喪鐘，使得他不再對自己的國度或最終的命運存有任何的幻想。耶穌在十字架上的犧牲，讓撒但的真面目徹底暴露，切斷了善良的天使對撒但可能存有最後的一絲同情。看到耶穌為罪所受的苦難，諸世界與善良的天使如同又打了一計強心針，使他們遠離罪惡。

創世記3：15預言，代表上帝子民與教會的「女人」，要與蛇彼此為仇。在善惡之爭

的地面戰爭中，那與撒但及其同黨爭戰的，乃是基督和祂的身體——教會。上帝的子民肩負著重大的使命，要將上帝的奧秘——耶穌基督的福音——傳給住在全地的人，將他們從撒但權下解救出來，歸向永生的上帝，又因著信靠基督的義與恩典而成為上帝的兒女，得享永生。

天上進行的救贖工作

但是聖子降世，為罪人死，還不是救贖計畫的結束。當耶穌在地上的工作完成之後，祂還要復活，升天，成為大祭司，在天上的聖所為凡信靠祂，將自己的罪交給祂，憑著信心支取祂完全的義的人作中保，赦免他們的罪，最後還要從天上的聖所塗抹他們的罪，使他們的罪在宇宙之間無處可尋。之後，耶穌還要再次降臨，把那些選擇上帝的救恩的人領回天家。不僅如此，祂還要第三次降臨，懲罰撒但及其使者，以及所有不信從公義而轉從不義的惡人。之後，上帝要重新創造這個被罪所玷污的天地，迎接一個永恆的新時代。

到那時，曠日持久的天地之間的善惡之爭，終於結束。救贖大工的完成，不僅在罪人的身上恢復了上帝的形像與樣式，而且恢復了第一個亞當因犯罪而喪失的一切。這小小的地球，在上帝的創造中本為最小，這時卻有父與子同住，成為宇宙的中心。罪惡及其影響不復存在，唯有主耶穌身上的因罪而留下的傷痕依然保留，作為記號，提醒宇宙眾生靈罪給創造主與世界帶來的是何等的傷害，同時，這個記號也在無聲地述說上帝的慈愛與公義。到那時，一場從天上到地上的善惡大鬥爭就結束了。「罪與罪人也不再有了。全宇宙都是潔淨的。在廣大宇宙之間，跳動著一個和諧的脈搏。從創造萬物的主那裡湧流著生命、光明和喜樂，充滿這浩大無垠的宇宙。從最小的原子到最大的世界，一切有生和無生之物，都在他們純潔的榮美和完全的喜樂上，宣揚上帝就是愛。」[81]

81. 懷愛倫，《善惡之爭》（精簡本），551。

如上所述，上帝是自在永在的創造主，是宇宙天地萬物的根源。根據《聖經》的啟示，上帝創造了天使，諸世界及其上的居民，以及我們這個宇宙天地。

無明的生起，起於天使中的一位身居高位的路錫甫。嫉妒與自大的心把他與受他迷惑的三分之一的天使一起引向了罪孽的淵藪，在天上發動爭戰，被逐出天庭。

在天上的善惡之爭的背景之下，耶和華上帝實施了人類生活的這個宇宙天地的創造。上帝在六日內創造天地萬物，第七日安息，定為聖日。

撒但試探人類的始祖，造成始祖犯罪墮落，死亡臨到世界。但上帝早已制定救贖的計畫，通過聖子降世，替人犧牲，完成救贖人類的大工。人類才免遭死亡，獲得第二次受考驗的機會。但罪惡的影響仍臨到人身上，生老病死也就隨之而來。從亞當以來的犯罪與遺傳的影響，都直接影響著後世的人，以致人在出生時就承受著數千年整個人類的影響。人的一生只有一世，死後且有審判。接受上帝的救贖計畫者，可重獲永生的機會，而忽略或拒絕者，將面臨永遠的滅亡。

上帝所造的宇宙天地，是一個完美無缺的世界。但無明潛入，罪惡入罪，人類墮落犯罪，使大地受到咒詛。今天的世界，說是上帝所造，就不太準確。因為現今的世界打上了太多人類犯罪的痕跡。正如佛家所說，是眾生的業所造。風災、水災，都與人類對自然的破壞有關。但這樣一個被破壞的世界，正是上帝所要救贖的世界。

二千年前，上帝的聖子耶穌已經照著所應許的降世，並為人類的罪而在十字架上犧牲。三天後復活升天，繼續在天上進行救贖人類的大工。祂還要第二次降臨，照各人所行的報應各人。凡接受上帝救贖計畫的人，都將在祂第二次來臨時復活，在剎那間獲得不朽的身體，而與基督一同升天。而未能接受救恩的人，將在第一次復活一千年之後

的第二次復活中復活為人（輪迴為人），接受復活前的一生行為的審判。

當善惡之爭的一切問題都清楚地解決之後，基督要重造新天新地，從此就進入沒有爭戰，沒有生老病老，充滿愛的永恆世界。

而這一切的成就，都仰賴於道成肉身的人子耶穌！

永古隱藏
不言的奧秘。

相對一笑

天子下凡
現人間。

雖然從歷史的角度來看，耶穌的降生，是在釋迦牟尼圓寂五百年之後。但關於祂的降
世與生平所呈現的，卻是另一番景象。耶穌的降生並非橫空出世，沒有任何的先兆。
根據《聖經》的記載，有關耶穌降生為人的預言從人受造時就有了。打開《聖經》，
就會發現有關上帝的兒子降世的預表，貫穿於整個《舊約聖經》之中，成為一條清晰
可見的線條。而《新約聖經》中，耶穌的門徒又把他們當時的所見所聞作了忠實的記
載。《聖經》的經文中，清晰地交代了耶穌基督本來的真實身分，其降生為人的原因，
在地上生活的一些身行言教，耶穌的受難犧牲，死而復活；而且還有大量的預言傳達

基督還將第二次降臨的重大預言。《聖經》中的這些材料，給我們的討論帶來了極大的方便，因為只需按著這些線索，就可勾勒出耶穌生平的大致輪廓。

有趣的是，《聖經》是以「出家人」的身分來介紹耶穌的，只是祂所出的，不是人間的家，而是天上的家。當初，悉達多太子離家之時曾發出誓言，「我若不斷生老病死憂悲苦惱，終不還宮。我若不得阿耨多羅三藐三菩提，又復不能轉於法輪，要不還與父王相見若當不盡恩愛之情，終不還見。」而耶穌離開天庭，降臨人間，也大有不達使命，誓不還朝的決心。

關於基督出家的顯密預言

《聖經》中以隱性的語言來預言耶穌「出家」的預言，記載在男女雙雙造齊之後，《聖經》的作者寫下了這樣一句感言：「因此，人要離開父母與妻子連合，二人成為一體。當時夫妻二人赤身露體，並不羞恥。」（創世記 2：24 — 25）

如前所述，幾千年來，這句不經意的感言並未引起人們多大程度的關注，直到耶穌升天後保羅蒙召，悔改信主，才揭示出這話語背後所隱藏的深深奧秘。保羅看出當時受造的亞當，其實是用來預表基督的；而由從亞當身上取出的一根肋骨而造的女人，則預表著基督的教會。這句未被人注意的感言，其實是一個極大的奧秘，象徵著基督與教會的關係。保羅在引述創世記 2：24 — 25 的經文之後，充滿感慨地道出：「這是極大的奧秘，但我是指著基督和教會說的。」（以弗所書 5：31）

以當時的情境來看，亞當與女人均為上帝所造，他們並沒有生身的父母。對當下被造的亞當與女人而言，並無父母可以離開。保羅所道出的奧秘揭示了這句經文的本意：原來是基督要離開祂在天上的父家，來到人間，好與人間的教會連合，成為一體！

耶穌在世間時，曾親自講過一個故事，隱喻自己「出家」的原委。

「耶穌就用比喻，說，你們中間誰有一百隻羊，
失去一隻，不把這九十九隻撇在曠野，去找那失去的羊直到找著呢？
找著了，就歡歡喜喜地扛在肩上，回到家裡。
就請朋友鄰舍來，對他們說，我失去的羊已經找著了，
你們和我一同歡喜吧！我告訴你們，一個罪人悔改，
在天上也要這樣為他歡喜，較比為九十九個不用悔改的義人，歡喜更大。」

〈路加福音〉15：3 — 7

在這個故事中，耶穌把整個宇宙比做「一百隻羊」，其中那走失的一隻，代表著迷失的地球。那「九十九個不用悔改的義人」代表著未墮落的諸世界的生靈。因為他們未曾犯過罪，故而也就無需悔改。而地球上的每一個人，都墮入在迷悟之中，沒有不需要悔改的人。那一個被找到的悔改的罪人，則代表這迷失的地球上得拯救的人。

這則短短的故事，道出了基督為了拯救地球上的生靈，而離開（「出家」）天上與未曾墮落的諸世界於不顧，隻身來到地球的根本原因。

如果說創世記 2：24 — 25 的話過於隱密，不易為人所領會；上帝又呼召猶太人的祖先亞伯拉罕，則是對基督「出家」工作的進一步明顯的預表。

「耶和華對亞伯蘭說，你要離開本地，本族，父家，往我所要指示你的地去。我必叫你成為大國，我必賜福給你，叫你的名為大，你也要叫別人得福。你祝福的，我必賜福與他。那咒詛你的，我必咒詛他，地上的萬族都要因你得福。」（創世記 12：1 — 3）

基督徒們常常引用這段話，也常把亞伯拉罕當成是「信心之父」。因為亞伯拉罕雖然

不知上帝要他去哪裡，卻憑著單純地信心，聽從了上帝的呼召，「離開本地，本族，父家，往我所要指示你的地去。」「亞伯蘭就照著耶和華的吩咐去了。羅得也和他同去。亞伯蘭出哈蘭的時候，年七十五歲。」（創世記12：1，4）

當時的亞伯拉罕，年事已高，但膝下無兒，便帶著侄兒羅得與家眷、牲口離家而去。亞伯拉罕共生有八個兒子，享年一百七十五歲（創世記25：7）。觀其一生，並未成為「大國」，亞伯拉罕的名也說不上有多麼大。他的後裔下到埃及，在那裡為奴四百年才得解救，得以出埃及。要等到將近一千年之後，亞伯拉罕的後裔才成為以色列國。而這個國後來出現分裂，最終被巴比倫王國所滅，不復存在。

倘若把這段話用於對基督及其工作的預表，或許更為合適。亞伯拉罕離開本地本族父家的經歷，粗略地預表了基督離開天家的情形。那最終成為大國，有一個超乎萬名之上的名，使人得福，使地上的萬族因祂得福的，正是人子耶穌基督！

事實上，上帝還透過亞伯拉罕，預演了一場父親捨棄心愛的獨生子的劇碼。（見〈創世記〉第22章）向全天庭昭示，天父上帝賜下祂獨生愛子所必須通過的內心糾結、掙扎、矛盾與痛苦！全宇宙也從中看到上帝藉賜下愛子而表現的大愛是何等的長闊高深！

女人的後裔

根據《聖經》的啟示，上帝在起初創造了人類的始祖亞當與夏娃，並把他們安置在美麗的伊甸園中。但是吩咐他們不可吃園子當中一棵叫做分別善惡樹上的果子，違背這一禁令的後果是死亡（創世記2：16 — 17）。這是一個有代表性的吩咐，因為樹上的果子並非有毒不能食。真正的問題在於，這個象徵性的吃就代表了人類會違背天意而自作主張，那樣的結果將是毀滅性的。不幸的是，魔鬼撒但引誘女人吃了善惡樹上

的果子，女人又把那果子給亞當吃了。結果，雙雙犯罪，按理兩人均應立即死去。但上帝從亙古就預見到事件會發生，並做出了相應的救贖準備。就如同汽車製造商在汽車出廠前，就已將安全氣囊配置於汽車之內一樣。若汽車安全行駛，安全氣囊就一直處於隱密的位置。但一旦出事，安全氣囊就會被彈出來，給車內人員應有的保護。所以，當人類犯罪之後，上帝就開始啟動那本來就設定好的拯救措施。人類的犯罪既因女人（夏娃）偷吃禁果而引發，這個拯救計畫的關鍵，也是透過「女人的後裔」來實施。上帝在宣佈對人類的處罰之前，第一次宣佈了給人類的福音：「我又要叫你和女人彼此為仇。你的後裔和女人的後裔也彼此為仇。女人的後裔要傷你的頭，你要傷他的腳跟。」（創世記 3：15）「女人的後裔」是一件很令人費解的事，因為從字面上來看，「女人的後裔」所強調的，應當是說這個後裔雖然是從「女人」所生，卻不是「男人的後裔」。換句話說，這個後裔只會有人間的母親，卻不會有生理上的人間父親。可是，女人單憑自身是不可能有後裔的。《聖經》中的這個應許實際上成了一個謎，成為全宇宙所關注的焦點。

因此，當女人從亞當懷孕，生第一個孩子時，就曾發出陣陣地驚喜，以為生了那個所應許的後裔，可以藉著他而得蒙救贖。於是，給他起名「該隱」，（就是「得」的意思），便說，「耶和華使我得了一個男子。」（創世記 4：1）但這個孩子長大之後所表現的，並不盡如人意，甚至成為人類第一個殺人犯，親手殺害了自己的兄弟亞伯。（創世記 4：8）

三千多年之後，上帝又藉著另一位比釋迦牟尼早二百年左右的猶太先知以賽亞，對「女人的後裔」作了進一步啟示：

> 「因此，主自己要給你們一個兆頭，必有童女懷孕生子，
> 給祂起名叫以馬內利。（就是上帝與我們同在的意思）」
> 〈以賽亞書〉7：14

這個預言在七百年之後，有童女馬利亞懷孕，耶穌基督終於來到人類！

> 「耶穌基督降生的事，記在下面。祂母親馬利亞已經許配了約瑟，
> 還沒有迎娶，馬利亞就從聖靈懷了孕。她丈夫約瑟是個義人，
> 不願意明明地羞辱她，想要暗暗地把她休了。
> 正思念這事的時候，有主的使者向他夢中顯現，
> 說大衛的子孫約瑟，不要怕，只管娶過你的妻子馬利亞來。
> 因她所懷的孕，是從聖靈來的。」
> 〈馬太福音〉1：18 — 20

原來，所應許的「女人的後裔」，並沒有人間的父親，而是從聖靈來的！「她將要生一個兒子。你要給祂起名叫耶穌。因祂要將自己的百姓從罪惡裡救出來。這一切的事成就，是要應驗主藉先知所說的話，說，必有童女，懷孕生子，人要稱祂的名為以馬內利。（以馬內利翻出來，就是神與我們同在。）」（馬太福音1：18 — 23）

耶穌基督的家譜

前面我們提到了上帝呼召亞伯拉罕離開本地本族本家，往上帝所指示的地方去。其實，揀選亞伯拉罕的一個極為重要的目的，就是要通過他的世系，讓那應許的「女人的後裔」降臨人間。關於這後裔的事，《聖經》中記載了這樣一段故事。

「這事以後，耶和華在異象中有話對亞伯蘭說，亞伯蘭，你不要懼怕，我是你的盾牌，必大大地賞賜你。亞伯蘭說，主耶和華阿，我既無子，你還賜我什麼呢？並且要承受我家業的是大馬色人以利以謝。亞伯蘭又說，你沒有給我兒子。那生在我家中的人就是我的後嗣。耶和華又有話對他說，這人必不成為你的後嗣。你本身所生的才成為你的後嗣。於是領他走到外邊，說，你向天觀看，數算眾星，能數得過來嗎？又對他說，

你的後裔將要如此。亞伯蘭信耶和華，耶和華就以此為他的義。」（創世記15：
1—6）

有一次，耶和華上帝在異象中與亞伯蘭說話，表示要大大地賞賜他。亞伯蘭因為沒有
後裔，對上帝所應許的賜福感到無法落實，提出讓自己的家僕以利以謝，作為上帝賜
福的對象。上帝對他說，家僕不能算作亞伯蘭的後裔，一定要他本身所生的才算，而
且他的後裔要象天上的星辰那麼多。

對於上帝在這裡所應許的後裔，二千年之後的保羅受靈感的啟示指出，「所應許的原
是向亞伯拉罕和他子孫說的。上帝並不是說眾子孫，指著許多人，乃是說你那一個子
孫，指著一個人，就是基督。」（加拉太書3：16）亞伯蘭信這位後裔——基督，上
帝就以此為他的義。

之後，上帝進一步說明，這後裔必出自猶大支派。「主必不離猶大，杖必不離他兩腳
之間，直等細羅來到，萬民都必歸順。」（創世記49：10）這出自猶大支派的主，
是萬民所要歸順的救世主！

對於這個要出自猶大支派的主，並不是以威嚴的君王而現身，而是要以嬰孩的形式來
到人間。以賽亞先知預言道：「因為有一嬰孩為我們而生，有一子賜給我們。政權必
擔在祂的肩頭上。祂名稱為奇妙，策士，全能的神，永在的父，和平的君。」（以賽
亞書9：6）這真是一位奇妙的嬰孩，因祂既是全能的神，和平的君，又是普通的嬰孩；
既是永在的父，又是人之子。

隨著歷史的推進，上帝進一步發出預言，更確切地說明，這位「嬰孩」將出生在大衛
之家。「耶和華說，日子將到，我要給大衛興起一個公義的後裔，祂必掌王權。」（耶
利米書23：5）

因此，新約第一句話就是：「亞伯拉罕的後裔，大衛的子孫，耶穌基督的家譜。」（馬太福音 1：1）

	預言	事項	應驗
耶穌生平 預言舉要	創世記 3：15	女人的後裔	馬太福音 1：18 — 20； 加拉太書 4：4
	彌迦書 5：2	出生地	馬太福音 2：1
	撒迦利亞書 11：22	被以 30 塊銀錢出賣	馬太福音 26：14 — 15
	詩篇 22：16	被釘	馬太福音 27：31
	以賽亞書 53：7	受審	馬太福音 27：14
	以賽亞書 53：9	被埋	馬太福音 27：38； 57 — 60
	詩篇 16：10	復活	約翰福音 19：1

關於耶穌生與死的預言

關於耶穌生平的預言，在舊約中有三百多處。我們再摘幾個預言來敘述耶穌生、死與復活。

❶關於耶穌的出生地的預言

預言：「伯利恒，以法他阿，你在猶大諸城中為小。將來必有一位從你那裡出來，在以色列中為我作掌權的。他的根源從亙古，從太初就有。」（彌迦書 5：2）

應驗：「當希律王的時候，耶穌生在猶太的伯利恒。」（馬太福音 2：1）

❷ 以三十塊錢被出賣的預言

預言：「你們若以為美，就給我工價，...於是他們給了三十塊錢，作為我的工價。」（撒迦利亞書 11：12）

應驗：「當下，十二門徒裡，有一個稱為加略人猶大的，去見祭司長說，我把他交給你們，你們願意給我多少錢。他們就給了他三十塊錢。」（馬太福音 26：14 — 15）

❸ 手腳被釘的預言

預言：「他們紮了我的手我的腳。」（詩篇 22：16）

應驗：「戲弄完了，就給祂脫了袍子，仍穿上祂自己的衣服，帶祂出去，要釘十字架。…… 他們既將祂釘在十字架上，就拈鬮分祂的衣服。」（馬太福音 27：31，35）

❹ 受審時的情形

預言：「祂被欺壓，在受苦的時候卻不開口，祂像羊羔被牽到宰殺之地，又像羊在剪毛的人手下無聲，祂也是這樣不開口。」（以賽亞書 53：7）

應驗：「彼拉多就對祂說：『他們作見證告你這麼多的事，你沒有聽見嗎？』耶穌仍不回答，連一句話也不說，以至巡撫甚覺希奇。」（馬太福音 27：14）

❺ 被埋葬的預言

預言：「祂雖然未行強暴，口中也沒有詭詐，人還使祂與惡人同埋，誰知死的時候，與財主同葬。」（以賽亞書 53：9）

應驗： 與強盜同釘「當時，有兩個強盜和祂同釘十字架，一個在右邊，一個在左邊。」（馬太福音 27：38）

與財主同埋葬：「到了晚上，有一個財主，名叫約瑟，是亞利馬太來的，他也是耶穌

的門徒。這人去見彼拉多，求耶穌的身體；彼拉多就吩咐給他。約瑟取了身體，用乾淨細麻布裹好，安放在自己的新墳墓裡，就是他鑿在磐石裡的，他又把大石頭滾到墓門口就去了。」（馬太福音 27：57—60）

6 關於耶穌三日後復活的預言

根據耶穌門徒的記載，耶穌遇難前曾多次談到他要被殺，但三日後會復活。如門徒馬太記載，「從此耶穌才指示門徒，祂必須上耶路撒冷去，受長老祭司長文士許多的苦，並且被殺，第三日復活。」（馬太福音 16：21）耶穌受審時，「又有幾個人站起來，作假見證告祂說，我們聽見祂說，我要拆毀這人手所造的殿，三日內就另造一座不是人手所造的。」（馬可福音 14：57 — 58）約翰也記錄了在耶穌復活之後，想起祂曾經與猶太人的一段對話，才明白祂所說的是什麼意思。「耶穌回答說，你們拆毀這殿，我三日內要再建立起來。猶太人便說，這殿是四十六年才造成的，你三日內就再建立起來嗎？但耶穌這話，是以祂的身體為殿。所以到祂從死裡復活以後，門徒就想起祂說過這話，便信了《聖經》和耶穌所說的。」（約翰福音 1：19 — 22）

三日的計算方法

《聖經》中計算時間的方法與我們現在流行的，從午夜時算起不太一樣。照《聖經》的演算法，一天的開始，是從天黑算起。「從晚上，有早晨」，算為一日。換句話說，只要天一黑，就進入第二天了。這樣的演算法比較自然。午夜的時候，正是酣睡之時，誰會注意到它是第二天的開始呢？耶穌在星期五下午被害，星期六安息於墳墓之中，星期天一大早就從墳墓裡走出來，死而復活。這樣，從耶穌被釘死到星期天一大早復活，一共就是三天的時間。

其實，耶穌論到自己三日要從死裡復活的預言，並不是自己杜撰的，而是根據《舊約聖經》的預言而發的。讓我們感興趣的是，耶穌對自己死後三日復活的《聖經》依據

天子下凡。現人間。

是什麼。要說到這些依據，就不能不說到舊約時代一位大先知摩西。

我們在本書的一開始，就介紹了那位比釋迦牟尼早一千年左右的摩西。上帝呼召他時，他已八十歲了。摩西做上帝的先知四十年，到一百二十歲時無疾而終。後來，上帝叫他復活，被提到天上。耶穌在世時，還從天上下來，與耶穌討論他要受難的事件。（見〈馬太福音〉第 17 章）論到那將要來的救世主，摩西曾發出這樣的預言，「耶和華你的上帝從你們弟兄中間，給你興起一位先知像我，你們要聽從他。」（申命記 18：15，另見申命記 18：18）摩西的一生，也成為耶穌的一個預表。

摩西是耶穌的預表

摩西出生時，法老下令將初生的男嬰都要殺死或丟到河裡。（見出埃及記 1：15 — 22）摩西的父母卻把他藏了起來。等到藏不住了，就把他放在河裡。竟然戲劇性地被法老的女兒所收養。後來，上帝呼召摩西回到埃及，領以色列人出埃及。

耶穌降生於希律做王的時代。他出生時，希律王也像法老一樣，「大大發怒，差人將伯利恒城裡，並四境所有的男孩，照著他向博士仔細查問的時候，凡兩歲以裡的，都殺盡了。」（馬太福音 2：16）天使指示約瑟帶著馬利亞下埃及，直到希律死了。「這是要應驗主藉先知所說的話，說，我從埃及召出我的兒子來。」（馬太福音 2：15）摩西帶領以色列人，去上帝在地上所應許的迦南地；耶穌從埃及上來，要帶領全人類「出埃及」，走向那應許的天上的迦南美地。

曠野從天而降的嗎哪

「以色列人從蘭塞起行，往疏割去，除了婦人孩子，步行的男人約有六十萬。」（出埃及記 12：3）在去所應許的迦南之地的路上，要經過荒無人煙的曠野。不用說，這上百萬號人的遷徙，決非易事。首先，吃喝就是大問題。為了解決這一問題，上帝從

天上降下了嗎哪。「耶和華對摩西說，我要將糧食從天降給你們。百姓可以出去，每天收每天的分，我好試驗他們遵不遵我的法度。第六天，他們要把所收進來的預備好了，比每天所收的多一倍。」（出埃及記 16：5 — 6）這天下降下來的糧食有一個特點，不能留到早晨。「然而他們不聽摩西的話，內中有留到早晨的，就生蟲變臭了，摩西便向他們發怒。他們每日早晨，按著各人的飯量收取，日頭一發熱，就消化了。」（出埃及記 16：20 — 21）。若有人貪心，想多存一點，這多存的，並不能存到早晨。上帝透過這個實際的方法，教導人感恩領受，知足勿貪。

但是到了第六日，他們要收取雙倍的食物。「六天可以收取，第七天乃是安息日，那一天必沒有了。」（出埃及記 16：26）第六天收進來的，「你們要烤的就烤了，要煮的就煮了，所剩下的都留到早晨。他們就照摩西的吩咐留到早晨，也不臭，裡頭也沒有蟲子。」（出埃及記 16：23 — 24）《聖經》中的安息日，就是我們現在的星期六。具體的時間是從星期五太陽下山，晚上天黑，到星期六太陽下山為止。安息日一過，到七日第一日的早晨，即現在的星期日的早晨，那多餘的嗎哪，又會壞掉。因為星期日早晨，又有新的嗎哪降下。換句話說，星期五降下的嗎哪，與其他日子降下的嗎哪有所不同，可以存放。但最多也只能存放三天，即星期五，星期六一整天，一整晚。最多再加上一個我們現在所說的星期六的晚上，就進入《聖經》所說的七日的頭一日了。到星期日的早晨，又有新的嗎哪要降下，星期五收進來的嗎哪就要壞掉了。

耶穌是從天下降下的真嗎哪

以色列人曠野四十年，上帝四十年從天上降下嗎哪，直到他們進入迦南地，可以從地裡得食物為止。這從天上降下的嗎哪，隱藏著豐富的含義——預表著那將要從天而降的耶穌！耶穌與猶太人的一段對話，揭示了這一隱喻。

「我就是生命的糧。你們的祖宗在曠野吃過嗎哪，還是死了。這是從天上降下來的糧，

叫人吃了就不死。我是從天上降下來生命的糧。人若吃這糧,就必永遠活著。」
(約翰福音6:49—51)

同時,《舊約聖經》中還有進一步的預言,說到上帝的聖者必不永遠留在陰間,也不會見朽壞。「因為你必不將我的靈魂撇在陰間,也不叫你的聖者見朽壞。」(詩篇16:10)如同嗎哪只能留下三天,過了三天一定壞掉;同樣,耶穌被殺之後,三日之後必須復活,不然,就要開始朽壞了!這就是耶穌預言自己三日後必定復活的依據。

耶穌的門徒們記載了耶穌受難的日子,是猶太人的預備日,相當於我們現在的星期五,而祂復活的日子,則是星期日天還沒亮的時候。

猶太人因這日是預備日,又因那安息日是個大日,就求彼拉多叫人打斷他們的腿,把他們拿去,免得屍首當安息日留在十字架上。於是兵丁來,把頭一個人的腿,並與耶穌同釘第二個人的腿,都打斷了。只是來到耶穌那裡,見祂已經死了,就不打斷祂的腿(見約翰福音18:31—33)。

耶穌三日後復活

「七日的第一日清早,天還黑的時候,抹大拉的馬利亞來到墳墓那裡,
看見石頭從墳墓挪開了。」
〈約翰福音〉19:1

路加的記載,則更為詳細:

「有一個人名叫約瑟,是個議士,為人善良公義。眾人所謀所為,他並沒有附從。他本是猶太亞利馬太城裡素常盼望神國的人。這人去見彼拉多,求耶穌的身體。就取下來用細麻布裹好,安放在石頭鑿成的墳墓裡,那裡頭從來沒有葬過人。那日是預備日,安息日也快到了。那些從加利利和耶穌同來的婦女,跟在後面,看見了墳墓,和祂的身體怎樣安放。她們就回去,預備了香料香膏。她們在安息日,便遵著誡命安息了。」
〈路加福音〉23:50—56

「七日的頭一日,黎明的時候,那些婦女帶著所預備的香料,來到墳墓前。看見石頭已經從墳墓滾開了。她們就進去,只是不見主耶穌的身體。正在猜疑之間,忽然有兩個人站在旁邊。衣服放光。婦女們驚怕,將臉伏地。那兩個人就對她們說,為什麼在死人中找活人呢?祂不在這裡,已經復活了。當紀念祂還在加利利的時候,怎樣告訴你們,說,人子必須被交在罪人手裡,釘在十字架上,第三日復活。她們就想起耶穌的話來,便從墳墓那裡回去,把這一切事告訴十一個使徒和其餘的人。」

〈路加福音〉24:1—9

多馬驗證復活是耶穌本人

復活之後的耶穌,向一些門徒顯現,但並不是每一位門徒都相信。其中有一位叫做多馬的,非要親手檢驗一下才肯相信。《聖經》中記載了這個有趣的故事。

「那十二個門徒中,有稱為低土馬的多馬。耶穌來的時候,他沒有和他們同在。那些門徒就對他說,我們已經看見主了。多馬卻說,我非看見祂手上的釘痕,用指頭探入那釘痕,又用手探入祂的肋旁,我總不信。過了八日,門徒又在屋裡,多馬也和他們同在,門都關了。耶穌來站在當中說,願你們平安。就對多馬說,伸過你的指頭來,摸(摸原文作看)我的手。伸出你的手來,探入我的肋旁。不要疑惑,總要信。多馬說,我的主,我的神。耶穌對他說,你因看見了我才信。那沒有看見就信的,有福了。」

(約翰福音 20:24—29)

多馬雖然信得遲緩,但他的這種檢驗行為卻起到了另外一個作用:那就是透過他的檢驗,證明這位復活的耶穌實實在在就是那位被釘在十字架而死去的耶穌。

《聖經》中有四本福音書,記錄了耶穌在世的日子。《聖經》上說,「祂周流四方,行善事,醫好凡被魔鬼壓制的人,因為上帝與祂同在。」(使徒行傳 10:38)祂開瞎子的眼,治好瘸子的腳,甚至叫死人復活。這些動作,實與重新創造無異。換句話

說，耶穌透過醫治所彰顯的，正是創造主的大能。而祂叫死人復活，更是表明祂就是生命本身。耶穌說：「我就是道路，真理，生命。」（約翰福音 14：6）這話一點不假，耶穌在世的服務，就為這句話作了一個最好的注。讀者可參看四福音書，也可參閱眾多介紹耶穌的生平與工作的書籍，以獲得進一步的瞭解。[82]

耶穌今何在

根據《聖經》的記載，耶穌「受害之後，用許多的憑據，將自己活活地顯給使徒看，四十天之久向他們顯現，講說上帝國的事。」（使徒行傳 1：2）後來就被接升天，門徒們驚訝地看著這一幕。

> 「他們正看的時候，祂就被取上升，有一朵雲彩把祂接去，便看不見祂了。
> 當祂往上去，他們定睛望天的時候，忽然有兩個人，身穿白衣，站在旁邊，
> 說，加利利人哪，你們為什麼站著望天呢？這離開你們被接升天的耶穌，
> 你們見祂怎樣往天上去，祂還要怎樣來。」
>
> 〈使徒行傳〉1：9 — 11

根據《聖經》的記載，被接升天的耶穌如今在天上的聖所，坐在上帝的右邊。經文上這樣說：「我們所講的事，其中第一要緊的，就是我們有這樣的大祭司，已經坐在天上至大者寶座的右邊，在聖所，就是真帳幕裡，作執事。這帳幕是主所支的，不是人所支的。」（希伯來書 8：1 — 2）耶穌坐在天上的聖所裡，作為大祭司，為地上的子民代求。還在地上時，耶穌曾應許：「你們若常在我裡面，我的話也常在你們裡面，凡你們所願意的，祈求就給你們成就。」（約翰福音 15：7）如今，耶穌在天上，人若有任何需要，都可以向祂祈求。但是不可妄求。《聖經》上說：「你們貪戀，還是得不著。你們殺害嫉妒，又鬥毆爭戰，也不能得。你們得不著，是因為你們不求。你們求也得不著，是因為你們妄求，要浪費在你們的宴樂中。」（雅各書 4：2 — 3）

82. 在眾多的描寫耶穌生平的書籍之中，美國作家懷愛倫所著《歷代願望》與《基督比喻實訓》，可作為首選的讀物。

世間的人生，有生有死。自天子及庶民，凡來世間走過一回的，都會經歷死亡。耶穌已做了一個完全了生死的榜樣，從死裡復活，又升到天上。不僅以一個過來人的經歷告訴人們，那是一條什麼樣的路，有什麼樣的結果。而且還會在每一步，幫助人，托著人，幫助人了生死，走向永恆。而最終實現這一步，則要等到耶穌第二次榮降人間！

耶穌復活，不只是為了自己，而是要預備地方，讓所有脫離了罪孽的人，都能與祂一起在永恆的歲月，永遠在一起。祂復活升天，還要再回來，接引世人進入天家。

「你們心裡不要憂愁。你們信上帝，也當信我。在我父的家裡，有許多住處。
若是沒有，我就早已告訴你們了。我去原是為你們預備地方去。
我若去為你們預備了地方，就必再來接你們到我那裡去，
我在哪裡，叫你們也在哪裡。」
〈約翰福音〉14：1─3

至於說那個地方是個什麼樣子，經上記著說，「上帝為愛祂的人所預備的，是眼睛未曾看見，耳朵未曾聽見，人心也不曾想到的。」（哥林多前書2：9）

自在永在的道

耶穌在世間時，曾與門徒有一段這樣的對話：

「耶穌到了該撒利亞腓立比的境內，就問門徒說，人說我人子是誰。
他們說，有人說是施洗的約翰。有人說是以利亞。
又有人說是耶利米，或是先知裡的一位。耶穌說，你們說我是誰。
西門彼得回答說，你是基督，是永生神的兒子。
耶穌對他說，西門巴約拿，你是有福的。因為這不是屬血肉的指示你的，
乃是我在天上的父指示的。」
〈馬太福音〉1：13─17

這一段對話，點明了基督教的核心所在：門徒所需要覺悟與認識的，不是別的，乃是基督！因為宇宙生命一切的奧秘，都從基督裡面獲得答案。西門彼得的回答，得到了耶穌的肯定，並且指出彼得的回答，不是從屬血氣的人那裡得來的，而是從超然於血肉之軀（相當於佛教的五蘊之身）處得來的啟示。

這段對話，在《聖經》中有非常重要的意義。這段談話中透露出了耶穌的真實身分：永生上帝的兒子，上帝差遣到世間來救贖世人的救贖主！耶穌既然是永生上帝的兒子，就與眾生不一樣。《聖經》中這樣論到這位與人類相同又不同的耶穌：

「太初有道，道與上帝同在，道就是上帝。這道太初與神同在。萬物是藉著祂造的。凡被造的，沒有一樣不是藉著祂造的。……道成了肉身住在我們中間，充充滿滿的有恩典有真理。我們也見過祂的榮光，正是父獨生子的榮光。」
〈約翰福音〉1：1—3

〈約翰福音〉是耶穌的愛徒約翰所寫。約翰的這段文字表明，耶穌並非尋常的凡夫，其真實的身分，是天父上帝的獨生愛子，是自在永在的道，是上帝家族裡的一位。《聖經》中的上帝家族用人的語言來說，一共有三位：聖父，聖子，聖靈。而耶穌的本來身分是聖子，是天地萬物的創造者與管理者。正是這個貴為聖子的「道成了肉身」，來到人間，成為「天子下凡」！

《聖經》的詞彙不同於佛教的語彙。在基督教的語彙中，宇宙內外的一切大致分為兩類：創造者與受造物。前者相當於佛教所說的有「自性」的自在者，而後者則相當於佛教所說的十方世界的與眾生。在《聖經》的啟示中，耶穌基督既是自在永在的創造者，又是取了「凡事與祂的弟兄相同」「在肉身中顯現」的上帝，是以肉身向人示現的自在永在的道！

上面所引過的舊約《聖經》中，也有預言耶穌的經文說到「「伯利恆，以法他阿，你在猶大諸城中為小。將來必有一位從你那裡出來，在以色列中為我作掌權的。祂的根源從亙古，從太初就有。」（彌迦書5：2）或許也正是因為這個原因，《聖經》中並未記錄耶穌降生的具體時間，以免人們紀念那個具體的日子，久而久之，就會誤把那個日子當成耶穌的起頭。如今流行於世的耶誕節，聖誕老人，以及與過耶誕節相應的文化，其實與耶穌關係不大，倒是被世間的商業機構所推崇。

換句話說，耶穌的降生，只是祂以人形生命向人示現的開始，並不是祂本有的存在的開始。在佛教用「自性」的起方，基督教習慣於用「神性」。基督的神性永存，而祂的人性，卻是以耶穌的降生為起點。

釋迦與耶穌之比較

雖然耶穌的生與死，並非基督的全部生平，但對釋迦與作為人子的耶穌作一個簡要的比較，仍然會是一件饒有趣味、且頗有意義的事。

首先，兩位都是王子身分，不同的是，釋迦族的悉達多・喬達摩是迦毗羅衛城城主淨飯王的兒子，而基督是永生上帝的兒子。

兩位母親懷孕的過程也相當有趣：釋迦的父母婚後二十年不育，因夢見一人乘白象入懷而後懷孕；而耶穌的母親馬利亞乃為未婚童女，與天使相遇，有聖靈臨到她身，因至高者的能力蔭庇而有孕。

悉達多・喬達摩出生後七日，其母去世，使得他成為淨飯王獨一的兒子。耶穌雖然是馬利亞所生，卻是上帝的獨生子。

兩位獨生子都從小研習經典，所不同的是，悉達多‧喬達摩從小受婆羅門的教育，而耶穌沒有在猶太拉比（經典教師）門下受教，卻熟知經書（約翰福音7：15）。後來，兩者都對現時流行的宗教進行了改革，喬達摩摒棄婆羅門教及其經典，依所覺悟之佛法另創佛教。耶穌摒棄當時的猶太教，教導民眾回歸《聖經》的本旨。

釋迦牟尼青年成婚，生兒育兒，錦衣玉食。耶穌十二歲步入聖殿，微言明志，要以天父上帝的事為念。（路加福音2：49）

釋迦牟尼二十九歲出家行修，三十五歲覺悟成佛。耶穌三十歲開始公開佈道，三十三年就義成仁，被釘而死。

釋迦牟尼行腳佈道四十五年，萬人皈依，開宗立教。耶穌選召選十二門徒，周遊四方行善事，醫病趕鬼，多行神異，彰顯上帝的能力與榮耀。

喬達摩太子覺悟前受象徵愛欲、樂欲與貪欲的三魔女引誘，無功而退。耶穌受洗後被聖靈引到曠野受試煉，卻遭遇魔鬼撒但的三大試探，被耶穌喝退。太子靜坐四十餘日覺悟，耶穌在曠野受試煉四十日，得勝撒但試探而凱旋。

太子覺悟前受牧牛女用缽盂煮牛奶供養，恢復精神，進而覺悟。耶穌公開佈道的第一件神跡就是在婚宴上變水為酒，預示著自己的流血犧牲。

釋迦牟尼因悟道而傳道，耶穌本為道，以肉身示現何為道之精神。

釋迦牟尼是引路人，指點迷津，助人覺悟。耶穌自己就是道路、真理、生命。（約翰福音14：6）

釋迦牟尼深沉淡雅，不捨親情，終諾姨母與兒子出家。耶穌以天下遵守天命的人為母

親為弟兄（路加福音 8：21）。臨終前將母親託付愛徒約翰，代師盡孝，以養天年。

釋迦牟尼為斷生老病死之輪迴而發願出家，耶穌因救世人脫離罪惡，進入永生而走下寶座，離開天庭父家，迂尊降卑，道成肉身。

釋迦牟尼拋妻捨子，遠走叢林修道弘法。耶穌自高天到人間，流血犧牲，要與人類成一體。

釋迦牟尼八十圓寂，遺體火化得舍利傳佛世。耶穌十架受難，三日復活，天使接引升天庭。

釋迦牟尼現居何處不盡知，耶穌基督他日復臨眾望歸。

第 **3** 篇

洞察人生

The Ten
Commandments

I
Thou shalt have no other
gods before me

VI
Thou shalt not kill

II
Thou shalt not make unto
thee any graven image

VII
Thou shalt not
commit adultery

III
Thou shalt not take the name
of the LORD thy God in vain

VIII
Thou shalt not steal

IV
Remember the sabbath day
to keep it holy

IX
Thou shalt not bear false
witness against thy neighbour

洞察人生

佛法與福音，

縱觸及無邊之宇宙，

橫貫穿於遼闊的大地，

但所關注的核心，

仍是肉體凡胎之世人。

相印成趣

我是誰？

我從哪裡來？

我到哪裡去？

人性是什麼？人性是否發生過變化？還有改變的機會嗎？

人生的困境因何而起？

困境的解脫在何處？

業報是否只有輪迴相續才能實現？

佛教所說的輪迴與靈魂不朽有關嗎？

死亡究竟是怎麼一回事？人可能會經歷幾次的死亡？

死後的世界也與活人的世界一樣精彩嗎？

一個人有幾次人生的機會？

如果還有來世，為什麼還會說人生只有一次？

佛家講三世：前世、今世與來世。《聖經》講今生與來生。但取決定作用的，就是當下的今生。我們現世的行為，決定著我們的來世。佛教以六道輪迴來推演來世，《聖經》啟示人人都會復活：或變化人身得永生或再獲人身受審判。

本篇的討論，就將集中在與人有關的問題上。

第

14

章

洞察人生

我是誰──無我
還是非我的迷惑。

「認識你自己。」（$\gamma\nu\omega\theta\iota\sigma\varepsilon\alpha\upsilon\tau\acute{o}\nu$），相傳是刻在德爾斐的阿波羅神廟的三句箴言之一，也是其中最有名的一句。

中國古時候的莊子，留下了許多典故，其中有一個叫做「莊周夢蝶」。說的是有一天莊子做夢，夢見自己變成了蝴蝶，夢醒之後發現自己還是莊子，於是他不知道自己到底是夢到莊子的蝴蝶呢，還是夢到蝴蝶的莊子。後人對這個典故，作了許多思想與哲學上的推演，基本點還是落在弄清自己身分的上面。

相傳，清順治皇帝做過一首偈，曰：

> 「生我之前誰為我？　生我之時我為誰？
> 長大之後方知我，　死了之後又是誰？」

224

洞察
人生

無獨有偶，德國唯心論的大哲學家康得在晚年寫給朋友的信中寫道：「我這一生是想知道四件事：我是誰？我能知道什麼？我應當做什麼？我將來的盼望是什麼？」很顯明，康得的這些問題，只有在明白了「我是誰」的基礎之上，才有答案。

「我是誰？」

「我是誰？」不單單是哲學家的問題，也是每一個生而為人者都應該明白的問題，因為只有明白了這個根本性的問題，才能進一步追問：「我」從哪裡來？「我」往何處去？「我」在宇宙中處在什麼地位？「我」的人生的意義是什麼？「我」當如何行，才能實現「我」的人生價值？

可見，認識有關「我」的真理，在覺悟人生中有著至關重要的作用。

佛家的探索

有關「我」的問題，向來是佛家所關心的核心議題之一。照佛教信眾的看法，生命的意義在於圓滿覺悟，即如理了知自己的本來面目。究竟是「有我」，還是「無我」，抑或是「非我」，「我究竟是誰」，這些問題從佛陀的時代起，就是為人所熱衷討論的題目，經久不衰，迄今仍是人們所關心的核心話題之一。

❶「有我」還是「無我」

佛經上記載，曾有一位婆蹉種出家者為著「有我」、「無我」問題來見佛陀，連問三次，「為有我耶？」佛陀默然不答。事後阿難問佛陀何以不答。佛陀說：

> 「我若答言『有我』，則增彼先來邪見。若答言『無我』，
> 彼先癡惑，豈不更增癡惑？言『先有我，從今斷滅』。

彼先癡惑，豈不更增癡惑？言『先有我，從今斷滅』。
若先來有我，則是常見；於今斷滅，則是斷見。
如來離於二邊，處中說法；所謂是事有故是事有，是事起故是事生，
謂緣無明行，乃至生、老、病、死、憂、悲、惱苦滅。」
《雜阿含經》卷 34

在這段記載中，佛陀對問者的問題，感到左右為難，如果答「有我」，則助長婆蹉種的常見（即認為「色、受、想、行、識」五陰中有恆常的部分或不朽的靈魂存在）；如果答「無我」，又會助長他的斷見（即認為人死之後一了百了，什麼也沒有了）。經文中的「先有我，從今斷滅」，是佛陀模擬外道會說的話，並不是佛陀自己要說的法。

事實上，這段經文當中的「我」，是指輪迴當中不生不滅的主體。但是這個「我」的定義，在凡夫、外道當中是混淆的，他們認為五陰（全部或一部分）即是輪迴當中不生不滅的主體，而佛陀認為，這樣的「我」是不可能存在的。在這個定義弄清楚以前，不管佛陀如何答覆他，他都會引起更大的誤會，所以佛陀不回答他。

佛陀不落兩邊，取離於兩邊的中道說法，而以緣起法來說明。這裡面就牽涉到一個有關「我」的定義問題。定義不清，怎麼討論都會是有問題的，就連佛陀也不例外。可見，對「我」先行界定，在討論這個問題時是非常重要的。

上面這段經文寫得很隱晦，後半部分涉及到緣起法。我們這裡先不討論，只是指出，如果沒有不生不滅的根本因，緣起法便與斷滅見無異，不能稱為中道的佛法。

佛經中關於「我」的討論，俯拾便是，隨處可見。我們再來看一段佛經的記載：

「有三種師，何等為三？有一師，見現在世真實是我，
如所知說，而無能知命終後事，是名第一師出於世間。

復次，仙尼！有一師，見現在世真實是我，命終之後亦見是我，如所知說。
復次，仙尼！有一師，不見現在世真實是我，亦復不見命終之後真實是我。
仙尼！其第一師見現在世真實是我，
如所知說者，名曰斷見。彼第二師見今世後世真實是我，
如所知說者，則是常見。彼第三師不見現在世真實是我，
命終之後亦不見我，是則如來、應、等正覺說。」
《雜 105，T2.32a》

有一位仙尼來見佛陀，佛陀把關於「我」的觀點進行總結，向他宣說。第一種觀點，只看到「現在世真實是我」，而否定有未來世。就好像是一死百了，佛陀把它歸入「斷見」或「斷滅見」。

第二種看法，「今世後世真實是我」，就是相信今生與來世，都是有一個不變的「我」在延續，相當於常聽到的「靈魂不朽」的說法。這就落入「常見」。

而第三師的看法，就映了佛陀本人的看法。佛陀既看見現世之生命，也不否認命終之後仍有來世。但他不承認今生來世之中有一個持續不變的「我」的延續。他以第三師的看法為正如正見的如來看法。

仙尼說，越聽越糊塗，越聽越狐疑。佛陀回答說，關於「我」的這個問題，「正應增疑，所以者何？此甚深處難見難知，應須甚深照；微妙至到聰慧所了，凡眾生類未能辨知。所以者何？眾生長夜異見異忍、異欲異求故。」大概是說，這個問題很深奧，不容易明白，只有深入觀照微妙之處的聰慧者才可能瞭解。一般的人，不明白的原因，是因為長期黑暗處，背離「本我」去求關於「我」的見解，去接受，去欲想，追求的緣故。結果無非緣木求魚，事與願違。

❷ 「我」定義與三法印

在印度教裡，「我」的梵語是 Atma，原意為呼吸、氣息之義，後來演變為生命、身體、

我、自我、精神、靈魂和主宰等義。具體地說，我為「常、一、主、宰」，常是不變義，一是獨立義，主是自在義，宰是支配義。根據《奧義書》所說，Atma 有四層意義：①形軀我；②感性我；③生命主體我；④真實絕對我。

我們在第七章中摘引楊郁文對「我」的總結，認為佛陀說「我」，用的仍是印度教中關於「我」的定義，但他有自己的理解與發揮。在這個定義裡，「我」有三層定義：①主、自在；②常；③獨一、自有。換句話說，「我」就是那自有、永有、獨一無二者。通常，佛教界有一個「三法印」的說法，即諸行無常、諸法無我、涅盤寂靜。大乘法則特別加上一個唯一實相上，作為法印，而且以此為最高法印。換句話說，三法印與唯一實相互為表裡，互相印證。唯一實相是根本，三法印以唯一法相為依託與根據。所謂「實相」，就是真實存在之相，就是三界萬法出生之前就存在的本源實相。佛經中稱之為「我」。 佛經上有記載：

> 「此是神，此是世，此是我，我當後世有，常、恒、不磨滅法。」
> 《中阿含經》卷五十四

這個「我」，也被稱為「識」，即阿賴耶識，或簡稱「第八識」。我們曾在本書的第九章討論阿賴耶識緣起時，談到過這個問題。佛祖在《雜阿含經》卷十二中回顧他未成正覺時，如何獨一靜處，專精禪思，思考生老病死的問題，結果引出那個不能再向前追溯的 「識」。佛陀以這個「識」為不生不滅的永遠常在者，或常住法，是一切的源頭。所以，佛經上又記著說：

> 「此識最為原首，令人致此生、老、病、死，然不能如此生、老、病、死生之原來。」
> 《增壹阿含經》卷三十一

這個「最為原首」的識，就是佛教所說的根本實相，即具有「常一主宰」性質的「我」，三界萬法的本源。

三法印是諸行無常、諸法無我、涅槃寂靜。它的經教依據非常明確，因此無論是信徒或學者，都承認三法印；但是它的解釋，卻眾說紛紜。法印，就是判定是否為佛教的標準。三法印，就是三個判定是否為佛教的標準。

佛教將諸法分為兩類：有為法和無為法。《雜阿含經》說：「如此二法，謂有為、無為。有為者若生、若住、若異、若滅；無為者不生、不住、不異、不滅。」有為法，有生、住、異、滅，屬無常法。無為法，無生、住、異、滅，故為常住法。無常法如實知為無常，則不墮常見；常住法如實知為常住法，則不墮斷見。在三法印當中，諸行無常和諸法無我，是有為法的規律。涅槃寂靜，則是無為法的描述。因此，三法印應當如此解釋：諸行無常，意思是說，只要是會變遷的法，必然都是無常。諸法無我，意思是說，在一切的有為法中，都找不到不變易的主體。涅槃寂靜，意思是說，只有無作無為的涅槃本際，能夠單獨存在，不與三界諸法相應，它是真正的寂靜。

若再說提詳細一些，可以這樣理解：

「諸行無常」，是指宇宙萬有中一切現象都生生滅滅，變化無常。「諸行」指我們所能認識的一切現象， 現象界中包括物質現象和精神現象，在我們的經驗範圍內我們不能找到具永恆不變的物質或精神，我們的生命如此，而我們生活的這個世間亦如此，故說諸行無常。

「諸法無我」是依據「諸行無常」而推出的結論。「諸法」指世間的一切事物，而這裡的「我」，就是上面所說的那具有「常、一、主、宰」的實體。簡單地說，就是三界萬法，都是所生法，都不是常存不滅、常一主宰之「我」。

涅槃寂靜，涅槃又譯寂滅、滅度、無生；即燃燒煩惱之火滅盡，完成悟智（菩提）之境地；乃超越生死（迷界）之悟界，是佛教徒的理想境界，為佛教終極之實踐目的。《雜

阿含經51卷》上明說，「涅槃是不壞法」，也就是長生永在之法，即證悟「我」的境界。涅槃寂靜，點出了一個時常被人忽視的道理：即無常的我，有條件地轉入「常一主宰」的「我」之中而常住常在，常樂我淨。

❸「無我說」與「非我說」

順著「諸法無我」而來的關於「我」的認識，出現了「無我」與「非我」兩種。「無我說」肯定一般所認為的「我」，或稱「俗我」、「假我」、「假我」的短暫存在，或者說「假有」，但同時又否認有作為「常、一、主、宰」的「真我」的存在。持這種看法的人很多，在法師中間，有印順、星雲、證嚴法師為代表，在居士中，有李炳蘭、楊郁文列在其中；在學者之中，有四川大學陳兵、復旦大學王雷泉兩位教授可代言。可以說，這是現今佛教界最為流行的關於「我」的一種知見。

與這種「假我實有，真我實無」的「無我說」不同的，是「非我說」的觀點。如日本佛教學者末木文士所說：「原始佛教的核心思想之一是『非我說』而不是『無我說』，即佛教並不否定作為『我』的阿特曼的存在，而是反對將不是『我』的要素誤認為『我』而加以執著。」

「非我說」的提出，源於根據緣起法而提出的無常觀、空觀與中道之說。與「無我說」不同的是，「非我說」既肯定一般所認為的「我」，或稱「俗我」、「假我」、「假我」的短暫存在，或者說「假有」，又肯定有作為「常、一、主、宰」的「真我」、「真我」的存在。「非我說」是將個人分解為五蘊（色受想行識）之構成部分，並以無常觀一一實證這五蘊中任一部份都是由條件促成且隨條件改變而不斷變化的，因此都不能被認定為固定不變的自我。在「非我說」之下，這個五蘊身心之「假我」、「俗我」、或「假我」與「常一主宰」的「真我」、「真我」之間的關係是，「非我、不相在、

不異我。」意思是說：五蘊身心不是不受生死的「真我」，但也不能說五蘊和「真我」有所差異，也不是五蘊和「真我」互相包含。而這個「真我」，就是上面所說過的「第八識」，或稱「阿賴耶識」，如來藏識等。

這樣看來，「無我說」與「非我說」這兩種觀點，在肯定有假我、五蘊身心的我的短暫存在上，看法一致；所不同的，就在於對常住不滅的「我」的認知上。持兩種觀點的人，都認為自己有經教的依據，認為是對方沒有真正讀懂佛經，雙方相持不下。

因著這兩種不同的觀點，又相應地形成了「無我輪迴」與「非我輪迴」。我們將在放到下一章佛家的輪迴觀中加以進一步討論。這裡，我們再考查一下佛經中關於人的來源的一些說法。

人的構成對比

佛法	《聖經》	比較
色	上帝（塵土＋生氣）＝上帝（活人）	佛法認定人為無自性的有情；《聖經》啟示人非自己的創造者。兩者在這一點上一致。
受		《聖經》認定身體髮膚，受之父母，但生命由上帝保守；而佛法對生命的來源與托住沒有交待。
想		兩者都認為人死之後，色身不能穿越，進入另一個生命體之中。兩者都否定人身內有看不見摸不著之靈魂存在。
行		
識		

佛經上，關於人的來源，也有一些有趣的記載，如《大樓炭經》卷六天地成品第十三：

「佛告比丘，天地破壞，更始成之後，人皆在第十五阿衛貨羅天上，其天上人，以好喜作食，各自有光明神足，其壽甚久長……彼天人福德薄祿，命欲盡者，從阿衛貨羅天上，來下遊此間地……取地味而食之，人食是地味之後，身即麤堅……亡失光明，神足不能復飛行上天……。」

《起世經》卷九最勝品第十二之一：

「復次諸比丘……當於如是三摩耶時，此大地上出生地肥，周遍凝住……如有人熟煎乳汁，其上便有薄膜停住，亦如水膜，停住水上……。」

「諸比丘，復於後時，此大地上，所生地肥，凝然停住，漸如乳酪，成就生酥，有如是等形色相貌，其味甘美，猶如上蜜，爾時眾生……取此地味，食之不已，其身自然漸漸澀惡，皮膚麤厚，顏色濁暗，形貌改異，無復光明，亦更不能飛騰虛空，以地肥故，神通滅沒……。」

唯佛宗世界人乘佛教的導師，當代高僧聖開老和尚（1918 — 1996）著作等身，其中有一本書，叫做《地球人》，綜合佛經對人的來源，作了如下的描述：

地球初成，地殼未能全涸，地面於是呈現一片乳色，由天上看來，地球光亮無比，光照甚遠，光音天上的天眾男女，有天福享盡而性輕躁的，覺得稀奇，試圖探險，竟以神足飛行，先後來到地球，散佈各洲，見地上有甘泉湧出，即以食指沾入口中，感到其味甚甘，美如酥蜜。就因可口，人人貪食，多食的人，漸漸身體粗重下沉，著地而行，靈妙幻化之身，漸漸形成了物質的骨肉軀體，於是失去了神足，也失去了自然天衣，不得再飛騰空中，更不能再回到天上。

人人本來具有的天色妙香、光明美麗、智慧莊嚴、天賦的靈異，亦漸消失，天眼天耳，變成了肉眼肉耳；已不能記憶宿世；因失「他心智」，別人在想什麼，亦復不知；口中亦發不出光，說話靠舌頭發音，沒有充分的語言，還得用手勢來表達心意，成了世間的凡人，在地球上住了下來。

地球的初人們在地球上住下之後，先食甘泉，後食地肥苔藻，再食天然粳米，

這段描述中，有這麼幾個要點：

1. 人是從一處墜落到一球上來的；

2. 人的出現是在地球初成之時；

3. 人原非肉眼肉耳，但因為貪食，而失去神足與天衣；

4. 人的語言也是墜落之後出現的。

這些的描述，給人一種似曾相識的感覺，讓人想到《聖經》創世記的記載。讓我們把眼光從人的悟想與推論，轉向上天的啟示。在那裡，去尋找人的創造者所啟示的關於「我」的真相。

《聖經》所啟示的我

在聖啟的靈光之下，「無我」、「非我」的問題，顯得簡單易解。首先，《聖經》在創造者與受造者之間作出區分。如第七章所述，佛家所說的「真我」，近似地相當於《聖經》中所說的創造主。

人的來源

讓我們重述一下〈創世記〉的啟示：據《聖經》的啟示，耶和華上帝用六天創造了天地萬物，在第六天照著上帝的形像和樣式創造了人。（創世記 1：26）人是創造主的

傑作，美麗的地球乃是為人裝飾起來的，上帝把人所看到的一切都交給人管理。「耶和華上帝用地上的塵土造人，將生氣吹在他鼻孔裡，他就成了有靈的活人，名叫亞當。」（創世記2：7）上帝為初造的人，設立了一個園子，叫做伊甸園，是人的家園。園子的當中，有兩棵特別的樹，即生命樹與分別善惡的樹。上帝吩咐人可以吃園中樹上一切樹上的果子，只是不可吃園子當中那棵分別善惡樹上的果子。違背這條禁令的結果，就是死。（見創世記2：16 — 17）。

需要注意的是，上帝向塵土所做的人所吹入的，是「生氣」，而非「不朽的靈魂」。而且上帝的禁令明明提到人會死。既說死，就不表明人體之內並沒有什麼能導致他「不朽」的東西。人的生命若想繼續延續，就必須以順服上帝的禁令為前提。換句話說，不朽的生命是受條件限制的。我們可以說，人受造時，所獲得的是受條件限制的生命。

上帝既讓人管理地上的一切，就在把他安置好之後，就把「用土所造成的野地各樣走獸和空中各樣飛鳥都帶到那人面前，看他叫什麼。」（創世記2：19）結果，那人發現什麼動物都是成雙成對，就自己孤身一人。於是，上帝為他造成了一個配偶幫助他。（創世記第二章）當時二人赤身露體，並不感到羞恥，因為他們有「榮耀尊貴為冠冕」（詩篇8：5），他們當時的身軀，自然就不同於後世之人的血肉之軀。

靈魂不朽的學說與人的墮落

但是，有從天上墜落下來的魔鬼撒但，附於蛇身之上，以分別善惡樹上的果子試探誘惑人的妻子，並且保證，「你們不一定死」。不料，女人聽從了撒但的誘惑，吃了上帝吩咐不可吃的禁果，又讓丈夫亞當同吃，結果，雙雙犯罪，被逐出伊甸園。「榮耀尊貴」離他們而去，露出了他們的羞恥，他們也失去了靠著吃生命樹上的果子而永遠存活的權利（創3：21），死亡從此進入世界。

許多讀《聖經》的人不明白，「靈魂不朽」的學說，其實並不是上帝的啟示。它的來

源，出自撒但試探女人時所說的「你們不一定死」、或譯「你們一定不死。」言下之意，身體或許會死去，但你們的靈魂將像上帝一樣，永存不朽。佛家弟子，也因為誤以為《聖經》宣揚「靈魂不朽」的邪說，而把《聖經》歸入「外道」之列。其實，兩者都是出於誤解。

人類墮落之後，若是沒有上帝出手援救，就會犯罪之日死去，也就不會有今天的人類生命的存在了。帶罪之身尚能存在，實為受上帝恩典所覆庇之故。我們在前面討論過，早在創造之前，上帝就已定下計畫，倘若人類不幸犯罪，上帝的聖子就自願站在人的地位，要在全宇宙面前承擔人類犯罪所必須承受的死亡的後果，換給人一條生路，使人類再有一次機會，來決定自己的生死。可以說，上天維繫人的生命的目的，就是為了讓人能獲得救贖，得享永生。

《聖經》的啟示告訴我們：人類起初的始祖亞當與女人，為上帝（真我）親自創造。但其他所有的人類，均從始祖胎生而來，並非上帝重新一一創造。而且，人類的始祖原居伊甸園，犯罪之後的人類，可以說是從伊甸園而來。而伊甸園，也正是人類自出之地，如同佛家常說，「人從來處來」，也是人類的回歸之鄉。

自然人的本體

如上所引之經文，耶和華上帝是用地上的塵土造人，人之所以成為活人，是塵土造的人體與上帝所賜的生氣結合而成。讓我們再來看一下這段重要的經文：

> 「耶和華上帝用地上的塵土造人，將生氣吹在他鼻孔裡，
> 他就成了有靈的活人，名叫亞當。」
> 〈創世記〉2：7

人既是由創造主所造，其賴以生存的一切要素，也均出自於創造主之手。因此，人並不是永動機，不能靠自身而生存。藉用佛家的話來說，人本「性空」，無有「自性」。

《聖經》上說，

> 「我們一生的年日是七十歲，若是強壯可到八十歲；
> 但其中所矜誇的不過是勞苦愁煩，轉眼成空，我們便如飛而去。」
> 〈詩篇〉90：10

> 「傳道者說：虛空的虛空，虛空的虛空，凡事都是虛空。
> 人一切的勞碌，就是他在日光之下的勞碌，有什麼益處呢？
> 一代過去，一代又來，地卻永遠長存。
> 日頭出來，日頭落下，急歸所出之地。
> 風往南刮，又向北轉，不住的旋轉，而且返回轉行原道。
> 江河都往海裡流，海卻不滿；江河從何處流，仍歸還何處。
> 萬事令人厭煩（或作：萬物滿有困乏），人不能說盡。
> 眼看，看不飽；耳聽，聽不足。已有的事後必再有；
> 已行的事後必再行。日光之下並無新事。」
> 〈傳道書〉1：2—9

對人的本體，《聖經》的啟示直截了當，認為人類的本體「不過是塵土。（詩篇
103：14；參創世記2：7）既然是塵土，自然是虛空無實，了無意義的。塵土之中，
也自然不是創造主（真我）的藏身之處。

上帝創造的是一個塵土之軀，所放入的是生氣，即生命力。用現代語來說，是上帝吹
入的生氣將塵土的身軀啟動，成為活人。由此可見，人的塵土之身裡面（或五蘊之身）
裡，並不存在什麼「常在不滅」的東西或「不朽的靈魂」。換句話說，人的生命（或我）
是「非常」的，在「假我」裡，沒有常住不滅的「我」存在。一來人體之內沒有永恆
的靈魂；再者，創造主（真我）也不存在於人之內。從這二方面的意義上來說，都可
以說是「無我」。

重生者的本相

對應於佛家所說的「迷者」與「悟者」，《聖經》中有世人與「重生之人」的區別。

凡從父母所生的人，都是亞當的後裔，都是屬血氣之人。但只有信靠上帝的兒子耶穌基督的人，才是「新造的人」。

> 「凡接待祂的，就是信祂名的人，祂就賜祂們權柄，作上帝的兒女。
> 這等人不是從血氣生的，不是從情欲生的，
> 也不是從人意生的，乃是從上帝生的。」
> 〈約翰福音〉1：12 — 13

> 「若有人在基督裡，他就是新造的人，舊事已過，都變成新的了。」
> 〈哥林多後書〉5：17

「新造的人」是一個不可思議的現象，因這種人不是憑「胎生」，不是「從人意生的」。這個新的生命，不是經歷行、識、受、有等因緣而生，而是「從上帝生的」。完全超然於生死之外。這新造的人，「外體雖然毀壞，內心卻一天新似一天。」（哥林多後書 5：16）因他領受了一個「新心」。

> 「我也要賜給你們一個新心，將新靈放在你們裡面，
> 又從你們的肉體中除掉石心，賜給你們肉心。」
> 〈以西結書〉36：26

因著這顆「新心」與「新靈」，這有限的生命現象發生了改變。這人原來是在罪孽裡生的，與基督沒有關聯。但如今成了基督的一部分。

> 「我已經與基督同釘十字架，現在活著的不再是我，乃是基督在我裡面活著；
> 並且我如今在肉身活著，是因信上帝的兒子而活；祂是愛我，為我捨己。」
> 〈加拉太書〉2：20

這種新的關係，有如佛經中常說的「非我，不異我，不相在」。如今活著的，不再是我（非我），卻仍活在內一肉體之中，亦「不異我」，但兩不相在：舊我完全活在「我

執」之中；但新造的人，「乃是基督在我裡面活著」。

這新的生命現象，是一個奧秘，是人與上帝在基督裡的合作。人有完全的自由意志，但人「立志行事」，又「都是上帝在你們心裡運行，為要成就他的美意。」（腓立比書 2：13）這裡沒有文字上的遊戲，有的只是天人合一的深深契合，人與上帝的旨意可達到如此和諧的地步，以致存心動念，都如實如理反映上帝的旨意，猶如上帝的旨意在心裡運行一般。

佛性與神性

比較基佛兩家的人觀，有必要考慮佛家所說的佛性問題。首先，佛家承認，人是六道輪迴中的一趣。「趣」，就是所往、歸向的意思。也就是眾生依過去所造的善惡業而趣往天（六欲天）、人、畜生、餓鬼、地獄等所應往、所應生的地方，所以稱為趣。[83] 根據星雲法師的介紹，

根據《大毘婆沙論》的解釋，人是「止息」的意思，因為在六趣之中，能夠止息煩惱惡亂意念的，莫過於人，因此，人名為止息。

人，忍的意思。這是說，人對於世間的違順之情，能夠逆來順受，因此名為忍。所以人所住的世界稱「娑婆」，也就是「堪忍」的意思。表示娑婆世界苦樂參半，人安住其中，還有能力忍受生活。

人生在世，每個人的際遇都不盡相同，甚至容貌、思想、行為、壽命、福樂等果報也都不一樣，這是由於各人過去所造的業因不同所致。[84]

如前所述，在佛家看來，人雖為因緣聚合，受業報律的牽制，與其他五趣無異。但唯

83. 星雲，《佛教的人生觀》，http://www.fgs.org.tw/fgs_book/fgs_frbook.aspx，2013 年 9 月 10 日。
84. 星雲，同上。

有人「能夠止息煩惱惡亂意念」。只有人才能了生死，脫輪迴，見道成佛。那麼，是什麼因素使得眾生有成佛的可能呢？大乘各派比較趨於一致的看法是，因為眾生皆有佛性的緣故。正如龍樹所言：

> 「雖復勤精進，修行菩提道，
> 若先非佛性，不應得成佛。」
> 龍樹《中論 觀四諦品》

正因為眾生皆有佛性，所以成佛才成為可能。可以說，佛性的存在，為大乘佛教的成佛觀，提供了理論的基礎與依據。聖嚴法師打了一個比方，來說明佛性與成佛的關係。

> 「佛性究竟是個什麼東西？譬喻說一切男子（眾生）皆有父性（佛性），
> 一切女子皆有母性，但是在未生孩子以前，那是理，
> 等到成人生子（修行）以後，才是名正言順的父母（佛）了。」[85]

吉藏於《大乘玄論》卷3云：

故於涅槃經中，名為佛性；則於華嚴，名為法界；於勝鬘中，名為如來藏自性清靜心；楞伽名為八識；首楞嚴經名首楞嚴三昧；法華名為一道一乘；大品名為般若法性；維摩名為無住實際；如是等名，皆是佛性之異名。（大正45‧41c）

印順導師著《印度之佛教》中云：「如來法性」，即「如來藏」、「圓覺」、「常住」、「真心」、「佛性」，以及「菩提心」、「大涅槃」、「法身」、「空性」，真常論者並視為一事。

徐恒志居士用比較通俗的話給佛性作了一個總括：

> 「佛性也叫覺性、自性、本性，也叫真如、實相、圓覺、本來面目……等等，
> 隨義立名，假名很多。按照佛教教義不但人類有佛性
> ，一切眾生包括蠢動含靈，也都有佛性，所謂「是法平等，無有高下」。

85. 徐恒志，《何謂佛性，如何成佛》，http://www.dizang.org/wd/fx/055.htm，2013 年 9 月 10 日。

我是誰——無我
還是非我的迷惑。

但因迷妄的深淺，而有明昧的不同。
諸佛因悟此性而成道，眾生因迷此性而流轉。」[86]

那麼，佛性有什麼特點呢？

「佛性有六，何等為六？一常，二淨，三實，四善，五當見，六真。
復有七事，一者可證，餘六如上。」
《大般涅槃經》卷二十五，高貴德王菩薩品

關於佛性，我們無意作更深入的討論，瞭解它的多義性以及作為人成佛的依據，對於
我們當下的比較而言，足矣。

對照《聖經》的啟示，人性的問題，比較簡單。人的本體就是塵土。而塵土本身並無
不朽可言，也無什麼高超的「佛性」可言。《聖經》雖啟明，人是按照「上帝的形像
和樣式」來創造的，但這樣的創造標準，仍不足以保證人具備只有上帝才有的「神
性」。人在品格的發展上，可以不斷地朝著「上帝的形像和樣式」方面發展，但這種
發展的結果，永遠不可能讓人具備上帝那樣的「神性」。

另外，《聖經》也啟明，人所以能得贖，並不在於人身有什麼特別的功能或特性，而
是在上帝無比深遠的慈愛，在於在人尚未受造之前就已制定的救贖計畫。上帝的神性，
才是人類得贖的因由與保障。

再者，唯有那道成肉身的耶穌基督，才一方面是完全的人，另一方面又是完全的上帝。
在祂身上，人性與神性兼備，互不矛盾。一方面，雖然是「上帝（真）在肉體（妄）
中顯現」，「並非不能體恤我們的軟弱。祂也曾凡事受過試探與我們一樣，」；但另
一方面，「只是祂沒有犯罪。」（希伯來書 4：15）

如果我們硬要以佛性來用在人身上，那麼，或許只有耶穌一人，才具有那清淨無垢的

86. 徐恒志：http://《有關佛性等問》/books2/1512.htm2013　　　年9月12日。

「佛性」。耶穌所以能成為人類的救贖主，原因不在於祂的人性，而在於祂的神性。如果從《聖經》的角度來看，佛家的一個誤區，或許正在於對人的身分認定上出現了問題，一方面認定人為五蘊之身；另一方面，又超出五蘊斷定人有內在的佛性，並由此構成成佛由已的理據。

有趣的對照

釋迦牟尼以「色行受想識」之五蘊來描述人身，《聖經》直接點明人乃為上帝由塵土而造。無論是以現量觀察，還是靠《聖經》的啟示，都指向同樣的一個事實：人需要通過攝取空氣、陽光、水以及食物，才能得以延續生命。換言之，人身之內並無延續生命的因素存在。一如《黃帝內經》所證：「夫人生於地，懸命於天，天地合氣，命之曰人。」（《素問•寶命全形論》）「人命關天」，應當是一個可作現量觀察的事實。如果認定佛法中的「我」是「常一主宰」的「不變易」、「不磨滅法」的「我」，是「常在法」的我；則不難理解，佛教的「無我」說，同時，也能理解佛家的「非我」說。兩者都否認人身之內有「不朽的靈魂」。

反觀《聖經》，則清晰明瞭，創造主與受造之人分屬兩個不同層面。創造主自在永在，受造的人乃塵土合成。神性是人性的根，人性無法跨越或轉化為神性。

人的本體，本來就是塵土。人所以成為人，原來為上帝所造，是上帝提供了塵土之人所需之生命，人的生命維繫，也全賴上帝所造之物。因此，上帝才是人真正需要感恩的物件，不僅因為有今生的生命，而且因為有藉著耶穌基督而實現的永生的盼望。

洞察人生
輪迴與
復活。

從無明侵入到現在，人的狀況，或有膚色不同，壽命長短之差異，但以死亡為終結的命運相若，實大同而小異。有人弄權一時，有人富甲一方，有人志不得伸，貧寒落寞；有人聰明多智、人情練達；有人愚癡魯莽、凡事滯礙；有人身體強健、精力旺盛；有人生來多疾、心力交瘁；有修橋補路者，未得好死；有禍國殃民者，卻壽終正寢。凡此種種，人生的境遇，雖多有不同，但百年之後，也都是一杯黃土，盡掩差異，不顯風流。死後的世界，因無人回來，更是造成人們許多的猜測。

在印度，業報與輪迴被用來解釋上述問題。而在具體的解釋上，又有印度教與佛教的

區別。而《聖經》卻啟示，這些問題的答案，在於在宇宙之間所發生並繼續進行著的這場從天上到地上曠日持久的善與惡的大鬥爭結果。在這一章裡，我們要來比較佛教的輪迴觀與《聖經》所啟示的人生歷程，而將因果業報的問題，留作另一個題目來處理。

印度教的輪迴觀

客觀地來說，釋迦牟尼不是輪迴的發明者。輪迴的觀念是流行於印度的一個古老的觀念。釋迦牟尼取了輪迴之名，但對輪迴作出了新的解釋。若是要對輪迴之說進行引經據典，事情會變得很複雜。我們下面以從簡的方式進行討論：

輪迴（梵語 sajsāra），音譯僧娑洛，又作「生死、生死輪迴、生死相續、輪迴轉生、淪回、流轉、輪轉」，本為古印度婆羅門教主要教義之一。印度傳統的輪迴觀認為，自我 (Atman) 與業 (karma) 是輪迴思想的兩大要素。自我是造業的行為者，同時也是業力的承載者；而業力則是引導自我輪迴的方向，決定來生處境的唯一因素。善惡有報的道德與生活原則，也與輪迴思想有著緊密的聯繫。印度教的韋吠經典之中，論及輪迴的經典很多，多認為是有一個個體靈魂在不停地輪轉。

> 「體困的靈魂，在軀體中，經歷童年、青年、終至老年，
> 死後離開這軀體，到另一軀體去。自覺的靈魂不會為此變化所眩。」
> 《博伽梵歌》2.13

> 「彷彿除去舊衣，換上新袍，
> 靈魂離開衰老無用的舊物質軀體，進入新的軀體。」
> 《博伽梵歌》2.22

在印度教看來，「我」不是「身體」；「身體」不是「我」。真正的我，是寓居於身

體之內的永恆、快樂、有正等正覺的靈魂。所以，印度的瑜伽，也被稱為「靈魂的科學」。這個體的靈魂，是不生不滅的；過去、現在與將來，靈魂從來未曾不存在，也不會在任何時刻不存在。可以認為，靈魂不朽是印度教的根本支柱。印度教的宮殿，也就建立在這樣的支柱之上。

通常認為，因不可確知的原因，個體靈魂離開至尊神而跌落入生死輪迴的苦海。印度教所宣導的瑜伽修行的目的，就是引領個體靈魂脫離輪迴，重回至尊神首，重拾快樂。

在印度教裡，人身既是累贅，又是自我覺悟的唯一媒介。失卻人身，不能覺悟。這種以人身難得，人身為覺悟唯一媒介的觀念也被佛教繼承。

佛教的輪迴觀

佛教沿襲並發展了印度教的輪迴思想，注入自己的教義。佛教所說的輪迴，是說眾生由惑業之因（貪、瞋、癡三毒）而招感三界、六道之生死輪轉，恰如車輪之回轉，永無止盡，故稱輪迴。然而，上面的這種以不朽的靈魂為「我」以及輪迴的主體的觀念，在佛教看來，落入了「常見」，是佛陀加以破斥的錯誤觀點。佛教所主張的的，是「非斷」（不落入「斷見」，以為人一死百了）、「非常」（不落入「常見」，以為在人身之內有常在不變的靈魂）的輪迴觀。

我們在上一章討論過，在佛教界對於人的本相，有「無我」與「非我」兩種理解。與之相應地，也就有兩種不同的輪迴觀：即「無我輪迴」與「非我輪迴」。前者不承認有輪迴的主體，後者認為「第八識」或「阿賴耶識」就是輪迴的主體，並非「無我」，而是「非我，不異我」。

我們必須承認，下面的討論在客觀上有一定的困難。不太適合加入我們的理解，所以，

我們以引用佛教人士的說法為主。

無我輪迴

與傳統的印度輪迴觀不同的是，佛教的輪迴觀中，去掉了「自我」，而只剩下「業」力。這樣的觀點導致了一般人對「無我輪迴」的費解。臺灣法鼓山聖嚴法師認為，「這就是佛教特殊優勝的地方，既不看重自我的永久價值，卻又更加地肯定了自性的升拔價值。」[87] 學愚教授有一段話，也堪為精闢：

「佛教的無我，是指諸法無有恆常主宰之實體，而不是否認一切，更不是否認因果規律。因此，佛教從真諦上講諸法無我，從俗諦上說六道輪迴。這就是無我與輪迴的對立統一。無我思想貫穿了整個三藏經典，但是，佛法真俗圓融，正行中道，所以無我並不妨礙輪迴。在這裡要強調的是，無我不等於斷滅。佛陀並沒有完全否認有情眾生的存在，而是說存在的有情眾生沒有一個固定不變、常一主宰之我的存在。一方面，說無我是為了去除貪執，破除常見；另一方面，說業果輪迴是為了去除愚癡邪見，破除斷見。不落常斷二邊才是佛陀講述諸法無我的本懷。」[88]

對一般人來說，理論上的論述有隔靴搔癢之患，有不真切，不到位的感覺。而打比方的方式，或許更有助於領會。《彌蘭陀所問經》中，記載了一段彌蘭陀王與覺音尊者之間有關輪迴的有趣對話。

彌蘭陀王問：
　　「尊者，再生是否有一物轉生。」
　　「沒有，大王。再生無有一物轉生。」
　　「請舉一例說明，尊者。」
　　「如一人從一燈點燃另一燈，第一盞燈的光亮會轉生到另一盞燈上去嗎？」

87. 聖嚴，《正信的佛教》，〈佛教相信靈魂的實在嗎〉，http://www.dizang.org/rm/zxdfj/p25.htm，2013年9月12日。
88. 學愚，《無我與輪迴》，http://www.fjnet.com/fjlw/201303/t20130309_206080.htm，2013年9月12日。

「不會。」

但是，第二盞燈是由於第一盞燈的緣故而亮，這是一個事實。第一盞燈與第二盞燈之間必然存在著一種內在聯繫。

覺音尊者以燈火為例，來說明此生與再生的承繼關係。第二盞燈是由於第一盞燈的緣故而亮，兩者之間也因此存在一種內在的聯繫。彌蘭陀王是一個善於思考的人，接著提出了另外的一系列問題。

接著，彌蘭陀王問：
　　「那麼，何為再生？」
　　「大王，心法和色法再生。」
　　「是不是與此生一樣的心法和色法再生？」
　　「不是與此生一樣的心法和色法再生至下一生，但是依現在生的心法和色法，一人行善作惡，由於這些行為，另外一種（相續）心法和色法在下一生中再生」。

最後，彌蘭陀王問：「如果不是與此生相同的心法和色法再生至下一生，一個人不是就不受其惡業的果報了嗎？」

「如果一個人不再生至下一生，他將從惡業中獲得解脫。但是，正因為一個人再生至下一生，所以他沒有從惡業中獲得解脫。如一人從一棵樹上摘走一個芒果，果樹的主人當場把他抓住，並把他帶到國王面前，控告說：『國王，此人偷了我的芒果。』但偷芒果的人卻說：『大王，我沒有偷他的芒果。這個人種下的芒果與我摘走的芒果不同。我不應受到懲罰。』那麼，大王，此偷芒果之人會不會受到懲罰？」
　　「尊者，他肯定會受到懲罰。」
　　「為什麼？」
　　「無論此人怎樣狡辯，他都要受到懲罰。因為他偷走的芒果是樹主人所種芒果而

生。」

「同樣的，大王，以此心法色法，一人作業，或善，或惡，由此業故，另一心法和色法再生於下一生。因此，此人不能從惡業中逃脫。」

此生的心法與色法，與再生的心法與色法，不具有同一性與連續性。芒果的故事與此生與再生之有情眾生的關係，其實也並非一一對應。這樣的故事雖然生動，但似乎仍無法解除「無我輪迴」所帶來的一些問題，譬如：

「既然無我，那麼就算善有善報、惡有惡報，究竟誰來受報？若無受報者，則行善作惡有何區別，與其克制人欲而行善，還不如盡情作惡，惡人豈非獲得了理論根據和精神支柱？既然無我，那麼辛辛苦苦禁欲修道，就算能得解脫，能入涅盤，又是誰解脫、誰入涅盤？我都沒有，解脫、涅盤又有何意義？即如大乘說深信切願念阿彌陀佛，命終便能往生於西方極樂世界，既然無我，誰去往生？」[89]

陳兵教授對這些問題作出了這樣的判斷：「此類質疑不僅會由不信佛教的人提出，成為外道攻擊佛教的理論缺口，也成為佛教徒確立信仰，獲得智慧時可能會經過的疑霧之區。」[90]

不僅如此，在無我輪迴之中，業的造作者在前一個生命與後一個生命之中，並沒有直接的關聯，而且在業的造作者和果報的承受者之間就出現了斷層。舊的生命與新的生命是如何產生的呢？業力在其中扮演什麼角色與作用？而且，若是沒有輪迴的主體，前世、今世與來世的三世輪迴又作何理解？另外，無我輪迴對輪迴主體的忽視，也容易引起道德上的危機。如僅僅把承受業力的主體歸結為業力，則善惡有報的道德價值依然無法得以良好解釋，且隨著佛教輪迴觀念因果報應說法的不斷發展，輪迴相續的基礎也愈發顯得薄弱。看來，「無我輪迴」的看法，還有許多必須克服的問題。[91]

89. 陳兵，《陳兵：生與死 - 佛教輪迴說》，（呼和浩特市，內蒙古人民出版社，1994），第 40 面 .
90. 陳兵，同上。
91. 陳兵，《生與死——佛教輪迴說》，http://www.lianhua33.com/sys.htm，2013 年 9 月 15 日。

臺灣華梵大學郭朝順教授曾對佛教的輪迴觀作一番梳理，[92] 他對無我輪迴有一些結論性的解釋，應當有一定的代表性。

「無我的輪迴」則有世俗諦及勝義諦兩層涵義：「無我」告訴我們，「自我」即是本來無一物的菩提樹或明鏡臺，而生死輪迴則是無明所起的塵埃，如果沒有了自我，無明所引的塵埃將何所依附？如能體會這個涵義，生死輪迴便是夢中夢，幻中幻，妄中妄，吾人便毋須再對本來虛妄的事物感到煩惱，也就能夠從生死輪迴虛妄假像之中超脫出來，這是屬於勝義諦的範疇。「輪迴」則是告訴未能解脫的一般凡夫，既然依業流轉於生死之中，便要留意因果業報。因此「輪迴」保障了世俗的道德要求，這即是屬於世俗諦的範疇。「無我的輪迴」包含世俗諦及勝義諦二層含義，正表現出佛教出世與入世的智慧。[93]

這個解釋固然精闢，但並非能回答一般人的問題。簡單地把一般人的問題歸結為未悟者的問題，並不能解決問題。有些佛教學者批評這種以破斥以常在的靈魂在輪迴「常見」而提出的「無我輪迴觀」，實則落入了另一種形式的斷見，雖然在佛教界最為流行，但不是佛教所說的非斷非常的輪迴觀。實際上，有人指出，佛陀所說的輪迴，既不是「無我輪迴」，也不是「有我輪迴」，而是「非我輪迴」。

非我輪迴

與無我論者一樣，非我論者同樣認為，因為五蘊身肉是念念生滅的，因此，不可能進入輪迴。但與無我論者不同的，非我論者認為，既說生死輪迴，就必須先確認有一個領受生死輪迴的主體，如果不能接受有領受生死輪迴的主體，則生死輪迴的理論就不能成立。星雲法師有以下的論述：

「輪迴不是身體去輪迴，而是我們身體裡的主人翁。這個主體究竟是什麼？佛教認為

92. 郭朝順，《無我的輪迴——佛教的生死觀》，元培學報第五期（1998.12），見 http://ccbs.ntu.edu.tw/FULLTEXT/JR-MISC/misc097735.htm，2013 年 9 月 15 日。
93. 郭朝順，同上。

阿賴耶識是輪迴的主體，《八識規矩頌》云：「浩浩三藏不可窮，淵深七浪境為風，受薰持種根身器，去後來先作主公。」阿賴耶識是生命受生的根本識，接觸種種的境緣，而產生種種的造作行為，這些行為後果的種子，儲存在業識的大倉庫裡，依據善業、惡業的輕重，而決定有情的輪迴方向。當肉體死亡時，阿賴耶識最後才離去；而受胎轉世時，阿賴耶識最快投生，它才是輪迴的主體根本。」[94]

第八識與五陰之身的關係，可用「非我、不異我、不相在」來描述。呂真觀有以下的論述：

「第八識是常住法，而五陰是生滅法；第八識是能生之法，而五陰是被生之法；二者何必——截然不同，因此說五陰非我。然而五陰是由第八識流注種子所生，五陰的特徵和習性也由第八識所收存的種子所決定，五陰的運作也要依靠第八識在背後支持而不能稍離，彼此有一對一的對應關係——是雙方互動的，因此說五陰與第八識不相異。不相在，是因為第八識不能攝在三界諸法中，而五陰卻是被攝在三界法內；第八識與五陰同時同處，遍於五陰中，卻不是五陰中的某一部分或全部，而五陰也不是遍滿第八部的全部或擁有第八識的全部功能；所以五陰不在第八識中，第八識也不在五陰中。」[95]

有了輪迴的主體，輪迴的理論似乎就可以論述完整了。如《法句經》之〈生死品〉中說：「識神走五道，無一處不更，捨身複受身，如輪轉著地。」說明輪迴的主體是「識神」，而輪迴的形式就是「捨身受身」，即從一個身體進入另一個身體。《法華經•方便品》曰：「以諸欲因緣，墜墮三惡道，輪迴六趣中，備受諸苦毒。」表明輪迴的動力是「諸欲因緣」；《觀佛三昧經》卷六說：「三界眾生，輪迴六趣，如旋火輪。」《身觀經》說：「迴圈三界內，猶如汲井輪。」說明輪迴的處所是「三界六道」；《觀念法門》說：「生死凡夫，罪障深重，輪迴六道。」說明輪迴的根本原因是「罪障深重」，而輪迴的結果，

94. 星雲，《人間佛教叢書》，《佛教對輪迴的看法》，http://www.fgs.org.tw/master/masterA/books/delectus/
　　buddhist-book/08-05.htm，2013 年 9 月 17 日。
95. 呂真觀，《實證佛教導論》，40-41

就是「受諸苦毒」。

雖然這樣的說法，既沒有違背「諸法無我」的法印，也為輪迴找到「主體」，似乎避免了無我輪迴說的內在難題，使輪迴說可以說得通；但也存在著一些困難之處。比方說，如果這個第八識的「我」是賞善罰惡的主體，同時，又以第八識為輪迴的主體，那麼，第八識的「我」就同時成了賞善罰惡的主體與被賞罰的物件，就成了自己賞罰自己。再者，如果把第八識當成萬法之源，也就是說這個識是萬物與眾生的創造者，如果以第八識為輪迴的主體，就是本源在輪迴，而不是眾生在輪迴了。照這樣來推論的話，也說不通。

輪迴與復活

印度
輪迴觀

個體靈魂不停地輪轉從一個軀體進入另一個軀體，輪轉不息，直到解脫。

佛法
輪迴觀

「非常」、「非斷」的輪迴觀。理解上，有「有我輪迴」與「無我輪迴」之別。

《聖經》
復活觀

人人都有一死，義人死後在第一次復活中復活得永生；惡人在第二次復活中復活定罪滅亡。第二次的復活在特定意義上也可算是「輪迴」為人。

在佛法裡，因果業報要求有生命的延續，好讓業力得到伸張。而佛法一方面沒有明確承認創造主與審判主的地位，另一方面，也不承認靈魂不朽的「常見」。這就造成了對於輪迴的許多看上去比較容易產生疑惑的說法。

相形之下，《聖經》對於人生本相的啟示則來得更加清晰、連貫、於情於理均較少難以解釋的困難。

首先，《聖經》清楚地在創造主與受造物之間劃一條界限分明的紅線。可以說，創造主是一切，而被造者的一切都仰賴於他的創造主。原因很簡單，因為受造者本空，一無所有。受造者的存在，他所賴以生存的環境，維繫生存的一切物質成分等，均為創造者所創造。 在這裡，創造主是生命的本源，而受造物只是種種生命現象。受造物從創造主那裡領受生命，表現生命。

其次，人類因為墮落犯罪，失去伊甸園；人類本應死去，不復存在。但因為基督的救恩，人類被賦予恩典的時期，得以獲得一次有限的生命，重獲天賜良機，得以在永生與永遠地滅亡之間作出抉擇。被逐出來伊甸園人類，來到這個受到罪的咒詛的世界，生生不息，代代相續，直到如今。人的壽命，也從洪水前的八、九百歲，銳減到洪水後的一百二十歲；很快又減至七八十歲。

「按著定命，人人都有一死，死後且有審判。」（希伯來書 9：27）每個人的人生，從生到死，只有一次。這既是現量觀察的結果，也是《聖經》的明文啟示。

《聖經》既反對「常見」，也反對「斷見」。我們在前一章討論過，《聖經》不承認在人體裡面有一個不朽的靈魂的存在；同時，《聖經》也反對人生在世，一死百了的「斷見」。《聖經》明白地教導，今生的結束並不是生命的終點，人不僅有今生，也有來世。

我們也引二段經文加以說明：

> 「耶穌說：『我實在告訴你們，人為我和福音撇下房屋，
> 或是弟兄、姐妹、父母、兒女、田地，沒有不在今世得百倍的，
> 就是房屋、弟兄、姐妹、母親、兒女、田地，
> 並且要受逼迫，在來世必得永生。』」
> 〈馬可福音〉10：29 — 30

> 「凡說話干犯人子的，還可得赦免；
> 惟獨說話干犯聖靈的，今世來世總不得赦免。」
> 〈馬太福音〉12：32

上面的兩段話都是耶穌所說的。《聖經》中記載了使徒保羅一段很感人的禱告，裡面也提到了今世與來世。

> 「因此，我既聽見你們信從主耶穌，親愛眾聖徒，就為你們不住的感謝上帝。
> 禱告的時候，常提到你們，求我們主耶穌基督的上帝，榮耀的父，
> 將那賜人智慧和啟示的靈賞給你們，使你們真知道祂，並且照明你們心中的眼睛，
> 使你們知道祂的恩召有何等指望，祂在聖徒中得的基業有何等豐盛的榮耀；
> 並知道祂向我們這信的人所顯的能力是何等浩大，
> 就是照祂在基督身上所運行的大能大力，使祂從死裡復活，
> 叫祂在天上坐在自己的右邊，遠超過一切執政的、掌權的、有能的、主治的，
> 和一切有名的；不但是今世的，連來世的也都超過了。」
> 〈以弗所書〉3：15 — 21

可見，《聖經》並不以今生為唯一的生命期限，每個人今生的作為與選擇，都直接影響到來世的景況。比照佛家的說法來說，《聖經》對於「假我」的生命，既說今生，也說來世，所持的是一種「非常非斷」的生命觀。

人生觀之對比

三世人生觀	二世人生觀	一世人生觀
整體與個體過去世	整體過去世	整體過去世
整體與個體現在世	整體與個人現在世	整體與個體現在世
整體與個體未來世	整體與個人未來世	整體未來世
大乘佛法相信人生三世	《聖經》啟示人生二世	無神論只相信現在世

《聖經》啟示了生命的本質實相。上帝既是萬物的創造主，自然是生命的源頭。「因為，在你那裡有生命的源頭；在你的光中，我們必得見光。」（詩篇 36：9）。新約《聖經》進一步啟示，那化身為人的上帝之道耶穌基督，就是天地萬物的創造者。「生命在他裡頭，這生命就是人的光。」（約翰福音 1：4）耶穌更是明確的宣稱：「我就是道路、真理、生命。」（約翰福音 14：6）。萬物本身並無生命，乃是生命之主將生命賜給萬物，托住萬物，叫萬物生長（見哥林多前書 3：6—7）。《聖經》上啟示說，是基督「常用祂權能的命令托住萬有」（希伯來書 1：3）。《聖經》上說，「我們生活、動作、存留，都在乎祂。」（使徒行傳 17：28）人生的一切，都離不開上帝。在《聖經》中啟示中，生命力來自生命之主，卻又有別於生命之主本身。上帝是生命的主，但祂透過創造，將自己獨有的生命與所造的萬物分享。如前所述，人是上帝在這個天地之中創造的最高峰，在創造之時，上帝不僅將祂的生命分賜給人，也將祂的品性分賜於人。從有關伊甸園中的兩棵樹的吩咐來看，上帝又賜給了自由行事的意志：人可以選擇聽從上帝的吩咐，也可以選擇違背上帝的吩咐。不同的選擇自然有不同的後果，前者通向永生，後者通向滅亡。

如上所述，我們今天之所以得以存活，有幸為人乃是因為基督的恩典，是祂以無罪之身承擔了犯罪之人所應該承受的死亡的報應，為從亞當以來所有的人爭取到了第二次機會（second chance），可以自主地選擇生或死。正如耶穌所說：「上帝愛世人，甚至將祂的獨生子賜給他們，叫一切信祂的，不至滅亡，反得永生。」（約翰福音3：16）

本來「人種的是什麼，收的也是什麼。」（加拉太書6：7），但耶穌降世，替人受死，承擔了世人應得的報應。凡相信並接受耶穌基督在十字架上為自己的罪而犧牲的人，上帝就不將他的罪報加在這人的身上，這人就得以免受應受的報應，而成為一個完全自由的新生命：內外清淨，無半點汙穢。凡是拒絕接受上天所賜的赦罪之恩的人，就得自己承擔自己應受的報應，結果就是永遠的滅亡。

嚴格來說，我們現在的生命，並不是真正的生命，而是一個有終點的寬容期的生命。上帝給每個人一生的機會，作一個選擇。如果不發生意外，寬容期的大限，足以讓人人有機會作出這樣的決定。即使是發生意外，而使有些人沒有像其他人那樣長的寬容期限，但以其度過的有生之年，也大致能反映將來的趨向。

人被生到世上，沒有一個人是自己要求的，而是因為他人的意志與行為而來到世上。但是，在寬容期的生命之中，每個人都是在用自己的意志與行為，對生命作出真正的選擇，或選擇重生在上帝的恩典之中，接受上天所安排的赦罪之恩，以削除自己一生的罪惡果報而獲永生，或拒絕上天的救罪之恩，而選擇自己的道路而承受自己行為的果報。在這一點上，人人機會均等，一點不多，一點不少，人人都只有一生的機會。寬容期結束時，就可以真正「蓋棺論定」，對人作出審判了。《聖經》上說：「按著定命，人人都有一死，死後且有審判。」（希伯來書9：29）

「人子要在祂父的榮耀裡同著眾使者降臨；那時候，祂要照各人的行為報應各人。」
（馬太福音 16：27）

「祂【上帝】必照各人的行為報應各人。」（羅馬書 2：6）

「看哪，我必快來！賞罰在我，要照各人所行的報應他。」（啟示錄 22：12）

一方面，上帝賦予被造的人類以自由意志；但另一方面，人類又必須對自己的一生的思想、意念與行為負責。這就要求人的生命，在某種程度與方式上，要得以延續。然而，這種歷史性的延續性，並不在於個體生命的輪轉不息，而在於永在的上帝，在於以他的存在、生命，與能力托住過去、現在與未來的上帝。《聖經》啟示，在今生的生命結束之後，每個人都有一次復活的機會，來領受今生所種下的果實：或得永生的賞賜，或受永死的報應。

根據《聖經》的啟示，死去的人類，因著善惡的抉擇，會在二次不同的時間內復活。那些接受了上天的恩典而免於承受自作自受的報應的義人，要在耶穌基督第二次降臨時復活升天。不過，「血肉之體不能承受上帝的國，必朽壞的不能承受不朽壞的」，因此，這批人復活時，要改變軀體，復活時不再有現今的血肉之軀，而是要穿上金剛不壞之身，與那時還活著，也同樣要與改變身體的義人一同被提到天上。

這是一個極大的奧秘，但上帝將這個奧秘啟示給了我們：
「我如今把一件奧秘的事告訴你們：我們不是都要睡覺，乃是都要改變，就在一霎時，眨眼之間，號筒末次吹響的時候。因號筒要響，死人要復活成為不朽壞的，我們也要改變。這必朽壞的總要變成不朽壞的，這必死的總要變成不死的。這必朽壞的既變成不朽壞的，這必死的既變成不死的，那時經上所記「死被得勝吞滅」的話就應驗了。」
（哥林多前書 15：50 — 54）

在這一次復活的義人，實則進入一種「無生」的境界，不受胎生、卵生、濕生或化生，而是在霎時之間發生改變，出離五蘊，獲得不朽之身軀，成為不死的人。

《聖經》進一步啟示，義人改變升天之後，經過一千年，他們要在天上與基督一起審判未信之人及墮落的天使聽案件，待千禧年結束之時，他們要與基督一同回到地上。這時，所有要承擔自己行為的後果的人都要一起復活，與撒但及跟隨他的墮落天使一樣受審判。在第二次復活中復活的人，要重得五蘊之身，等候最後審判的執行，他們的結局就是徹底而永遠地滅亡，不復存在。當這場審判結束之時，罪惡與痛苦，也就隨之永遠終結，整個宇宙將複歸於原初的和諧與美善。

洞察人生

解開
死亡之謎。

小和尚無意打破了老師的稀世茶杯，非常擔憂。
這時傳來老師的腳步聲，他連忙把碎茶杯藏在背後。
老師到時，他忽然開口問道：「人為什麼一定要死呢？」
老師答：「這是自然之事，世間萬物，皆有生死。」
這時小和尚拿出打破的茶杯說道：「您的茶杯死期到了。」

《佛教故事》

「死」這個字眼，在人們的潛意識中，有某種消沉與不吉利的意味。一般而言，人們
樂於談生，避諱談死。從某個角度來看，「未知生，焉知死。」也可視為這種心態的
一種反映。人生如同列車，既上了車，無論車速快慢，總是要下車的。

死亡究竟是怎麼一回事？人死之後，會去哪裡？是不可不思考的問題。小和尚的機智，令人稱道。泥沙聚合，燒製成杯；如同人之初生，聚合為人。身體髮膚，受之於父母；但生命之氣，為上天所賜。但人死之後，是否也像茶杯破碎，還歸於泥？

佛家的死亡觀

老病死，在佛法中稱為人生之三天使警告。在佛法之中，死與生緊密相聯。方生方死，方死方生。生死相聯，生死相續。生不一定是起點，死不一定是終點。生死輪迴，流轉不息。然而，對待死亡之後的情形，小乘與大乘佛法，各有不同的看法。

小乘對死亡的認識

有關小乘對死亡的看法，讓我們引那爛陀長老的論述，「根據佛教，死亡是任何一有情心理與物理生命存在的結束，是一個人的精力，即精神和物質生命 (jivitaindriya)、熱量（usma）以及意識（Vinnana）的消失。死亡並不是一種斷滅，雖然一特有的生命期結束了，但是繼續啟造生命的力量並未斷除。」[96]

在小乘看來，維繫生命延續的，是所謂的「意識之流」。這種「意識之流」在死亡之時，進入另一種生命形式。人既由五陰之身聚合而成，人到壽命之終時，五陰散佈，人命告終。但是，對於這種「意識之流」在五陰消散之前之後，是以何種物質為載體，小乘佛法並非詳細說明，給人留下疑慮。

「在死亡之時，意流的連續並沒有受到破壞，意識之流沒有間隔。」

「再生是在即時發生，無論所生地的遠近如何，正如一道發射到空中的電波當下就被準備好了的收音機接收到。心智之流的再生也是瞬間之事，其中沒有任何中陰身

96.《佛陀與佛法》340 面。

解開死亡之謎。

（antarabhava）的空間。真正的佛教不支持這樣的信仰，即死者的靈體在一短暫時期內臨時滯留，直到它找到合適的轉世之地。」[97]

「小乘認為，人死之後，意識之流瞬間即可進入另一形體。那爛陀長老這樣為我們解釋道：

「再生是在即時發生，無論所生地的遠近如何。正如一道發射到空中的電波當下就被準備好了的收音機接收到。心智之流的再生也是瞬間之事，其中沒有任何中陰生（antarabhava）的空間。真正的佛教不支持這樣的信仰，即死者的靈體在一短暫時期內臨時滯留，直到它找到合適的轉世之地。」[98]

這種即時再生的問題，在《彌蘭陀所問經》中有提及。

彌蘭陀王問：

「那先尊者，如果一個人死於此地往生梵天，但是另一人死於此地而往生喀什米爾，哪一個首先到達？」

「他們將在同一時刻到達。大王，您出生於哪一個城市？」

「出生於一個叫克羅屍的村莊，那先尊者。」

「克羅屍離此多遠，大王？」

「大概十二英里，尊者。」

「現在，大王，想一想克羅屍村。」

「好了，我想了，尊者。」

「現在再想一想喀什米爾，大王。」

「好了，我想了，尊者。」

「大王，在此兩者中，哪一個你想得比較慢，哪一個想得比較快？」

「兩個都同樣的快慢，尊者。」

97.《佛陀與佛法》，340-341
98.《佛陀與佛法》，341.

「同樣的，大王，離此而往生於梵天之人不晚於離此而往生喀什米爾之人。」

「再給我舉個例子，尊者。」

「大王，假設兩隻鳥在空中飛行，並將在同一時刻棲息，其中一隻在高處，而另一隻於低處。您認為哪一隻鳥的影子將先映現於地，哪一個將後映現於地？」

「兩隻影子將同時出現。不分先後。」

我們需要注意的是，這種「意識」是可死可生的，而不像不朽的靈魂那樣，一成不變。那爛陀長老寫道：

「永恆的靈魂永遠保持一成不變。如果說，被認為是人之根本的靈魂是永恆的話，人類就不可能有起有落，也就沒有人能夠解釋為什麼「不同的靈魂在一開始時就會如此多種多樣。」為了使永恆天堂的幸福無限存在，無間地獄無休止的痛苦合法化，就絕對有必要構想一個不死的靈魂。」[99]

這段話值得注意，除了表明有情眾生的「意識之流」不同於「永恆的靈魂」之外，也指出了靈魂不朽學說的問題之所在，同時指出，泡製這樣的理論，目的是為了使「永恆天堂的幸福無限存在，無間地獄無何止的痛苦合法化。」在佛法看來，天堂與地獄都不過是幻化之物，並不真實存在。有所謂「夢裡明明有六趣，覺後空空無大千。」迷則有三界，悟則十方空。

大乘對死亡的認識

大乘見道者也與小乘聲聞菩提一樣，視死亡為五陰消散。而且在堅信輪迴的同時，同樣否認靈魂不朽的理論。一些經典比較詳細地提到五陰之身是如何消散瓦解的。這些過程比較繁複，我們不以引述。

但與小乘不同的是，大乘認為人死之後，還有一個「中陰身」的存在。此一觀點認為

99. 《佛陀與佛法》，345.

解開死亡之謎。

眾生在死後，由於未必立即托胎受生，故在投胎之前仍存在著某種微細的細身，這便是中有身。中有以香味為食物，又名乾達婆（gandhAva），他因生前業報的緣故，會呈現所將受生的六道眾生的形狀，只是較為微細，不是常人所能得見。如受生為人，中有便如小兒，受生為牛便如牛的形貌。中有存在的時間，有至多七日，七七日或時日不限等說法，當其前世業力與今生父母相應之時，便在父母和合受孕之際投入其中，與精血結合再次受生。

關於「中陰身」，星雲法師這樣說：

「佛教主張人之所以會忘掉過去的事，是因為『隔陰之迷』。陰指的是『中陰身』，也就是人死了之後，至下一期再次受生期間的識身稱為『中陰身』。「中陰身」，六根具足，狀如三尺小兒，具有神通，能夠穿越銅牆鐵壁，去來迅速，無所障礙，唯有母親的子宮以及佛陀的金剛座不能穿過。『中陰身』有生死的現象，七日為期，死而後生，長壽者也不過七七四十九天，短暫者僅僅二七日或三七日，便去受生輪迴。由於這個『中陰身』的隔離，使我們忘記前生的種種造作，不知身為何道眾生。」[100]

「中陰身」的觀念，為目前流行於華人之中的「做法事」超度亡靈，提供了理論基礎。在這樣的超度之中，法師多以念佛念經回向亡靈消除罪業、依靠佛力救度亡者往生佛國淨土，出離三界六道生死輪迴苦海。

初看之下，「中陰身」觀念的引進，找到了今生與來世之間的連續的紐帶。但這種沒有物質形體的「中陰身」，與常住的靈魂多少有些相似。而佛教從根本上又是反對靈魂不朽的說法的。

至於死後的去向，大致有二個方向：脫離輪迴而往生，或因自己生前的業力所牽，墮入六趣輪轉不休。墮於畜生道者，任人役使宰割；墮於餓鬼道，百年難食一飽；墮於

100. 星雲，《人間佛教叢書》，"佛教對輪迴的看法"，http://www.fgs.org.tw/master/masterA/books/delectus/buddhist-book/08-05.htm，2013 年 9 月 17 日。

地獄道，更是慘不忍睹，一天之中就有上千次死去活來，而且佛經說這種悲慘的境況時間極其漫長，沒有出頭之日。佛家常以此警醒世人，惜生護生，善用今生，努力學道，以免入地獄之中。因為一旦失去人身，就將萬劫不復。而人身是唯一能有來脫離輪迴的媒介。

值得一提的是，西元五世紀的範縝（450—515 年），曾寫過一篇《神滅論》，挑起了關於神滅與神不滅的激烈的爭論。有興趣的讀者，可自行查找一些相關資料，瞭解爭論的內容與發展。

綜上所述，在佛法之中，死亡既是一個生命現象的終結，也是進入另一個生命現象的開始；唯如此，才能反映佛家所反對的「斷見」。或者，換句話說，死亡被輪迴吞沒了。

《聖經》中的死亡觀

在《聖經》之中，人類的始祖為上帝所造。其餘的人為父母所生。始祖本在伊甸園，因犯罪而被逐出。這是對人從哪裡來，最為簡明的回答。

從組成來看，人為塵土與上帝之生氣聚合而成。「耶和華上帝用地上的塵土造人，將生氣吹在他鼻孔裡，他就成了有靈的活人，名叫亞當。」（創世記 2：7）《聖經》中雖然也用到相當於「靈魂」的字眼，但其基本意思，則是指作為一個整體的人，而非指人體之內的所謂看不見摸不著、在人死之後可以出竅的那個純粹精神性的不朽之靈魂。《聖經》靈光照耀下的人，是身心一體的人。在某種程度上，與佛法中所說的「心法」與「色法」相約。身心共體，不可分割。如火之於薪，薪燃火起，薪燼火滅；無有薪盡而火尤存之說。

死即回歸塵土

上帝造人的過程雖奧妙無窮，但人類走向死亡的過程，卻並不複雜。好比「銀鏈折斷，

金罐破裂，瓶子在泉旁損壞，水輪在井口破爛，塵土仍歸於地，靈仍歸於賜靈的上帝。」（傳道書 12：6 — 7）

追溯到人類的始祖亞當。造他之時，上帝曾吩咐他不可吃分別善惡樹上的果子，並且指出「吃的日子必定死。」（創世記 2：17）而這個死的過程，則體現在「回歸塵土」之上。在對亞當進行處理時，上帝發出了以下的判語：

又對亞當說：
「你既聽從妻子的話，吃了我所吩咐你不可吃的那樹上的果子，
地必為你的緣故受咒詛；你必終身勞苦，才能從地裡得吃的。
地必給你長出荊棘和蒺藜來；你也要吃田間的菜蔬。
你必汗流滿面才得糊口，直到你歸了土，因為你是從土而出的。
你本是塵土，仍要歸於塵土。」
〈創世記〉3：17 — 19

死者沒有知覺

從前面的討論我們已經看明出，若追根溯源，「靈魂不朽」的說法，實來自撒但在伊甸園所說「你們不一定死。」的欺騙。這句話與上帝所說「只是分別善惡樹上的果子，你不可吃，因為你吃的日子必定死！」（創世記 2：17）背道而馳。

人的肉身之內既無不朽的靈魂，那麼，當人回歸塵土，入土為安之後，是否還存在某種程度上的「知覺」呢？《聖經》的答案是否定的。

①《聖經》啟示，人一死，就停止了思想。

「你們不要倚靠君王，不要倚靠世人；他一點不能幫助。
他的氣一斷，就歸回塵土；他所打算的，當日就消滅了。」
〈詩篇〉146：3 — 4

②死 人毫無所知，愛恨俱消

「活著的人知道必死；死了的人毫無所知，也不再得賞賜；

他們的名無人紀念。他們的愛，他們的恨，他們的嫉妒，早都消滅了。

在日光之下所行的一切事上，他們永不再有分了。」

〈傳道書〉9：5 — 6

③死人不會讚美上帝

「耶和華啊，求你轉回搭救我！因你的慈愛拯救我。

因為，在死地無人紀念你，在陰間有誰稱謝你？」

〈詩篇〉6：4 — 5

「死人不能讚美耶和華；下到寂靜中的也都不能。」

〈詩篇〉115：7

「原來，陰間不能稱謝你，死亡不能頌揚你；

下坑的人不能盼望你的誠實。

只有活人，活人必稱謝你，像我今日稱謝你一樣。

為父的，必使兒女知道你的誠實。」

〈以賽亞書〉38：18 — 19

在《聖經》的啟示之中，生死之間有鴻溝相隔，生裡沒有死，死裡沒有生。人的生命是一個過程，人體內的物質與人體之外進食的物質，都是使人的生命現象得以延續的一環。人的知覺與意識也是以肉體為載體的。當死亡降臨時，生命離開人體，一切還歸於簡單的物質組合，人的意識與知覺也隨之中止。

根據《聖經》的啟示，人的一生的是非功過，並不需要由個體的知覺來傳遞，而是保存在天上的冊子上，記錄在案。上帝將公平的審判各人，照人一生的心思意念與言語行動來報應各人。

人死如睡

對這種人死無知的狀況，《聖經》中以睡來形容死人的狀態。新約《聖經》上記載了一則故事。馬太與馬利亞，是耶穌忠實的門徒。她們有一個弟弟，名叫拉撒路。拉撒路得了重病，兩位姐姐就請人去找耶穌。耶穌並沒有立即回應，而是等了二天。之後，耶穌與跟從他的門徒有了以下的對話。

「耶穌說了這話，隨後對他們說：『我們的朋友拉撒路睡了，我去叫醒他。』
　　門徒說：『主啊，他若睡了，就必好了。』耶穌這話是指著他死說的，
他們卻以為是說照常睡了。耶穌就明明的告訴他們說：『拉撒路死了。』」
〈約翰福音〉11：11 — 14

在這段對話中，很明顯，耶穌用「睡了」來描述拉撒路死了的情形。實際上，《新舊約聖經》在這一點上是一致的。〈列王記〉中在描述列王去世時，一律都用「與他列祖同睡」的說法。下面再引幾節經文為例：

「睡在塵埃中的，必有多人復醒。其中有得永生的，有受羞辱永遠被憎惡的。」
〈但以理書〉12：2

「墳墓也開了，已睡聖徒的身體多有起來的。」
〈馬太福音〉27：52

「後來一時顯給五百多弟兄看，其中一大半到如今還在，卻也有已經睡了的。」
〈哥林多前書〉15：6

「主要降臨的應許在哪裡呢？因為從列祖睡了以來，
萬物與起初創造的時候仍是一樣。」
〈彼得後書〉3：4

《聖經》中用「睡了」來描繪死人的狀況，也是從另外一個方面，形像地說明死人毫

無所知。

二次的死

根據《聖經》的啟示，一般來說，每個人都會經歷二次的死。一次是自然生命的終結，或壽終正寢，或死於非命；都會進入上面所說的睡了那種死。但第二次的死法，卻有所不同。一種是向自我死亡，在水中受洗，象徵性地在水中與基督同死、同埋葬、同復活。

> 「我因律法，就向律法死了，叫我可以向上帝活著。
> 我已經與基督同釘十字架，現在活著的不再是我，乃是基督在我裡面活著；
> 並且我如今在肉身活著，是因信上帝的兒子而活；祂是愛我，為我捨己。」
> 〈加拉太書〉2：19 — 20

> 「凡屬基督耶穌的人，是已經把肉體連肉體的邪情私欲同釘在十字架上了。」
> 〈加拉太書〉5：24

所有的我執、我慢、我見、我欲，都要隨著這象徵性的死而死去。人成為在基督裡面的新造的人，「脫去舊人和舊人的行為，穿上了新人。這新人在知識上漸漸更新，正如造他主的形像。」（歌羅西書 3：10）

經歷了這樣的屬靈的死亡的人，在末後要復活，獲得不朽壞的身體，與救他們的主永遠在一起。這是頭一次的復活。

然而，在這一次復活中無分的人；或者說，在生前沒有經歷屬靈的死的人，就要親身經歷第二次的死。他們要在義人復活之後的第一千年從墳墓中復活，回復到進入墳墓時的樣子，也可以說是一種特別意義上的「輪迴」吧！第二次的死不同於人在寬容期裡的死，那次的死並非為需要承擔自己一生的罪孽而死。但凡要經歷第二次的死的人

與天使，都要被定罪，承受自己一生所行的惡果。到那個時候，有火從天下降一上，整個地球成為一片火海，所有的要經歷第二次死的天使與惡人，都要在火海中被燒滅，永遠不復存在。

《聖經》啟示錄是這樣來描述這第二次的死的：

「死亡和陰間也被扔在火湖裡；這火湖就是第二次的死。」
〈啟示錄〉20：14

「惟有膽怯的、不信的、可憎的、殺人的、淫亂的、行邪術的、拜偶像的，和一切說謊話的，他們的分就在燒著硫磺的火湖裡；這是第二次的死。」
〈啟示錄〉21：8

這第二次的永死，《聖經》中也是長長的睡眠，不再醒起的睡覺來加以描述，如同「睡了長覺，永不醒起。」（耶利米書51：30，57）經歷第二次的死的人，無論是天使還是世人，均不再有復活的希望。

這燒滅惡者的火湖，就是習慣上我們常說的地獄。除了那時從天而降的聖城新耶路撒冷之外，整個地球都陷入火湖之中，成為末後地獄，成為執行第二次的死的地方。我們可以這樣來說，地獄是一個功能性的說法，是世界的末了所要發生的一個事件。當執行第二次死的事件完成，整個地球被火煉淨之後，火勢就會逐漸熄滅。而在這個廢墟之上，上帝要重新創造新的大地。

珍惜今生

行文至此，那蒙在死亡之謎上厚重的面紗終於被揭開了。死亡的真正原因，是因為罪，是因為違背上帝的律法。死亡就是死亡，是生命跡象的完全消失。死者毫無知覺，死

不是進入新的生命的起點，新的生命必須在有生之年決定。

人的生命有今生與來世，但今生是來世命運的決定者。人的死亡也有二次，一次是如同睡了還能醒起的生命的終結；一次是永遠的死亡：或象徵性的將罪惡的自我永遠的死亡，不復醒起，或親身地經歷第二次的死，如同醒了長覺，不再醒起。凡願望接受基督耶穌的生與死的人，都不必親身經歷那在熊熊地烈火中被焚燒地第二次的死。

「莫待老來方學道，孤墳多是少年人。
今生不向耶穌求，更待何時求永生。」
—古德

269
解開死亡
之謎

洞察人生

善惡報應
終有時。

佛教對因果報應的理解 ————————1

中國的佛教徒常把信佛與信因果聯在一起，甚至還會有人說：「你可以不信佛，但不可以不信因果。」因果律、因果報應與輪迴信仰，是連在一起的。佛經上說：「善惡之報，如影隨形；三世因果，循環不失。此生空過，後悔無追。」佛經提醒我們，人的行為或善或惡，必要相應的果報，這是鐵定的規律，不可忽視。

後來佛教根據「十二因緣」，又提出「三世二重因果」的理論，以此來說明因果報應的規律。簡單說，就是過去因到現在果；現在因到未來果。十二因緣涉及到過去、

現在和未來三世的因果鏈條。簡單來說，對於有情眾生，過去的一生行為，決定今世一生的狀況；今世一生的行為，決定來世一生的狀況，這就是因果報應。

一般來說，佛門相信小善得小善報，小惡得小惡報；大善得大善報，大惡受大惡報。但是善惡的報應其實並不簡單，而是隱微而複雜的；而且也只有因緣相和才能生報。這樣的認識表明，業與報並非簡單地一一對應。《涅槃經》上講：「業有三報，一現報，現作善惡之報，現受苦樂之報；二生報，或前生作業今生報，或今生作業來生報；三速報，眼前作業，目下受報。」這樣的說法，就從一個方面表現了業報的複雜性。但無論如何，善惡有時終須報，不會有分毫的差錯。

還有一個問題需要指出來，那就是在相信因果業報公平公正的同時，佛門還認為善惡報業不能輕易互相抵消。換句話說，善惡是不能輕易地「轉業」的。但轉業並非不可能。「轉業」的意思，是指「原有的福報，因作惡而發生轉變」；或者是「原有的惡報，因懺悔、止惡、行善、念佛而發生轉變。」按照佛教的理解，這時被轉變的業報，或者由重轉輕、由輕轉無；或者現報轉為後報、後報變為現報；或者根本斷滅，或者暫時中止而隱伏，以後遇緣仍會再發。情形複雜，無法一概而論，也難有一個簡單的答案。無疑，「轉業」的可能性，給眾生帶來了希望。那麼，怎麼決定什麼是善，什麼是惡呢？從概念界定上來說，佛教認為導致快樂的思想行為是善，導致苦難的思想行為是惡。在這一點上，小乘和大乘佛教的看法略有不同，小乘認為不傷害別人的行為是善行；大乘則認為不傷害別人並不等於有利於眾生，善的標準應該是有利於眾生，使一切眾生得到幸福和快樂。

如果要再說得仔細一點，大乘佛教通常會以「十善業」為善惡的標準。按照淨空法師的介紹，身的惡業有三個，殺生、偷盜、淫欲；反過來就是身的三善業，不殺生、不

偷盜、不淫欲。這個標準的境界淺深廣狹，完全由自己的善根、因緣、程度。

口有四種惡業，妄語是說話不誠實，存心騙人；兩舌是撥弄是非，說人家壞話；綺語是花言巧語，誘惑眾生；惡口，說話很難聽、很粗魯；反過來就是四種善，不妄語、不兩舌、不綺語、不惡口。

意有三種惡業，貪心、嗔恚、愚癡；反過來是三種善業，不貪、不嗔、不癡。

「十善業」主要是從身、口、意三個方面說明為人處世的原則。佛教的殺生，有超出人的生命層次而延及到動物身上的意思。其他各項說法，大致還是限於人與人之間的行為規範。

在佛教而言，因果業報至為根本。在佛教裡人們常「諸惡莫作。諸善奉行。自淨其意。是諸佛教。」奉為圭臬（音「歸臬」），以之攝盡佛海教誨的總結。又認為大小乘八萬之法藏，均自此一偈流出。其實在這一偈的背後，不難看出因果律的影子來。

然而我們看到，佛教因果律有一個大前提，那就是生命是可以自動地延續的。如果這個大前提不存在，則建立在這個前提基礎之上的其他推論，也就難以一一生效了。試想，有情眾生若不能輪轉不息，何來三世二重因果？

這個關涉生命的大前提，正是《聖經》所關注的核心問題。

《聖經》中的因果與審判　　　　　　　2

轉過來看基督教，那貫穿於《聖經》之始終的一個基本教訓就是審判。從根底上說，

因果律與審判在概念上極為相似，甚至可以認為是同一個概念的不同說法。《聖經》中對於善惡的標準，審判主，審判的因緣，審判的程式與結果，均有著清晰明確的說明。

何謂善以及如何行善

《聖經》首先確定了何為善。耶穌在世時，曾經有一個人來見耶穌，談到了人可以通過做什麼善事而使生命延延綿不斷的故事。

「有一個人來見耶穌說，夫子，我該作什麼善事，才能得永生。耶穌對他說，你為什麼以善事問我呢？只有一位是善的，你若要進入永生，就當遵守誡命。他說，什麼誡命。耶穌說，就是不可殺人，不可姦淫，不可偷盜，不可作假見證，當孝敬父母。又當愛人如己。那少年人說，這一切我都遵守了。還缺少什麼呢？耶穌說，你若願意作完全人，可去變賣你所有的，分給窮人，就必有財寶在天上，你還要來跟從我。那少年人聽見這話，就憂憂愁愁地走了。因為他的產業很多。」（馬太福音 19：16 — 22）

這位少年人，坐擁豐厚的家道，對常住不息的永生充滿了嚮往。他問耶穌，這常住不息的永生可以透過做什麼樣的善事而獲得？耶穌的問答令人稱奇！「只有一位是善的」。只有那堪稱生命之本質的自在永在的上帝，才是唯一的善！

在這段簡短的對話裡，耶穌提出了進入永生的二個條件：第一，「你若要進入永生，就當遵守誡命。」第二，「你還要來跟從我。」這並不難理解，因為耶穌就是道成肉身的上帝，祂本為善；其次，上帝的誡命乃是良善的上帝本性的寫照，故而也就是善惡的標準，若要行善，自然要照著上帝的誡命而行。換句話說，誡命確定了行善的標準，而耶穌則是善的化身與榜樣。

那麼，什麼是上帝的誡命呢？少年人引用了幾條，「不可殺人，不可姦淫，不可偷盜，不可作假見證，當孝敬父母。又當愛人如己。」這幾條引自猶太人熟識的十條誡命。這十條誡命的核心是第四條，前三條誡命可以視為是第四條誡命在上帝層面的展開；而後六條誡命，則是第四條誡命在人的範圍的應用。與佛門的「十善業」相比，《聖經》所啟示的十誡超出了人與人之間的行為規範，涵蓋人與上帝之間的行為關係準則。這些準則的制度是人的心思所不可思議，不能覺悟到的。十誡因其直接關涉創造天地萬物的上帝，其所涉及之範圍廣大無邊，三界內外，無所不包。

「世人哪，耶和華已指示你何為善。祂向你所要的是什麼呢？只要你行公義，好憐憫，存謙卑的心，與你的上帝同行。」（彌迦書6：8）何為善？耶和華上帝為善，祂所賜的十誡律法為善（羅馬書7：12）。而耶穌作為人子，樹立了行善的榜樣，基督作為上帝之子，又賜給人行善的力量。

人的本性與行善行惡

然而，《聖經》對人的本性與行善的能力卻並不樂觀。上帝造人，本來是按著自己的形像和樣式造人，但因為亞當犯罪，人類的性情發生了巨大的改變。起初那反映神聖之性情的「性本善」或「本明」的良善之本性喪失，而代之以如撒但一樣偏離正道，作惡犯罪之癡迷、「無明」的本性。

「耶和華從天上垂看世人，要看有明白的沒有，有尋求神的沒有。他們都偏離正路，一同變為汙穢。並沒有行善的，連一個也沒有。」（詩篇14：2—3）

之所以會出現沒有行善的，連一個也沒有，是因為人都是依照自己的本性行事。因為犯罪，人的本性既已愚鈍癡迷，遠離良善，自然就不會有人可以行善了。正所謂，「江山易發，本性難移。」《聖經》有類似的經文說到這一現象，「古實人豈能改變皮膚呢？

豹豈能改變斑點呢？若能，你們這習慣行惡的便能行善了。」（耶利米書 13：23）那麼，又如何解釋那在人世間時常可見的那些行善之人與行善之力呢？這行善之力就來自於那本為善的上帝！原來，那充盈於天地之間的浩然之氣，那不為世人所知覺的感化人心的趨善之願與行善之力，都來自基督的靈！是上帝的聖靈不停地在影響與感化著世人，激發他們行善的願望，又賦予他們行善的能力。無論什麼時侯，人若立志改良，若出於誠實從善的心意，這就是他們所不知覺的基督的能力在吸引他們，在感化他們。人的良心受到感動，表面的行為也就改良了。

其實，我們所常說的良心，乃是上帝的聲音，在人性情欲的掙扎中所聽聞的；若遭拒絕，則使上帝的聖靈擔憂，人也就進入我們所常說的良心泯滅的狀態了。對於沒有領受十誡律法的人，《聖經》上說，他們「若順著本性行律法上的事，他們雖然沒有律法，自己就是自己的律法。這是顯出律法的功用刻在他們心裡，他們是非之心同作見證，並且他們的思念互相較量，或以為是，或以為非。就在上帝藉耶穌基督審判人隱秘事的日子，照著我的福音所言。」（羅馬書 2：14 — 15）換句話說，在不瞭解十誡律法的人中間，人的良心就成為善的標準。常言的說「不違背良心」，所說的就是把良心當作善惡的標準而言。

而一旦人接受上帝的呼召，順從上帝的救恩，上帝就藉著聖靈將祂良善的律法寫在人心的心版上，人就與上帝立神聖的約：「我要將我的律法放在他們裡面，寫在他們心上，我要作他們的上帝，他們要作我的子民。」（希伯來書 8：10）這人就成為一個新造的人，有真理的仁義與聖潔。那從前對著人心說話的上帝的聲音，如今就藉著刻寫在人內心的良善的誡命律法而直接在人心中說話了。如此一來，「善人從他心裡所存的善，就發出善來。惡人從他心裡所存的惡，就發出惡來。」（馬太福音 12：35）

或行善或作惡，其果報如何？惡惡相爭，兩相傷害，均不能長久。唯有善善相惜，才能兩相得益，互利共存。因為上帝是善，上帝自在永在，又是生命的本質與源頭；因此，行善者所獲得的報償自然就是永遠存在的生命。與此相反對，作惡者的報應，則是永遠地消亡。

> 「不要自欺，神是輕慢不得的。人種的是什麼，收的也是什麼。
> 順著情欲撒種的，必從情欲收敗壞順著聖靈撒種的，
> 必從聖靈收永生。我們行善，不可喪志。若不灰心，到了時候，就要收成。
> 所以有了機會，就當向眾人行善。」
> 〈加拉太書〉6：7 — 10

佛教把因果業報分為現報、速報與生報三種。速報與現報多指在今生就得的報應；而生報則推及到未來生。所以，大致也可以說是現世報與來報二大類。如果我們參照佛教的術語來說明《聖經》中的審判與報應，大致也可以把它歸為現世報與來世報兩大類。比方說，一個人抽煙喝酒，可能會因他違反健康的法則而使他的健康受到影響，這就是現世報。這樣的人若不悔改，則有可能失去獲得永生的機會而永遠地滅亡；這就是來世報。（須要指出的是，這樣的說法，只為巧設方便，便於理解而已。）

在上面我們所引述的故事中，少年人憂憂愁愁地走了。〈路加福音〉也記載了這個故事。這故事的後面，還有下面這麼一段：

> 「耶穌看見他就說，有錢財的人進神的國，是何等的難哪。
> 駱駝穿過針的眼，比財主進神的國，還容易呢。
> 聽見的人說，這樣，誰能得救呢？耶穌說，在人所不能的事，在神卻能。
> 耶穌說，我實在告訴你們，人為神的國，
> 撇下房屋，或是妻子，弟兄，父母，兒女，沒有在今世不得百倍，
> 在來世不得永生的。」
> 〈路加福音〉18：24 — 30

很明顯，耶穌的話裡，把善行的福報分成了今世與來世得報二大類。《聖經》上說，「按著定命，人人都有一死，死後且有審判。」（希伯來書9：27）一個人只有也只需一次生死的機會，來斷定自己永遠的命運。每個人都會得到部分現世的果報，但最終的善惡報應，卻在人的一生結束之後。人死不能輪迴往生，卻要在末日復活。「行善的復活得生，作惡的復活定罪。」（約翰福音5：29）說得更詳細一些，就是「凡恒心行善尋求榮耀尊貴，和不能朽壞之福的，就以永生報應他們。惟有結黨不順從真理，反順從不義的，就以忿怒惱恨報應他們。」（羅馬書2：7—8）一個人一生所行的，或善或惡，均將在復活之後得以報盡。

《聖經》的目的就是勸人為善

審判是一件極其複雜的事情。一個人或善或惡的行為，除了影響到自己的果報之後，還對自己身邊的人帶來影響。既然上帝本善，上帝以慈愛為懷，那麼，對上帝的愛與恨，就成為選擇行善或作惡的一個具體的標準，分別產生不同的影響。

在十條誡命中，上帝宣告說：「恨我的，我必追討他的罪，自父及子，直到三四代，愛我，守我誡命的，我必向他們發慈愛，直到千代。」（出埃及記20：5—6）兩相比較，可以看出上帝是何等的慈愛。作惡的影響觸及三四代，但誠心向善，愛上帝的，心懷慈愛的，上帝要向他們發慈愛，直到千代！一個人行善或作惡，或惠及子孫，或殃及後人，影響深遠，不可不謹慎！

《聖經》中記載了以色列王大衛的兒子所羅門，不效法父親的榜樣，建造丘壇，祭拜偶像。為此，上帝要施行審判，讓所羅門收取他的惡行的現報。然而，念及其父大衛的德行，上帝又手下留情。這一段記載甚為感人。

「所以耶和華對他說，你既行了這事，不遵守我所吩咐你守的約和律例，
我必將你的國奪回，賜給你的臣子。然而，因你父親大衛的緣故，
我不在你活著的日子行這事，必從你兒子的手中將國奪回。
只是我不將全國奪回，要因我僕人大衛和我所選擇的耶路撒冷，
還留一支派給你的兒子。」
〈列王紀上〉11：11 — 13

但這不是說，父債子償，或父德子受。《聖經》上明確的說：「惟有犯罪的，他必死亡。兒子必不擔當父親的罪孽，父親也不擔當兒子的罪孽。義人的善果必歸自己，惡人的惡報也必歸自己。」（以西結書 18：4）挪亞，但以理，約伯是《聖經》中所記載的三個義人，但是他們的義也只能救自己的性命，不能蔭庇旁人。「人子阿，若有一國犯罪干犯我，我也向他伸手折斷他們的杖，就是斷絕他們的糧，使饑荒臨到那地，將人與牲畜從其中剪除。其中雖有挪亞，但以理，約伯這三人，他們只能因他們的義救自己的性命。這是主耶和華說的。」（以西結書 14：14）

《聖經》教導我們行善，卻不可故意叫人看見。「若是這樣，就不能得你們天父的賞賜了。 …… 你施捨的時候，不要叫左手知道右手所作的。要叫你施捨的事行在暗中，你父在暗中察看，必然報答你。」（馬太福音 6：1 — 4）這樣的行善，與常話中所說的「積陰德」，不無相似。

真正的行善，是不求回報的行善。有一次有人請耶穌吃飯，他藉機對在座的人說：「你擺設午飯，或晚飯，不要請你的朋友，弟兄，親屬，和富足的鄰舍。恐怕他們也請你，你就得了報答。你擺設筵席，倒要請那貧窮的，殘廢的，瘸腿的，瞎眼的，你就有福了。因為他們沒有什麼可報答你。到義人復活的時候，你要得著報答。」（路加福音 14：12 — 14）

《聖經》中勸人行義為善，遠離諸惡的經文俯拾即是。我們再摘錄一段供讀者賞閱。

「義人的腳步，被耶和華立定。

他的道路，耶和華也喜愛。

他雖失腳，也不至全身仆倒。因為耶和華用手攙扶他。

我從前年幼，現在年老，卻未見過義人被棄。也未見過他的後裔討飯。

他終日恩待人，借給人。他的後裔也蒙福。

你當離惡行善，就可永遠安居。

因為耶和華喜愛公平，不撇棄他的聖民。他們永蒙保佑。

但惡人的後裔，必被剪除。

義人必承受地土，永居其上。

義人的口談論智慧，他的舌頭講說公平。

上帝的律法在他心裡。他的腳總不滑跌。」

〈詩篇〉37：23 — 31

這也不奇怪，因為「《聖經》都是神所默示的（或作凡神所默示的《聖經》），於教訓，督責，使人歸正，教導人學義，都是有益的。叫屬神的人得以完全，預備行各樣的善事。」（提摩太後書 3：16 — 17）總結一句話，《聖經》是教人學義行善的！

耶穌與「轉業」的可能性 ———————— 3

《聖經》的美妙之處不僅在於勸人離惡向善，而且還在於給人指出一條「轉惡為善」的「轉業」妙道！《聖經》給每個人帶來希望。惡人若回頭離開所行的惡，就必得善報。相反，義人若離棄所行的義而行惡，他所行的義也不被紀念。

「惡人若回頭離開所做的一切罪惡，謹守我一切的律例，行正直與合理的事，他必定存活，不致死亡。 他所犯的一切罪過都不被紀念，因所行的義，他必存活。主耶和華說：惡人死亡，豈是我喜悅的嗎？不是喜悅他回頭離開所行的道存活嗎？」（以西結書 18：21 — 23）

「義人若轉離義行而作罪孽，照著惡人所行一切可憎的事而行，他豈能存活嗎？他所行的一切義都不被紀念；他必因所犯的罪、所行的惡死亡。你們還說：主的道不公平！以色列家啊，你們當聽，我的道豈不公平嗎？你們的道豈不是不公平嗎？義人若轉離義行而作罪孽死亡，他是因所作的罪孽死亡。再者，惡人若回頭離開所行的惡，行正直與合理的事，他必將性命救活了。因為他思量，回頭離開所犯的一切罪過，必定存活，不致死亡。」（以西結書18：24—28）

「以色列家還說：主的道不公平！以色列家啊，我的道豈不公平嗎？你們的道豈不是不公平嗎？所以主耶和華說：以色列家啊，我必按你們各人所行的審判你們。你們當回頭離開所犯的一切罪過。這樣，罪孽必不使你們敗亡。你們要將所犯的一切罪過盡行拋棄，自做一個新心和新靈。以色列家啊，你們何必死亡呢？主耶和華說：我不喜悅那死人之死，所以你們當回頭而存活。」（以西結書18：21—31）

佛典也說：「前心作惡，如雲覆月；後心起善，如炬消暗。」（《佛說未曾有因緣經》）但沒有說明依什麼樣的基礎使這種轉業成為可能。

這種「轉業」是需要基礎與前提的：那就是不能因為要轉業違背「因果律」。道成肉身的耶穌，為實現轉業的可能提供了充分的可能性。本為上帝之子的基督，成為人的樣式，在人間度過了全然無罪的聖潔生活，表明人性若與神性合作，是完全有可能達到聖潔的境界的。「上帝使那無罪的，替我們成為罪。好叫我們在他裡面成為上帝的義。」「這就是上帝在基督裡叫世人與自己和好，不將他們的過犯歸到他們身上。」（哥林多後書5：21；19）因為有了基督為世人的罪而付上代價，受罪人所當受的罰，使得上帝律法與審判的公義得到滿足，這樣，凡願意接受耶穌無限犧牲的罪人，「他就是新造的人。舊事已過，都變成新的了。」（哥林多後書5：17）這就如同一個人欠了債，若有人替他還清了債，這個人就是一個自由之身，不再背負任何債務的重擔了一樣。

耶穌的犧牲，一方面說明了犯罪作惡之人所必有的結果，另一方面說明了上帝對罪人的無限的慈愛。耶穌的復活同樣也具有雙重的意義，一方面表現在上帝的大能；另一方面，指明了行善之人得必有的美好的結局。

耶穌的犧牲不僅沒有破壞上帝所定的律法，而且因為祂貴為上帝之子，仍服從律法的要求，從而堅固與高舉了上帝的律法，使律法「為大、為尊」。 在遵守與維護「因果律」的前提下，為誠心悔改的罪人開了一條通向永生的道路。

善惡報應的時間與結果 —————————— 4

所羅門王在考察了人生的各種境遇之後，作出這樣的總結：「這些事都已聽見了。總意就是敬畏神，謹守他的誡命，這是人所當盡的本分。因為人所作的事，連一切隱藏的事，無論是善是惡，神都必審問。」（傳道書 12：13 — 14）然後，上帝做事有自己的時間表。《聖經》中有一段話，在這方面作了很好的闡釋。

> 「凡事都有定期，天下萬務都有定時。生有時，死有時。
> 栽種有時，拔出所栽種的，也有時。
> 殺戮有時，醫治有時。拆毀有時，建造有時。
> 哭有時，笑有時。哀慟有時，跳舞有時。
> 拋擲石頭有時，堆聚石頭有時。
> 懷抱有時，不懷抱有時。尋找有時，失落有時。
> 保守有時，捨棄有時。撕裂有時，縫補有時。
> 靜默有時，言語有時。喜愛有時，恨惡有時。爭戰有時，和好有時。」
> 〈傳道書〉3：1 — 8

同樣，上帝審判行善之義人與作惡之人的工作，也與「各樣事務，一切工作」一樣，「都

有定時。」（傳道書3：17）

談到審判，人們一般會想到監獄。佛教中的果報，也讓人常想到閻羅王與地獄。民間更有十八層地獄之說。佛門的一些勸善的流通物，也常以地獄之苦來警醒人不以善小而不為，不以惡小而為之。

但是《聖經》中的審判，不同於上述的審判觀。《聖經》中的審判是以天國，而不是以地獄為導向的。上帝行審判的最初目的，不是為了定罪人的罪，而是為了看有多少人接受上帝的恩賜，將自己的罪交給耶穌，好宣佈悔改信耶穌之罪人所犯的一切罪，都已因信靠基督的救恩而得到完全徹底的赦免，得到完全地塗抹。天上地上，再也找不到他們所犯之罪的任何記錄了。上帝的審判乃是一個令人振奮的福音！其關鍵的所在，是有耶穌與信靠他的人同在，一起過審判關！倘若讓每個人自己單獨面對審判，那就不是有罪無罪的問題，不是是否受罰的問題，而是罪的大與小的問題，是受罰的輕重的問題。

在現世的報應之中，似乎並不存在「善有善報，惡有惡報」的直接對應的規律。因為宇宙之間存在的基督與撒但之間的善與惡的大鬥爭，使得今生的報應常不能直接反映出行善或作惡的果報。傳道人這樣寫道：「世上有一件虛空的事，就是義人所遭遇的，反照惡人所行的。又有惡人所遭遇的，反照義人所行的。我說，這也是虛空。」（傳道書8：14）現實生活中，修橋補路者不得好死有之，禍國殃民者，洪福齊天者亦有之。表面上，似乎是老天不公。其實這都是因為有魔鬼撒但的攪局，混淆了善惡報應的結果。

約伯的經歷

〈約伯記〉一書記錄了被上帝稱為義人的約伯為何受苦難的根由及其解除的結果。

他的遭遇，讓我們看到宇宙間所進行的曠日持久的善惡大鬥爭是如何影響到世人的命運。約伯受苦難的原因，並非因為他自己所作的惡，而是撒但設計攻擊他，使他喪失房屋、家產、親生兒女，甚至他自己也身染重病，求死不得，求生不能。他的朋友們來看望他，看不到善惡大鬥爭攪亂了「善有善報，惡有惡報」的對應規律，而是以因果對應的簡單邏輯來開導他，將他受的苦歸咎於他自己的罪。這樣的推理與勸導，非但沒有令他得到些許安慰，反而更加心煩痛苦。書的結尾處，上帝以宇宙間所進行的更大的「麻煩」——上帝與撒但之間的善惡大鬥爭來開啟約伯，使他認識到他個人的「小麻煩」是與上帝在全宇宙的「大麻煩」聯在一起的。當宇宙間的「大麻煩」解決之後，個人的「小麻煩」也就隨風飄去，不復存在了。這樣的認識，帶給了約伯更堅定的信心與更樂觀的希望。最終，上帝仍舊大大地賜福了約伯，帶給他更多的牲畜與兒女，安享晚年，抱著復活的盼望，無疾而終。

不對稱的現實

善惡大鬥爭的進行雖然暫時打破了「善有善報，惡有惡報」的一一對應規律。然而，「惡人誇勝是暫時的，不敬虔人的喜樂，不過轉眼之間嗎？他的尊榮雖達到天上，頭雖頂到雲中，他終必滅亡，像自己的糞一樣。」（希伯來書 20：5—7）同理，義人的憂愁也是暫時的。「但如今，在百般的試煉中暫時憂愁。叫你們的信心既被試驗，就比那被火試驗，仍然能壞的金子，更顯寶貴。可以在耶穌基督顯現的時候，得著稱讚，榮耀，尊貴。」（彼得前書 1：7—8）

這種「暫時」有一個人所不可思議不可摸透的定期。經上說，「世人蒙昧無知的時候，神並不監察，如今卻吩咐各處的人都要悔改。因為祂已經定了日子，要藉著祂所設立的人，按公義審判天下。並且叫祂從死裡復活，給萬人作可信的憑據。」（使徒行傳17：31）

事實上，根據《聖經》的啟示，上帝針對善者與惡者的審判有不同的時間表。我們已經瞭解，世界歷史的終結之日，就是基督復臨之時。耶穌說：「看哪，我必快來。賞罰在我，要照各人所行的報應他。」（啟示錄 22：12）既說基督復臨之時帶著賞罰而來，就說明在復臨之前，必已經歷一定的審判程式，確定了賞罰的對象。

善惡審判不同時

在上帝審判的時間表中，是先賞後罰，先賞義人，再罰惡人。換句話說，上帝的審判是先針對義人，之後才來審判惡人。使徒彼得說，「因為時候到了，審判要從上帝的家起首。若是先從我們起首，那不信從神福音的人，將有何等的結局呢？」（彼得前書 4：17）這句話就點明瞭上帝的審判過程中的兩個不同階段：先義人再惡人，先審上帝的家，再審在這個家之外的所有的人與天使。讓我們再次重複一下，義人之所以為義，是因為他們藏身於義者耶穌裡。

耶穌在離開門徒回到天家之前曾這樣對他們說：「你們心裡不要憂愁。你們信神，也當信我。在我父的家裡，有許多住處。若是沒有，我就早已告訴你們了。我去原是為你們預備地方去。我若去為你們預備了地方，就必再來接你們到我那裡去，我在哪裡，叫你們也在哪裡。」（約翰福音 14：1 — 3）這個預備地方的過程，就如同打掃房間一樣，要把房間裡的灰塵打掃乾淨，好讓客人能夠入住。

以色列人在地上有獻祭的禮儀。他們獻上祭牲的血，好潔淨用於崇拜的聖所。「按著律法，凡物差不多都是用血潔淨的，若不流血，罪就不得赦免了。照著天上樣式作的物件，必須用這些祭物去潔淨。但那天上的本物，自然當用更美的祭物去潔淨。」（希伯來書 9：22 — 23）既說到潔淨，就表明物件被汙穢了。天上的本物，也需要潔淨，也隱含著天上的住處被汙穢了。耶穌去，就是要潔淨這些汙穢，把天父家中的許多住

處，一一打掃乾淨。好接凡信靠祂的人，去到那裡。關於基督的復臨，《聖經》上這樣說，「將來要向那等候祂的人第二次顯現，並與罪無關，乃是為拯救他們。」（希伯來書 9：28）

耶穌的愛徒約翰在拔摩島上寫道，「我又觀看，見有一片白雲，雲上坐著一位好像人子，頭上戴著金冠冕，手裡拿著快鐮刀。又有一位天使從殿中出來，向那坐在雲上的大聲喊著說，伸出你的鐮刀來收割。因為收割的時候已經到了，地上的莊稼已經熟透了。」（啟示錄 14：14 — 15）這明顯是指基督復臨，收取地上的莊稼的景象。在這件大事發生之前，還有一道最後的福音要傳給住在地上的人。

三天使信息

經上說著說，「我又看見另一位天使飛在空中，有永遠的福音要傳給住在地上的人，就是各國各族各方各民。他大聲說，應當敬畏神，將榮耀歸給他。因他施行審判的時候已經到了。應當敬拜那創造天地海和眾水泉源的。」（啟示錄 14：6 — 7）

結合上述兩段經文可以看出，在基督復臨之前的某個時刻，「審判的時候已經到了」，世界歷史進入尾聲。等基督復臨時，世界歷史就走向終點。如上所述，這個時候所審判的物件是行善的義人，也就是信耶穌（善的本體），接受上天的救恩的人。這樣的審判被稱之為「永遠的福音」的核心，是因為這審判不是為定人的罪，乃是為了救人。凡接受這永遠的福音信息的人，都有耶穌代表他過審判關，把他的罪一筆勾消，好像從未犯過罪一樣。

《聖經》中的三天使信息，與佛經所說的「老病死」三天使警告，在內容上雖有所不同，但警告的目的都是為了讓聽者獲得生命。《聖經》中永遠的福音所傳的信息，是永恆的生命。

基督第二次降臨的時候，所有死了的義人都要復活，與那時還活著的義人一起變化升天，得著永生的報償。「因為主必親自從天降臨，有呼叫的聲音，和天使長的聲音，又有神的號吹響。那在基督裡死了的人必先復活。以後我們這活著還存留的人，必和他們一同被提到雲裡，在空中與主相遇。這樣，我們就要和主永遠同在。」（帖撒羅尼迦前書 4：16 — 17）

這是頭一次的復活，是義人的復活。惡人的復活，還需要等一千年。在這一千年中，即常說的「千禧年」期間，復活的義人要審判所有的惡者，包括地上的惡人以及以撒但為首的作惡的天使。

「我又看見幾個寶座，也有坐在上面的，並有審判的權柄賜給他們。我又看見那些因為給耶穌作見證，並為神之道被斬者的靈魂，和那沒有拜過獸與獸像，也沒有在額上和手上受過它印記之人的靈魂，他們都復活了，與基督一同作王一千年。」（啟示錄 20：4）

有人或許會問，為什麼義人的案件可以在世界歷史結束之前審理，而惡者的案件必須等到世界歷史終結之後才能進行？答案其實並不複雜。因為義人的功過，全由耶穌替代。他所作的惡，因基督的犧牲而得以一筆勾消；他所行的善，也被記在基督的功勞簿上。他的或善或惡所產生的影響，同樣都記在耶穌的帳簿上了。

然而，惡者的案件卻不是這樣。作惡之人死去時，他作惡的行為固然中止了；但其所產生的影響，卻未必同時中止。一個惡劣的行為所產生的直接的影響與惡劣的示範作用，或許要延續數代。因此，要精確地計量每個惡行及其影響，必須等到所有的行為中止，不再有可能產生任何新的行為或影響為止。只有到這個時候，才能準確地量度一個人一生的功過是非及其所造成的各種影響。所以，對於一個作惡者的審判，不能在這個人死去時開始，而必須等到全部的人類歷史終結，才能開始對其進行審查。

義人復活之後所要做的第一件事，就是參與千禧年對惡天使與所有惡人的審查，以便根據其所行的分別量刑。「豈不知聖徒要審判世界嗎？……豈不知我們要審判天使嗎？」（哥林多前書6：2—3）天上的審判，也是有根有據的。「我又看見死了的人，無論大小，都站在寶座前。案卷展開了。並且另有一卷展開，就是生命冊。死了的人都憑著這些案卷所記載的，照他們所行的受審判。」（啟示錄20：12）人一生的行為，天上都記錄在冊。無論是義人還是惡人，都照著天上的案卷所記錄的受審判。真正是「以事實為根據，以法律為準繩。」無論是對義人，還是對惡人的審判，都是公開，公平，公正。其審判的結果，經得住永恆的檢驗。

讀者可能注意到，現世報是在地上審，在地上報。而來世報，則是在天上審，在地上報。無論是對善人還是對惡者的審判，都是在天上進行的。審判的結果，「行善的復活得生，作惡的復活定罪。」（約翰福音5：29）行善的復活得永生，不再有悲哀與痛苦，永遠幸福喜樂地生活下去，去不斷探索永無止境的奧秘與高峰，不斷進入地認識那自在永在的創造主上帝。作惡的復活定罪，按所犯罪惡的深淺輕重，接受公正的處罰，直到徹底毀滅，不復存在。

洞察人生

人類的
歸宿。

隨著地球生態的日益惡化，越來越多的人開始意識到這個地球不可能成為人類永久的家園。日益繁忙的太空探測的目的之一，就是要為人類尋找地球以外的人類家園。人類最終的歸宿究竟在哪裡？如何才能到達那最圓滿的人類家園？這樣的問題，已成為現代生活中不可不問的問題。令人欣慰的是，釋迦的佛法與基督的福音，都提供了自己的答案，以指導現代人的探索之路。

佛法中的超越之境

對於學佛者來說，佛法雖然萬千，目標只有一個：或證涅槃寂靜，或入佛國淨土。可以說，這最終的目標，就是佛門所認定的人類歸宿。

涅槃寂靜

「涅盤寂靜」是佛門三法印中之一印，是佛門所追求的最高境界，是佛法的圓滿成就。佛家認為，涅盤是通過內在的智慧而證得的出世聖果，非純理性的邏輯推演可得，因為涅盤超越了邏輯的範疇。故此，要用語言來描述涅槃，就有強說不可說之嫌了。

涅槃的梵文是「Nirvava」。Nir 是「脫出」，vana 是「稠林」。涅槃者有走出稠林，得見天光之意。身陷稠林是迷，走出稠林是悟。

> 「盤名為趣，涅名為出，永出諸趣故名涅盤。
> 複次，盤名為臭，涅名為無，永無臭穢諸煩惱業，故名涅盤。
> 複次，盤名稠林，涅名永離，永離一切三火三相諸蘊稠林，故名涅盤。
> 複次，盤名為織，涅名為不，此中永無煩惱業縛，不織生死異熟果絹，故名涅盤。」
> 《大毘婆沙論》

因此，涅槃有出離、解脫、無臭、無煩惱等等意義。從字根來說，都帶有遠離煩惱狀態的意義在。

涅槃的巴厘文是 Nibbana。它的字根有兩種說法，一種是 Ni 是「離、吹」，Va 是「氣」，是吹熄之意，吹熄貪嗔癡三火為涅槃。那爛陀長老解釋為：「Ni 是一否定分詞；Vava 是波浪或貪欲意，此貪是聯結今生與後世的紐帶。涅槃，就是遠離（Ni）所謂的貪欲和欲望。」[101]

佛經中以熄滅為涅槃主要特徵的這種說法頗多，舉例如下：

> 「滅諸煩惱，名為涅槃。」
> 《涅槃經》

101. 那爛陀長老，《佛陀與佛法》，377.

「煩惱滅，三火息，三相寂，離諸趣。」
《大毗婆沙論》

「貪欲永盡，嗔恚永盡，愚癡永盡，一切煩惱永盡。是名涅槃。」
《雜阿含經》卷一，第 18 經

若取「熄滅」為涅槃的基本意，不難看出，涅槃實為四聖諦中的滅諦。「是滅除貪欲、嗔恨、愚癡、無明、邪見、是非、煩惱的一種清淨無染，也是物我雙亡、圓滿光明、自由自在的世界。」[102]

「是故滅聖諦是第一義，不思議是滅諦。」
《勝鬘經》

那麼，斷滅煩惱之後的涅槃是什麼樣子？佛經上說，

「涅槃之相，凡有八事，何等為八？
一者盡，二性，三實，四真，五常，六樂，七我，八淨。是名涅槃。」
《大般涅槃經》卷二十五，高貴德王品

照佛家的說法，涅槃不是什麼都沒有。煩惱斷滅，無明盡除，涅槃之境，徒現大明。涅槃之中，沒了無明，卻有大明。不僅有大明，而且還有法身常存。

「若油盡已，明亦俱盡。其明滅者，
喻煩惱滅，明雖滅盡，燈爐猶存。
如來亦爾，煩惱雖滅，法身常存。」
《大般涅槃經》卷四，如來性品

佛家對涅槃的說法與解釋很多，星雲總結說：「涅槃的詮釋，雖然諸經所用名義各異，

102. 星雲法師：佛光教科書第二冊第十九課「涅槃」，http://www.fgs.org.tw/fgs_book/fgs_schbook.aspx，2013 年 9 月 20 日。

可是理實無二，都是指『清淨自性，真實本體』，此自性本體『在聖不增，在凡不減』，因此《方等般泥洹經》卷二說，涅槃具有常住、寂滅、不老、不死、清淨、虛通、不動、快樂等八種法味。」[103] 星雲還提出了一個簡化的說法：「簡單的說：涅槃是泯除人我關係、時空障礙和物量對待的光明境界；涅槃是清淨的本性，真實的自我。」[104] 並且指出，「求證涅槃，就是要找回清淨的自性，能夠證悟涅槃，就能泯除人我關係的對立，超越時空的障礙，不被煩惱、痛苦、人我、是非、差別等種種無明所束縛而流轉生死。所以，涅槃是超越生死的悟界，能證入『涅槃』，就是人生的解脫。」[105]

在佛家看法，涅槃並不一定是人死之後才會發生的事情。在生前證得涅槃，叫做「有餘涅槃」；阿羅漢毀身後，證究竟涅槃，無物質殘餘的存在，名無餘涅槃。在《本事經》，佛陀宣說道：

「諸比丘，涅槃有二，何為二？有依和無依。由此，諸比丘，即身斷除煩惱，所作皆作，拋棄執著，獲證聖果，砸碎生命枷鎖，正知已得解脫，此人為阿羅漢。彼五根依然存在。只因不空此五根，故彼有苦樂之受，破除貪、嗔、癡名為有依涅槃。」

「諸比丘，何為無餘涅槃？由此，即身斷煩惱，……正知已得解脫。此生清涼，不復有樂受。此名無依涅槃。」

「見道無執著，指示二涅槃，一為此生具，斷流但有依，無依為未來，中止一切流，曉知無為法，斷流心解脫，深諳佛法者，除有得究竟。」

佛國淨土

除了上面所說的涅槃寂靜之外，漢代傳教中所流行的淨土宗，更為人類的歸宿提出了「佛國淨土」之說。于凌波在《向知識份子介紹佛教》一書中，有詳盡的介紹。

103. 星雲法師：佛光教科書 第二冊 第十九課「涅槃」，http://www.fgs.org.tw/fgs_book/fgs_schbook.aspx，2013 年 9 月 20 日。
104. 星雲，同上。
105. 星雲，同上。

人類的歸宿。

「所謂淨土,是指西方極樂世界。這是與我們這個娑婆世界稱為穢土者比較而言的。我們生存的這個世界稱為『娑婆國土,五濁惡世。』按娑婆義為堪忍,因為我們這個世界的眾生,雖受眾苦逼迫,仍安忍不求出離,故稱堪忍;西方世界無有眾苦,但受諸樂,故稱極樂。」

「西方淨土的由來,載在佛說無量壽經。經中說:世自在王如來住世時,有國王因聞佛法,發無上正真道意,棄國捐王,出家修道,號曰法藏。法藏比丘在世自在王佛前發下了四十八條度生大願,普度有情。這四十八願的十八、十九、二十願,說的是:『設我得佛,十方眾生,至心信樂,欲生我國,乃至十念,若不生者,不取正覺。』『設我得佛,十方眾生,發菩提心,修諸功德,至心發願,欲生我國,臨壽終時,假令不與大眾圍繞,現其人前者,不取正覺。』『設我得佛,十方眾生,聞我名號,繫念我國,植眾德本,至心回向,欲生我國,不果遂者,不取正覺。』」

「其後法藏比丘,請世自在王佛,為其廣說二百一十億諸佛國土的情狀作為藍本,經五劫之久,以大願力創造了這個極樂世界,法藏比丘成佛後號阿彌陀佛,就是這極樂世界的教主。」

「西方極樂世界,國土清淨平坦,氣候溫和適中,萬物光麗,宮殿莊嚴,六時雨花,寶蓮充滿,寶樹發音,化鳥演法,是一個微妙莊嚴的清淨國土。而極樂世界的眾生,身相端嚴,壽命無限,具六神通,常住正定,且具智慧辯才,得無生忍,道心不退,不墮惡道,這就是此西方世界所以稱為極樂,也所以稱為淨土的原因了。」[106]

似乎可以這樣認為,涅槃是性質與境界上的說法,而淨土則是空間上的說法。六趣中的人趣,以地球為生存空間。但解脫之後,似乎也應有一去向。西方極樂世界與佛國淨土的說法,部分地滿足了這方面的需要。

106. 于凌波,《佛教基本知識》之《向知識份子介紹佛教》,(新北:田中蓮華精舍,2011)183-184.

《聖經》關於人類的啟示與教訓，多限制在人類可經驗與檢驗的範圍內。根據《聖經》的啟示，「起初，上帝創造天地。」（創世記1：1）「天，是耶和華的天；地，祂卻留給了世人。」（詩篇115：16）人是地上一切的管理者，負有「治理這地，也要管理海裡的魚、空中的鳥，和地上各樣行動的活物」的責任。（創世記1：28）另外，上帝在造人之後，「耶和華上帝在東方的伊甸立了一個園子，把所造的人安置在那裡」，「使他修理看守。」（創世記2：8，15）可見，伊甸園是人類最初的家園，而整個地球，就是人類的工作場所。

伊甸家園

《聖經》對伊甸園的描寫也是異常的簡潔，樸實無華。

「耶和華上帝使各樣的樹從地裡長出來，可以悅人的眼目，
其上的果子好作食物。園子當中又有生命樹和分別善惡的樹。
有河從伊甸流出來，滋潤那園子，從那裡分為四道。」
〈創世記〉2：9 — 10

有河流從伊甸園流出來，不僅能滋潤那園子，而且還從那裡分為四道，成為四條河流。這樣的描寫告訴我們，伊甸園形如高山，四條大河的源頭既然都在這裡這，足見伊甸園中，必大有「瀑布掛前川」的盛景！這河流的水，能形成四條大河，也可想見其壯觀的景象，豈是「飛流直下三千尺」可比！《聖經》給出了這四道河的名字。

「第一道名叫比遜，就是環繞哈腓拉全地的。在那裡有金子，並且那地的金子是好的。在那裡又有珍珠和紅瑪瑙。第二道河名叫基訓，就是環繞古實全地的。第三道河名叫希底結，流在亞述的東邊。第四道河就是伯拉河。」（創世記2：11 — 14）

伊甸園香花滿地，果樹成林；居高華美，又有河水沖出，湍流成河。園子中間，有生命樹與分別善惡的樹，花香飄逸，果實累累。伊甸園的美，美不勝數，可用「山水甲天下」才形容。

然而，人類因為犯罪，雖仍生活在大地之上，卻痛失伊甸園。「耶和華上帝便打發他出伊甸園去，耕種他所自出之土。於是把他趕出去了；又在伊甸園的東邊安設基路伯和四面轉動發火焰的劍，要把守生命樹的道路。」（創世記3：23 — 24）中文翻譯這個「趕」字，沒能把希伯來原文的意思譯出來原文大致有二層意思：一是「離婚」、「分離」；二是帶著使命受差派。中文的一個「趕」字，表明了法律的公正性，但缺失了上天的慈愛本性；同時，也模糊了人類的使命感。換句話說，人類被逐出伊甸園之後，仍有使命在身。使命達成，即可凱旋。

人類受造之初，是按著上帝的形像和樣式而造。人生的使命，也就是要活出上帝的形像與樣式；在人的生命之中，表現「真我」的風采。用基督徒的語言來說，叫做彰顯上帝的榮耀。人類墮落之後，上帝藉著基督，付上沉重的代價，使人類能得良機，又差派聖靈加持，差派天使協助，幫助人類達成使命， 以便最終能回歸伊甸家園，回到上帝的身邊。

永生

然而，人類在回歸伊甸家園之前，必須先達成幾個事項。而這些事項中，最為關鍵的是，人類要「脫離世上從情欲來的敗壞」，以致「與上帝的性情有分」（彼得後書1：4）。那應報在犯罪之人類身上的或善或惡的報應，都要公正地執行。基督的道成肉身，在十字架上犧牲，就滿足了公正的律法對所有惡行的徹底報應之要求。當人接受耶穌的救恩，使自己身上的罪被赦免時，那導致死亡的根本因就不復存在了。在這種情勢之下，就可以說，人進入了永生。

「但現今，你們既從罪裡得了釋放，作了上帝的奴僕，
就有成聖的果子，那結局就是永生。因為罪的工價乃是死；
惟有上帝的恩賜，在我們的主基督耶穌裡，乃是永生。」
〈羅馬書〉6：22 — 23

永生，相當於佛法所說的「無量壽」，是人無法自製的。活著的人倘且不能製造短暫的生命，就更不可能憑一己之力而使自己獲得永遠的生命。這永生，是上帝在基督耶穌裡的恩賜，是一切領受上帝所預備的救恩之人都可獲得的。它與人的根器與生活中的各種境遇，沒有直接的對價關聯。

而永生的實質，是完全滅除我執、我欲、我慢、我見，以諸法實相（上帝）為認識內容的。「認識你獨一的真神，並且認識你所差來的耶穌基督，這就是永生。」（約翰福音 17：3）這種認識是經驗性認識，而非抽象的推演，它將在人自身永恆不止的生活中，以新的形態表現出來。「我們愛，因為上帝先愛我們。」（約翰一書 4：19），因受上帝無比之愛的激勵，被一種最為深沉最為廣博的愛所充滿，而愛上帝，愛天使，愛諸世界的生靈，愛與自己同類的世人，愛自己受託所管理的一切。充滿著人整個的心身而實現的人生。一切均為愛的上帝所造，為上帝所維繫，這樣的認知，以最深沉的感知印在人心裡。那是一種心心相印的欣賞、物我人我渾然如一的珍惜與無邊的愛情。新的知識，不斷地在大愛中發現，又不斷地在無盡地歲月中轉識成智，又轉智成德。那種返照上帝形像與樣式的品德，便成比例的與日月同輝，與群山共聳，與江河長流。人類不僅可以遊歷這個有日月星辰的宇宙天地，也會遨遊於天使的仙境，造訪不可數計的諸世界的眾生靈。「豎窮三際，橫遍十方」、「亙古今而不變，歷萬劫而常新」。佛法所說之種種涅槃境界，盡都包攬無遺。

這永生並非要等到死後方能獲得。人心在無明凡心降伏於天意的那一剎那，凡心泯滅，永生開始。在此刻，在當下，信主的人就已進入永生。耶穌說：「因為我父的意思是

叫一切見子而信的人得永生，並且在末日我要叫他復活。」（約翰福音 6：40）門徒約翰寫道：「我們也知道，上帝的兒子已經來到，且將智慧賜給我們，使我們認識那位真實的，我們也在那位真實的裡面，就是在祂兒子耶穌基督裡面。這是真神，也是永生。」（約翰一書 5：20）這樣的狀況，有如佛法中所說的「有餘涅槃」。人已證悟涅槃，但仍活在肉身之中。但在復活之時，肉身盡消，領受不朽壞的身體，「無餘涅槃」式的永生便由此而實現了。

「有一條路，人以為正，至終成為死亡之路。」
〈箴言〉14：12

「引到永生，那門是窄的，路是小的，找著的人也少。」
〈馬太福音〉7：14

「耶穌說：『我就是道路、真理、生命；
若不藉著我，沒有人能到父（永生）那裡去。』」
〈約翰福音〉14：6

生命只能來自於生命。耶穌就是生命，只有藉著祂，人才能到永生的父上帝那裡去。「如經上所記：上帝為愛祂的人所預備的是眼睛未曾看見，耳朵未曾聽見，人心也未曾想到的。」（哥林多前書 2：9）

「信為道源功德母，長養一切諸善根。」信，是覺悟之門，是開啟屬天智慧的鑰匙，是登堂入室的明燈，是培養善德的根基。「人非有信，就不能得上帝的喜悅；因為到上帝面前來的人必須信有上帝，且信祂賞賜那尋求祂的人。」（希伯來書 11：6）一切修行的奧秘，都集於一個信字。信是天地之力量的聚合，信是得度彼岸船舟。一切的果報，都因信而證實，而上帝自己就是對信者的賞賜。

上帝的國

門徒馬可記載了耶穌初傳福音時的情形說，「耶穌來到加利利，宣傳上帝的福音，說：「日期滿了，上帝的國近了。你們當悔改，信福音！」（馬可福音 1：15）基督的福音，原本就是上帝的福音，也叫做「天國的福音」。《聖經》上記載，「耶穌走遍加利利，在各會堂裡教訓人，傳天國的福音，醫治百姓各樣的病症。」（馬太福音 4：23）又說，「這天國的福音要傳遍天下，對萬民作見證，然後末期才來到。」（馬太福音 24：14）

耶穌曾在山上，發出著名的「福山寶訓」：

> 「虛心的人有福了！因為天國是他們的。
> 哀慟的人有福了！因為他們必得安慰。
> 溫柔的人有福了！因為他們必承受地土。
> 飢渴慕義的人有福了！因為他們必得飽足。
> 憐恤人的人有福了！因為他們必蒙憐恤。
> 清心的人有福了！因為他們必得見上帝。
> 使人和睦的人有福了！因為他們必稱為上帝的兒子。
> 為義受逼迫的人有福了！因為天國是他們的。」
>
> 〈馬太福音〉5：3 — 10

人生最首要的事情，就是要「先求祂的國和祂的義」（馬太福音 6：33），耶穌說：「你們需用的這一切東西，你們的天父是知道的。你們要先求祂的國和祂的義，這些東西都要加給你們了。」昨天已經過去，憂慮無用；明天尚未到過，憂慮不濟。重要的，就是要把握今天，活在當下。「所以，不要為明天憂慮，因為明天自有明天的憂慮；一天的難處一天當就夠了。」（馬太福音 6：34）

從耶穌出道，就開始宣講上帝的國近了。那麼，這個國什麼時候到來呢？

> 「法利賽人問：『上帝的國幾時來到？』
> 耶穌回答說：『上帝的國來到不是眼所能見的。
> 人也不得說：看哪，在這裡！看哪，在那裡！』
> 因為上帝的國就在你們心裡（心裡：或作中間）。」
> 〈路加福音〉17：20 — 21

對於世人來說，上帝的國，也有兩個階段：不可見的恩典的國與可見的榮耀的國。心意與行為不淨的人，不能承受上帝的國。《聖經》上說，「你們豈不知不義的人不能承受上帝的國嗎？不要自欺！無論是淫亂的、拜偶像的、姦淫的、作孌童的、親男色的、偷竊的、貪婪的、醉酒的、辱罵的、勒索的，都不能承受上帝的國。」（哥林多前書6：9）但當人因著上帝的聖靈生出重生的心時，上帝的國就在他們的心中出現了。「心淨則國土淨。」人雖生活在世間，但心中也可以有上帝的國。

伊甸園回歸

誠然，上帝的國是一個宏大的概念與範圍。但對於人類來說，這國是指人類在得救之後將要永遠生活的天地，而它的京都正是上帝在起初所設立的伊甸園。在人因犯罪被逐出之後，這伊甸園還在地上存有相當長的一段時期，成為人眼目可望的一個榮耀所在。但當罪惡在地上蔓延，以致上帝不得不以洪水來毀滅地上的罪與罪人時，伊甸園被提到天上，在上帝那裡得以保存。當耶穌在地上傳道時，就曾欣喜地宣佈，「天國近了」。他教門徒禱告時要求，「願你的國降臨」。為了人類能進入上帝的國，重返伊甸園，耶穌在第一次降臨時替人受罪，在十字架上犧牲。三天後，復活升天。之後，又回到人類，在「祂受害之後，用許多的憑據將自己活活的顯給使徒看，四十天之久

向他們顯現，講說上帝國的事。」（使徒行傳 1：3）

如今，基督正在天上上帝的國度裡，作預備的工作，好接凡心中有上帝的國的人到那裡去。當一切的預備完成之後，祂還要第二次降臨，讓所有的義人復活，接他們進入上帝天上的國。一千年之後，基督要同著眾聖徒，隨著聖城耶路撒冷一同降臨。這被約翰稱為新耶路撒冷的聖城，不是別的什麼新城，正是久違了的人類起初的伊甸家園！使徒約翰在異象中又看到了那被天使把守的伊甸園中間的那棵生命樹。得贖之人，「可得權柄能到生命樹那裡，也能從門進城。」（啟示錄 22：14）經過數千年的生長，這棵樹真的成了參天大樹了！幾千年來所有得贖的人，都將來吃生命樹上的果子，那是一棵何等高大的樹啊！約翰帶著無比的驚訝寫道，「天使又指示我在城內街道當中一道生命水的河，明亮如水晶，從上帝和羔羊的寶座流出來。在河這邊與那邊有生命樹，結十二樣果子，每月都結果子；樹上的葉子乃為醫治萬民。」（啟示錄 22：1－2）

伊甸園將要回到人間！基督要重造新天新地，那榮耀無比上帝的國，將永遠豎立在大地之上！「我又看見一個新天新地；因為先前的天地已經過去了，海也不再有了。我又看見聖城新耶路撒冷由上帝那裡從天而降，預備好了，就如新婦妝飾整齊，等候丈夫。我聽見有大聲音從寶座出來說：『看哪，上帝的帳幕在人間。他要與人同住，他們要作他的子民。上帝要親自與他們同在，作他們的上帝。上帝要擦去他們一切的眼淚；不再有死亡，也不再有悲哀、哭號、疼痛，因為以前的事都過去了。』坐寶座的說：『看哪，我將一切都更新了！』又說：『你要寫上；因這些話是可信的，是真實的。』他又對我說：『都成了！我是阿拉法，我是俄梅戛；我是初，我是終。我要將生命泉的水白白賜給那口渴的人喝。得勝的，必承受這些為業：我要作他的上帝，他要作我

的兒子。』」（啟示錄 21：1 ─ 7）

上帝恢復了原初的計畫。人類的歸宿，正是人類起初的家園。伊甸園成了人類永遠的家。新天新地將是人類永恆的家園。

301
人類的
歸宿。

第
19
章

洞察人生

入世
情懷。

學佛者追求了生死，出輪回，進入涅槃境界，信福音者渴望在卑微的罪身恢復上帝的
形象與樣式，回歸伊甸樂園。兩大宗教均表現了一種超然的出世精神，然而，出世的
精神並不影響兩個宗教信篤敦厚的積極入世，對個人的生活，社會的建設與發展產生
積極的影響。耶穌在離世前對門徒說，「我不求你叫他們離開世界，只求你保守他們
脫離那惡者。他們不屬世界，正如我不屬世界一樣。」（約翰福音 17：15 — 16）。
對觀佛法與福音，我們會發現兩者在入世的情懷上，亦彼此回應，頗為有趣。

健康飲食 養護身心

佛法的入世情懷首先表現在對世人身體健康的關注。佛法所重的固然是心法，但對人的身體健康也並非不聞不問。事實上，佛法在健身養身方面，也可圈可點。君不見，佛家養生功法，強身健體的武術精神與套路，如今不仍舊風靡世界嗎？吃齋與念佛相聯，健康素食普世推廣，普世皆知。人們只是到了現在才開始明白「過午不食」，讓胃充分休息原來竟是上乘的養生之法。

然而，比較不為人所知的是，聖經的宗教，不僅關心人的心靈，也重視人健身與養生。在飲食與生活方式上，給人提供實際的指導。事實上，根據聖經的啟示，人受造之後，上帝既告訴你維繫生命的方法。上帝說：「看哪，我將遍地上一切結種子的菜蔬和一切樹上所結有核的果子，全賜給你們作食物。至於地上的走獸和空中的飛鳥，並各樣爬在地上有生命的物，我將青草賜給它們作食物。」（創世記 1：28 — 29）。在創造的起初，沒有弱肉強食，不僅人類，連整個動物也都是吃草的。洪水之後，因地上的菜蔬都被洪水沖沒，上帝才允許人吃動物的肉。但也不是什麼動物的肉都可以吃，只能吃潔淨的動物。結果，人類的命運銳減，從洪水前的八九百歲，到二百歲左右，進而又迅速地減到一百二十年左右。再到後來，人類的壽命也就七八十年。

中國佛教所提倡素食，但基督教界也有教會團體重視自然健康的生活原則，如基督復臨安息日會就是一個提倡健康改良的教會。這個教會以上帝創造之初在伊甸園所設立的飲食與健康原則為最高的自然與健康的典範，提供回歸伊甸園的飲食與生活原則。對於現今的世人，不僅有益於身心健康的建設，對於地球生態的保護，對動物生命的愛惜，也都有著積極的意義。當人類的生存環境愈來愈危險的時候，這種回歸自然的和諧的生活方式，對改善人類的生活品質，意義深遠。

有人根據聖經提供的養生原則，提出了「新起點」（NEWSTART）的健康生活原則。這是由八個英文單字的第一個字母拼寫而成的，分別是營養（Nutrition），運動（Exercise）、水（Water）、陽光（Sunshine）、節制（Temperance）、空氣（Air），休息（Rest）、信靠上帝（Trust in God）。這八大原則，貼近自然，簡明易行，已為許多人所效法，成效斐然。有道是，「上醫治未病，中醫治已病，下醫治大病。」自然和諧的八大健康原則，如同那治「未病」的上醫，有效地保守人的心身健康，為人們靈性追求奠定厚實的基礎。佛家常言，「人身難得」，身體乃覺悟人生，培養腦力與靈性，塑造美好的品格的唯一媒介。

對觀佛陀與耶穌的傳道生涯。他們的生活大部分是一種戶外的生活，都是行腳佈道，安步當車。大部分的教訓，或在叢林，或在山腳，或在草地，或在湖邊。都是把人從擾嚷的城市帶回安靜的自然之中。人在幽靜的自然之中，身心得到休息，就更容易領受那些關於儉樸、篤信、克己、節制、平和與覺悟的道理了。

疾病因罪而生。縱觀耶穌的公開傳道生涯，醫病的時間遠遠多於講道說理的時間。基督教在其發展與傳播的過程中，所到之處，建立醫院，救死扶傷，幫助人解除身體上的痛苦與疾患。許多的人，因身體得到醫治，靈性也隨之漸漸蘇醒。在身體得醫治的同時，也領受了福音的禮物，生命出現重大改變。這樣的工作，至今仍在繼續，藉以傳播屬天的大愛，幫助人得到身、心、靈都得自由。

以心傳心 教育感化

佛教以佛法為本，以慈悲為懷，自佛陀度化最初的五比丘後，即令其分頭各地弘法，教化民眾。佛家的寺院就是教育的基地，寺院就是學校。在歷史上，佛經的刊印與流通，客觀上也起到了文化傳播的效果。許多人的習文練武，就從寺家寺院開始。在中

華熱土，佛家的寺院與儒家的書院相比，其教育功能，無論是其延綿的時代，廣泛的傳播與普及的程度，教化的傳承等方面，都更勝一籌。

佛陀的教育，首重言行舉止品德的修養，次重身心的調禦，進而重視真如自性的開發，「戒、定、慧」三學並舉，無有偏廢。在教法與取材上，常常是「應病與藥」、「觀機逗教」。對商人，對農夫，對政治家，對居家夫婦，均以其熟悉與關心之生活，循循善誘，因勢利導，因人而異，活潑靈活。

佛法傳到中土，禪宗占盡風流。六祖慧能所提倡的「不立文字，以心傳心」的那種脫離語文文字的儀樣，而以慧心傳授真義的實傳，更是開啟佛家教育的新局面。

在中國歷史上，佛化教育更因歷代文學家的佳作而廣為流行，影響一代又一代中國人。在中國文壇上，佛教文學家層出不窮，他們中間有山水詩人謝靈運、一代詩佛王維、香山居士白居易，簡古淡泊柳宗無、曠達風骨劉禹錫、風雲開合王安石、渾涵光芒蘇軾、超絕六塵黃庭堅、堅守寸心湯顯祖等。就是近現代文學家中，也有不少與佛有緣的大家，如魯迅、老舍、鄭振鐸等。佛家的思想與義理，藉著他們優美的文辭，遠近播揚。

佛教的教育，不僅注重佛理與思想的教育，也注重入世的生活教育。時下流行於坊間的《弟子規》，不僅對說明青少年樹立好的行為規範，培養孝道與敬德有好的作用，就是對成年人，也有較大的教化功用。

佛家的教育，雖以佛理為主，但現代的佛教教育，早已走出叢林，深入社會。以臺灣為例，無論是佛光山，還是慈濟功德會，或是中台禪寺，都有從幼稚園到高中的普通教育體系，甚至開辦了多個院系，專業眾多的全日制大學，面向全社會招生大學本科、

碩士研究生學位學生。顯示了佛家弟子博大深厚的入世情懷。

佛法在人間，人間佛教蔚然成風

基督教的入世精神的一個重要的表現，就在其對教育的重視。在基督教的眼中，教育的最高目的，不只是傳授知識，而是通過心與心、靈與靈的接觸，藉此傳授生機勃勃的能力。對於基督教來說，全社會就是教育的場所，各類由基督教團體所辦的學校可謂遍地開花，涉及現代教育的各個方面與各個不同層次。一般社會大眾對基督教於教育的貢獻，或多或少，都有所耳聞，甚至無須我們在此濃墨重彩地加以描寫。且不論歐美的基督教學校，光是在有限的時間內基督教各教派在中國大陸所建立的學校就難以勝數。有北京的燕京大學，她的一些院系後來併入了現在的北京大學；南京的金陵大學，她的院系後來併入現在的南京大學、南京師範大學等；上海的聖約翰大學，其文、理學院主要併入華東師範大學和復旦大學，聖約翰醫學院與震旦大學醫學院、同德醫學院合併成立上海第二醫學院（後改名為上海第二醫科大學，2005 年改為上海交通大學醫學院）；湖南長沙的湘雅醫學院等。奠定了現代中國大陸教育事業的基礎。在臺灣的基督教大學也不在少數，如臺北的東吳大學，台中的東海大學，桃源的中原大學，台南的長榮大學等。他們拓展了臺灣的教育事業，對臺灣社會的人才培養貢獻非凡。

與佛家的寺院類似，基督教的教會亦是一所學校。在這裡，人們學習永生的知識，領受從天而來的教誨，操練屬靈的能力與恩賜。學員們又將在教堂學校所學的真道，帶到生活之中，使基督之愛得以廣為流傳。基督教的入世情懷，歷來為人所稱道。基督教的教育觀，並不將教育局限在完成某些規定的課程，也不滿足於為目前生活而作預備與訓練。而是關注人生的全部生存的時期；是靈、智、體各方面能力諧和的發展，預備學習者得在此世以服務為樂，且在來世得因更大的服務而獲得更高的福樂。

在基督教的教育中，愛既是教育的基礎，教育的手段，又是教育的目的。愛的教育，

貫穿於基督教教育之始終。這樣的教育觀，不僅在學校之中，也易於為每個家庭所接受與實施。紛爭與動盪，均可在愛中得到包容與化解。不安與痛苦，也能為愛所安撫與醫治。

這種愛的教育的最高來源，是上帝的大愛。聖經所啟示的生命大道，在愛的原則之下顯得豐滿，厚實，光芒萬丈。愛的精神讓人們對死的恐怕釋然了。本來，創造之物的「生活、動作、存留，都在乎祂。」（使徒行傳 17：28）人死如睡眠，無有知覺，等候醒起；或在第一次復活中得永生，或在第二次復活中被定罪滅亡。人生固然有今生來世，就個人而言，但沒有什麼前世因緣。拉開人眼看不見的帷幕，不過是些邪惡的天使在那假扮死人，糊弄活人。讓人以為有什麼前世、轉世；以為死者的世界並不空寂，仍可與活人溝通。誤以為亡靈仍可超度，耗盡了許多家庭不薄的精力與錢財。基督教本著聖經的啟示而從事的愛的教育，是能力與醫治的教育。靠著基督的名，汙鬼可以趕走，邪靈可以驅除。說到底，這些汙鬼與邪靈不過是從天上趕出來的反叛的天使而已，且是基督與善良天使的手下敗將。靠著基督的大能，被他們壓制的人，可以不必再受邪靈的奴役與罪的捆綁。「你們必曉得真理，真理必叫你們得以自由。」（約翰福音 8：32）隨著基督教愛的教育的廣泛與深入地展開，將會有更多的人獲得身、心、靈榮耀的自由。

慈悲救濟與社會關懷

佛陀在世，教導門徒以「四攝」處世、以「六度」為人。

> 「佈施及愛語，或有行利者，
> 同利諸行生；各隨其所應，
> 以此攝世間，猶車因釭運。」
> 《雜阿含經》卷二十六，第 669 經

而在做到「四攝」，慈悲為要。「佛心者，大慈悲是，以無緣慈攝諸眾生。」

（《觀無量壽佛經》）佛門的慈悲胸懷，常化為入世的救濟義舉。歷史上的佛家寺院，在國家與人民遭受戰亂與饑荒之時，常常是危難中暫時的避難所。傷者在此得療養，饑者在這裡得半飽。直到今日，每遇重大災禍、那走在救災最前列的，常常就是佛家的團體與個人。人們想到慈善，自然而然地會與佛門緊密地聯繫在一起。以 1966 年註冊的慈濟公德會為例，如今慈濟公德會的會員的身影，活躍在世界近七十個國家，把佛家的慈悲送給遭遇不幸的各國人民。

慈悲待人，也正是基督教的宗旨。耶穌教導門徒，「你們要慈悲，像你們的父慈悲一樣。」（路加福音 6：36）古時的以色列先知以賽亞，更是把上帝所喜悅的禁食與救解貧苦者作了最直接的聯繫。

「我所揀選的禁食不是要鬆開兇惡的繩，解下軛上的索，使被欺壓的得自由，折斷一切的軛嗎？不是要把你的餅分給饑餓的人，將飄流的窮人接到你家中，見赤身的給他衣服遮體，顧恤自己的骨肉而不掩藏嗎？這樣，你的光就必發現如早晨的光；你所得的醫治要速速發明。你的公義必在你前面行；耶和華的榮光必作你的後盾。」（以賽亞書 58：6 — 8）

空洞的神學理論，從來就不是聖經的宗教所重視的。在世界賑災的舞臺上，或許更為廣泛地參與者是數量更多的基督徒。雖然慈善不是福音，但福音不離慈善。雖然天上人間，惟有基督能救人於罪惡與死亡之中，賜人永生；但若不藉著慈善，人不容易來到耶穌面前獲得永遠的救恩。基督教出離世間的嚮往，正是通過慈善與救濟這樣的入世的義舉而達成。

佛教在傳入中土的過程中，與商人為伴，為他們提供住宿之處，供他們歇腳，休整，同時，又以佛法義理示化他們。佛家的寺院，多有建在偏遠的山嶺之上者，開一座山，往往就是修一條路。佛廟的建設，帶來了交通的便利。主觀上雖可能是為香客所開，但客觀上，為社會的人員流動、物質流通、經濟建設帶來了實質性的幫助。今天的佛寺，也仍然為重要的旅遊資源，為社會提供遠離塵囂與修養身心的一個場所；同時，也為旅遊觀光增添一景，收穫可觀的經濟與社會效益。

此外，「寧折千座廟，不折不個家。」佛教文化所提倡的慈悲忍讓的文化，常常成為人們和解家庭矛盾的句箴，為建設和睦的家庭，提供了佛理上的依據。許多人因學佛而開始修心，不僅性情開始改變，在家庭生活與工作關係的處理上，也為胸懷變得廣大，自我被放下，而有明顯的改善。忍讓的社會效應，不容忽視。

不過，忍讓並非佛家一門的真理。其實，真正的真理都來自同一的源頭。耶穌說，「我就是道路，真理，生命。」這個源頭，就是基督，就是那創造天地萬物的上帝。婚姻的制度，乃是上帝在創造人類之初所建立的。人間的一切關係，均由婚姻關係而產生與派生。《聖經》中的教訓，大都是實用性質的，而非神學性質的。那種遠離實際生活，以概念性神學為主體的基督教實際上已經是被異化了的宗教，不足為信，不足為道。千百萬基督徒，在他們的人生中，活出基督的生命與樣式，他們個人的改變，家庭的和諧，給社會帶來的影響是無可估量的。他們把所做的一切，都視為做在基督的身上，因而以最無私的精神與最徹底的奉獻精神積極地參與社會的建設，不斷地改善人們的生活品質，讓愛充滿人間。黑暗的地方，因著他們的出現而充滿光明；冷淡的地方，因他們的出現而充滿溫暖。相之於佛教國家而言，一般而言，一般意義上的所謂受基督教文化影響的國家，其社會發展速度與人民的生活品質，可能較之佛教文化影響之

下的國家有較為突出的表現。雖然因為善惡之爭的影響，一些披著基督教外衣的勢力在歷史與現實中，製造了不少恐怖的戰爭與災難，但這並不影響符合《聖經》真道的基督教會，成為社會進步與和諧的一股很有力量的清流。

呵護環境 守望和平

世界環境的惡化，引起了人類對環境保護的普遍關注。佛法與福音，均可稱為環境保護的宗教，在呵護環境方面，所展示的價值觀與具體行為有著示範的功效。

首先，佛教與自然環境保護似乎有著天然與有機的聯繫。佛門子弟不僅注重心靈環保，也重視自然生態與環境保護。佛法中的「緣起」、「眾生平等」、「眾生皆有佛性」，「業報輪回」，決定了佛家子弟看世間萬物為相互依存，平等共利的。有情眾生，如人與動物，與無情眾生，如植物、山河大地，都在佛法的眾生範圍之內，都享有根本性的平等地位。在佛門眼中，地球並非只是人類的家園，同時也是地球上一切生物的共同家園。生態的平衡，就需要大眾將慈悲之心延及于自然生態，共同來維護。

在具體的做法上，除了上文提到過的以素食為主的吃齋生活方式之外，佛教界還普遍提倡放生、護生、惜福、淨化。人們雖然對於放生與環保有一些保留的意見，不均衡地進行放生，或許會有不利的因素存在。但不可否認，放生所宣導的，更是一種不忍的慈悲與智慧之心，一種對生命的尊重與愛護。而護生，則更是從不殺生的戒律進到積極的呵護生命。惜福的範圍很廣，落實到日常生活之中，則表現為珍惜大自然的各種資源，屬行節約，凡事節制，視每日處理的垃圾為財富，仔細分類，便於回收再生。淨化，除了心靈世界的淨化之外，也宣導積極的心外世界的淨化。種花植樹、不亂扔垃圾，淨化空氣，淨化環境。外在環境的淨化與內心世界的清淨，兩者之間，有著密切的關聯性。佛教界對生命的呵護，對環境的保護意識，在當今之世，令人注目。

其次，基督教在環境保護方面，也是功不可沒。根據《聖經》的啟示，天地萬物均為上帝所造。人類是地球的管理者，是管家的身分。那種以探索自然、征服自然為主導的價值觀與行為，或許是當今科學觀之使然，卻並不是《聖經》的自然觀。自然界與其上的一切，既為上帝所造，也當反映上帝慈愛、公義與榮耀的品格。

> 「耶和華啊，你所造的何其多！都是你用智慧造成的；遍地滿了你的豐富。
> 那裡有海，又大又廣；其中有無數的動物，大小活物都有。
> 那裡有船行走，有你所造的鱷魚游泳在其中。
> 這都仰望你按時給他食物。
> 你給他們，他們便拾起來；你張手，他們飽得美食。
> 你掩面，他們便驚惶；你收回他們的氣，他們就死亡，歸於塵土。
> 你發出你的靈，他們便受造；你使地面更換為新。」
> 〈詩篇〉104：24 — 30

耶穌也曾這樣對門徒說，「你們看那天上的飛鳥，也不種，也不收，也不積蓄在倉裡，你們的天父尚且養活他。」（馬太福音 6：26）大地的更新，生命的維繫，一切都在乎上帝的創造與供應。基督徒們視萬物為上帝的恩賜，常以感恩與喜樂的心謙恭地領受。珍惜與愛護上帝所創造的一花一草，一樹一木，是基督徒當盡的本分。

從另一方面來看，基督徒也瞭解，由於罪的產生與蔓延，人類所居住的地球環境已變得越來越惡劣，最終會走向毀滅。但上帝必追討一切施行毀壞之人的罪過。聖經上啟示，基督復臨之時，要追討破壞自然，破壞環境之人的罪，「你敗壞那些敗壞世界之人的時候也就到了。」（啟示錄 11：18）

再者，佛法與福音的慈悲與平等，不僅對自然環境的保護起著重要的作用，而且對維護世界和平，更有著重大的意義。從根本上說，每一個真正意義上的學佛者與基督徒，都是一個和平的使者。佛教所提倡的「不殺生」的一個直接延伸，就是消除戰爭，維

護世界和平。而在基督教來說，聖經上說，「這就是上帝在基督裡，叫世人與自己和好，不將他們的過犯歸到他們身上，並且將這和好的道理託付了我們。所以，我們作基督的使者，就好像上帝藉我們勸你們一般。我們替基督求你們與上帝和好。」（哥林多後書 5：19 — 20）基督徒乃是和好的使者，受託勸世人與上帝和好，也與上帝所造的自然和好，與上帝所造所愛的人和好。戰爭與災難緊密相聯。基督為救人類，寧肯自己犧牲，也要為人類換取重生的機會。基督徒也當為締造人間的和平而作出一切的努力。世間戰事頻發，究其原因，還是因為罪惡的存在。只有當人心都與上天契合，才能從根本上消失任何戰爭的根源與隱患。

誠然，歷史上與現實中，雖然許多的戰爭似乎都與基督教國家相關。但歷史的帷幕將揭開，宇宙天地間一切的生靈都將看明，任何戰爭的真正罪魁禍首，是撒但及其罪惡的跟從者。在世界進入末期，戰爭的風雲也將會愈演愈烈，還將會出現以基督教的名義所發起的戰爭，將世人以為基督教是戰爭的禍首。但如果人們藉著《聖經》的啟示，去瞭解善惡之爭的內幕，去明白爭戰必將永遠結束，去看清楚基督乃是真正的「和平的君」；那時，人們必看明，「使人和睦的人有福了！因為他們必稱為上帝的兒子。」（馬太福音 5：9）

「你們是世上的鹽。鹽若失了味，怎能叫它再鹹呢？以後無用，不過丟在外面，被人踐踏了。你們是世上的光。城造在山上是不能隱藏的。人點燈，不放在斗底下，是放在燈檯上，就照亮一家的人。你們的光也當這樣照在人前，叫他們看見你們的好行為，便將榮耀歸給你們在天上的父。」（馬太福音 5：13 — 14）

廣傳福音，積極的入世，這是基督的跟隨們直到基督再次降臨時所必須遵行的使命。

入世
情壤。

第 **4** 篇

耶道
釋裝

The Ten
Commandments

I
Thou shalt have no other
gods before me

II
Thou shalt not make unto
thee any graven image

III
Thou shalt not take the name
of the LORD thy God in vain

IV
Remember the sabbath day
to keep it holy

VI
Thou shalt not kill

VII
Thou shalt not
commit adultery

VIII
Thou shalt not steal

IX
Thou shalt not bear false
witness against thy neighbour

道裝
耶釋

釋迦與耶穌，

都是偉大的導師，

都善於透過打比方，

講故事的方式，

因勢利導，

因材施教。

耶穌的門徒，生活在說希臘話的羅馬帝國時期。希臘人崇尚知識，擅長將具體的事物轉化成抽象的概念，然後，對這些概念進行邏輯的思辨推演，形成條理清晰的教義。並隨之將教義上升為教條。而教條一旦形成，一方面既將某些真理條理化與簡明化，但也因以教條為絕對的權威，而阻礙了對真理的進一步探索與發現。時至今日，我們見到有各樣的信條，充斥於基督教世界。甚至使得本來簡潔的道理，變得抽象複雜了。而這種教條式發展的另一個弊端，就是與信徒當付出的實際行為脫節。

相形之下，佛法的傳揚，卻沿用了釋迦簡單明瞭與歸納性強的系統化特徵。數位化的教理，深入簡出，朗朗上口，便於記憶與傳頌。正是這種簡明扼要，微言大義的特徵，使得漢傳佛教在中國文化中，尋找一席之地，甚至被視為傳統文化的一部分。

在本書的第四篇，我們試圖以釋迦的裝束，來整理耶穌的教導，作一種全新的嘗試

耶道釋裝

宇宙人生
四聖諦。

四聖諦是佛法的核心內容之一，為一般讀者所熟悉，我們只作簡略的介紹。

根據《出轉法輪經》的記載，四聖諦是悉達多太子在菩提樹下成正等正覺後，在鹿野苑首次為五比丘開示時的主要內容。所以稱為聖諦，是因為認為這些道理是聖者所悟之真理，依此修行，就能超凡入聖。

佛家的四聖諦

佛家的四聖諦的內容大致如下：

一、造成諸苦的苦，苦聖諦。

二、苦的成因，集聖諦。

三、苦應滅，滅聖諦。

四、滅苦之道，道聖諦。

四諦互為因果。集是因，苦是果；道諦是因，滅諦是果。前二諦是世間因果，令人知苦以斷集。後二諦是出世間因果，使人慕滅而修道。

> 「諸賢！無量善法，彼一切皆四聖諦所攝，
> 來入四聖諦中，謂四聖諦於一切法最為第一；
> 雲何為四？謂苦聖諦、苦習、苦滅、苦滅道聖諦。」
> 《中阿含經》卷七，《象跡喻經》

苦即是逼惱身心的意思。眾生經常被無常所患累、所逼惱，所以說是苦。苦相可分為三苦以及八苦；苦果可分為有情世間以及器世間兩種果報。有情世間和器世間是由我們過去的煩惱，造種種業所形成的力量而產生的，因為過去的煩惱造作，所以現在受報；現在的煩惱又繼續造作。凡所造作（有為）都是無常；無常必然是苦，為什麼呢？因為無常就不自主，不自在；眾生對有情世間與器世間不能做主，所以稱為苦處。

集以聚集、招集為義。集諦以見思二惑，能起善惡諸業，招集生死，故稱為集諦。集聖諦所要講的就是煩惱以及煩惱所造的諸業行。在佛陀的教導中，造成眾生之苦的原因有很多，但最大的苦因，是貪、嗔、癡三毒。若能斷滅三縛結，便能得解脫。

> 「諸苦所因，貪欲為本。」
> 《法華經》卷二，譬喻品。

如前章所述，佛經講人之所以淪落生命苦海，貪欲為根本。這個看法，與《聖經》的啟示一致。伊甸園香果無數，始祖因著貪欲，偏偏要去品嘗禁果，導致人類墮落，被

趕出樂園。《聖經》描述人犯罪的過程，也是從一己之私欲開始：「私欲既懷了胎，就生出罪來；罪既長成，就生出死來。」（雅各書 1：15）

但是，釋迦佛帶來了好消息，苦集二諦均可滅。滅諦是出世間的結果。滅諦就是涅槃。佛經上說，

「欲能縛世間，調伏欲解脫，斷除愛欲者，說名得涅槃。」
《雜阿含經》卷三十六，第 1010 經

「貪欲永盡。嗔恚永盡。愚癡永盡。一切諸煩惱永盡。是名涅槃。」
《雜阿含經》卷一，第 18 經

道是出世間的因，解脫苦的方法，通往涅盤之路稱為道。廣義的說有三十七道品，狹義的說有八正道。佛家相信，若依道法如實修行，便能了生死，證涅槃。八正道通常指正見、正思惟、正語、正業、正命、正精進、正念、正定。八正道中以正見為主體。佛家又由此發展出戒定慧三學。

佛法的四聖諦，具有概括性的功用，好記好用，利於修行。中國文化的一個特徵，是崇尚大道至簡。這種突出重點，簡明扼要式的概括，很受推崇。我們也借用這種格式，來闡述《聖經》所啟示的宇宙人生真諦。

宇宙人生 四聖諦		
第一諦	（苦諦）	賜下永生前，智設無常關
第二諦	（集諦）	生老病死相、違背律法因
第三諦	（滅諦）	違背生命法，誠然可斷滅
第四諦	（道諦）	斷滅違法念，唯在主耶穌

賜下永生前，智設無常關

宇宙萬象、芸芸眾生背後的常住之因、根本究竟、法界實相、常一主宰之自有永有、自在永在的真我，是三位平等、和諧、慈愛、智慧、又富於創造性的創造主，用通俗的語言來說，是聖父、聖子與聖靈上帝所組成的統一體。一體三位就避免了因一位絕對權威者可能造成的獨裁，以及因二位而可能存在的虛假的表面統一。那反照造物主品格、運行在上帝之間使造物主上帝在永恆的歲月中親密交誼、深相契合、和諧共存的根本原則，既是宇宙萬象受造之動因，也是上帝管理萬象的原則與基礎。

上帝制定的法則，是仁、是義、是生命，完全地順服宇宙萬象的根本大法，乃是維繫宇宙眾生的幸福與宇宙之安寧的所在。選擇順從創造主之律法就是選擇仁義與生命，而選擇與法相背，就是選擇不義與死亡。

永生常在的上帝既是宇宙萬象的造物主，也是眾生的創造主。為確保宇宙萬象的秩序、平安與和諧，本著無限的智慧與仁愛，在將永生與不朽賜給眾生之前，創造主將自由的眾生置於考驗之內，好讓他們在考驗期內形成足以保證自身的安寧與幸福，自利利他，並榮耀其創造之主的堅實穩定的品格。創造主所造之有理性的生靈，均具有足夠的理性、智慧與能力，自由地對真善美的追求與實踐作出選擇性回應。凡在考驗期限內，選擇敬天順理，循道守法，感恩博愛而形成穩定堅實之品格者，均有機會獲得不朽的生命；而凡忘恩負義、自私驕狂、放縱不羈、危及自身與他人安全，大逆不道者，將錯失永生之良機，在為自己的不法行為受到公正的審判之後不復存在。

創造主並不喜悅任何生靈的死亡，倒希望眾生都幸福快樂地永存下去。但很明顯，設立考驗期，使沒有獨立存在的無自性的眾生在考驗期內無常在之生命，顯示了創造主無窮的智慧與無限的慈悲。不然，不設考驗，在眾生能確實穩定地自覺自願地選擇順

從道法前,將不朽之生命賜予眾生,自由眾生,若偶有一念偏失,勢必害己禍人,攪擾環宇,後果堪懼,則痛苦與混亂必成為宇宙無法根治之現實。若不加分別地先賜下永生與不朽,則趨善之眾與縱惡之徒勢必要在永無寧日中共存,宇宙與眾生將不可避免地被置於永無休止地罪惡與痛苦之中。而讓罪惡與痛苦以遷流輪轉或持續不變的方式永遠存在下去,只能說明缺乏真智慧與真慈悲。但在賜下永生與不朽之前設置考驗期,就能有效地消除任何給宇宙及眾生帶來不安的因素,讓經過考驗的眾生靈可以獲得恒常不朽之生命,無憂無慮地永遠地生活下去,宇宙萬象也會長治久安。

經文:創世記1:1—2;約翰福音1:1—3;創世記2:16—17;

以西結書18:4,32;羅馬書6:23—24;彼得後書3:9。約翰一書4:8。

生老病死相、違背律法因。

宇宙之內有感情有理性的有情眾生包括天使、諸世界的生靈及生活在地上的人。人與居住在天庭的天使以及諸世界的眾生靈一樣,本無自性,均為創造主所創造,而且都需要經過一定時間的考驗期。天使是天庭的信使,不停地穿梭於宇宙的君王(上帝或最根本的法相)與數不勝數的諸世界之間,他們的生命層次高於地上的人。

不幸的是,在天使的考驗期結束之前,一位地位崇高,在上帝面前直接聽令的天使路錫甫,就是後來的撒但,因無理的驕傲與自大,選擇違背宇宙間的生命原則而向上帝犯罪,在天使與諸世界面前開啟了違背生命之律法的罪的試驗,引誘三分之一的天使與他一起背叛上帝。一時之間,天上地上爭戰,天庭出現了不諧之聲。

善良的天使與諸世界的眾生靈,雖然選擇了繼續忠順於上帝愛與生命的律法,忠實於上帝,但對這突如其來的變故,一時仍反應不過來,還看不出這大逆不道的叛亂的真實性質與將要產生的必然後果,也難一時在感情上與背叛者作徹底地切割,對天庭律

法的性質與上帝的品格，都難免生出新的疑惑。如果上帝立即處決撒但及其黨羽的話，包括叛亂者在內的全宇宙生靈均無力充分理解這樣處理的正確性與必要性，忠誠者即便繼續對上帝保持忠誠，也難免會是出於一種恐懼而不是甘心樂意之心，而任何出於勉強的感情與事奉，在人都不能接受，何況創造主上帝！

為了全宇宙永遠的安全著想，必須給反叛者足夠的時間與空間來發展與推行他的理念與原則，好讓全宇宙的眾生靈看明有違於天理的主張的究竟是什麼性質，最終會導致什麼樣的結果，並毫無疑慮地明瞭上帝的公義與慈愛，以及天道律法的不變性。撒但及其黨羽必須被容留一時，讓其充分表現。

反叛者既未能在天庭聯合更多的天使，又未能引誘諸世界一起叛亂，天上就再沒有容留他們的地方，而是被摔到地上。天庭未留下絲毫的反叛痕跡，所有的一切又像從前一樣安寧和美。新造的地球，尚處考驗期內。撒但及黨羽獲准，可以在有限範圍向處於考驗期內的人類兜售他的主張。若不預先警示便一無所行的上帝，也向人類通報天上叛亂的情況，使他們有必要的心理準備。但當撒但來到人類居住的伊甸家園中那棵標誌性的考驗樹前，藉著蛇來試探與欺騙人類違背上帝的禁令時，人類的始祖雙雙墮落，用自己的行為選擇了接受反叛者的主張，未能通過考驗，站到了創造主的對立面，自絕於生命之源。結果，人類失去了永生的機會，罪惡、痛苦與死亡進入世間。

這場曠日持久遍佈宇宙的大爭戰，是一場善與惡、光明與黑暗、真理與謊言的屬靈之戰，血肉之體的人類靠自身的智慧與力量，無法勝過在各方面遠勝於人類的撒但及其黨羽，無法從撒但的欺騙與罪的奴役中解脫，獲得覺悟與自由，擺脫生死的桎梏，進入無限的永生（或涅槃）。

經文：創世記 1：1—2；26—29；2：1—3；啟示錄 12：7—9；
阿摩司書 3：7；創世記 3：1—24；羅馬書 5：12—21。

違背生命法，誠然可斷滅。

不賴他者而自存的三位上帝，是有獨立自性的永恆實在；在本性、品格、意志、情感、行動上都完全一致，從永恆到永恆，相融共處。這一究竟實相就說明維繫三者之間關係的原則是公平正義、智慧慈愛，穩固不易的。創造者之間因這一原則相融共處，宇宙萬象本著這一原則而造，又依此而生存維繫，顯見這一原則的合理性與必要性。不僅如此，創造之主還為有情眾生完美地遵守這一永恆生命法則，並在生命中返照創造主的莊嚴榮耀的聖德提供了所必需的一切。但是否願意遵法而行，則完全取決於眾生自己。

雖然全宇宙諸世界的全體居民與三分之二的天使繼續完好地持守著上帝的律法，但撒但與比他的生命層次稍遜的人類始祖亞當均未能持守天定誡律的事實，卻提出了新的問題：上帝的律法究竟是何性質，是否可能被完全地遵守？貴為聖子上帝之法身的基督化為肉身，以人子耶穌之身形降生人間，以其無罪的生活，無可置疑地在全宇宙面前回答了這一問題———上帝的律法是慈愛公義的律法，有情眾生均可完全持守。而且，既然耶穌是帶著被罪敗壞之人性來持戒護法，就無可辯駁的證明，剛從創造主的手中出來，處在伊甸完美的環境之中，尚未有任何罪的影響、有著完美人性的亞當應不難持守上帝聖律。

再進一步，如果亞當尚且沒有理由或藉口為自己的犯罪開脫，則在天庭立於上帝面前、比人的生命層次更高的路錫甫，就應當更容易守好上帝的律法，而更無任何理由或藉口為自己的違法行為開脫了。耶穌持戒護法，以其無罪的人生表明，罪是一個入侵者，是神秘而不可思議的，不能為罪入侵上帝和平與和諧的創造找到任何理由或藉口。

另一方面，天子下凡的耶穌替犯罪的世人而死在十字架上的事實，對於根器遲鈍，心蒙油脂的世人，是一個直率地告白，宣佈罪的結果就是死。而在上帝愛子自願為人類

替罪犧牲的事上，又把上帝愛的品格表現到了極致。當罪受到最終的審判，從宇宙中清除的時候，一切煩惱與苦難的根源就永遠徹底地被剷除了。和諧與平安的旋律，將又會跳動在永無窮盡的永恆世代。

經文：創世記 3：15；以賽亞書 7：14；馬太福音 1 — 4 章；馬可福音 1：1 — 15 章；路加福音 4 章；約翰福音 3；18 — 19；羅馬書 5 章。希伯來書 4：14 — 16。

斷滅違法念，唯在主耶穌。

一個負債累累的賭徒，若終有一天幡然悔悟，認識到賭博的錯誤，決心不再賭博，要開始新的人生，他至少要面臨欠下的賭債、斷滅長久形成的壞習氣之慣性（或業力）而開始新的生活，新生活的榜樣與動力等問題。新的覺悟固然可以作為新的開始，卻無法抵消所欠下的債務。而且，業力頑固，亦需要強大的力量方能克服拔除。同理，一個幡然悔悟的違法之人也會面臨同樣的問題：過去的罪債如何償還？以什麼為新生的榜樣，強大的業力如何斷滅？新生的動力從何支取？道成肉身的人子耶穌，為解決這些問題提供了唯一的答案。

首先，在人的層面上，耶穌的生與死使得四件事情成為可能。第一，耶穌順從生命之律，現身示法、現身說法與現身行法的無罪的人生，為墮落的人類樹立了可以追隨的榜樣。第二、耶穌在十架上替人類犧牲，讓上帝可以安全地赦免凡願意悔改之人先前的罪。第三，耶穌助人轉迷成悟，拔除一切煩惱習氣根種，又藉著上帝之道種下重生不朽的種子，又藉著聖靈將上帝之愛澆灌在人心中，使人當下就得進入清淨喜樂的永生（有餘涅槃）。第四，耶穌的生與死所彰顯的上帝不可測度的大愛，賜人動力，激勵新生者在現在與將來，靠著聖靈的幫助，道業精進，不回轉後退，得勝有餘。如此，違背律法的意念與行為終得斷滅。

撒但及其同黨在充分認識上帝之下的背叛固然無可救藥，但是人類所處的情形卻有所不同。人類畢竟是受到撒但欺騙，他的心意被撒但的詭辯所迷惑的，尚未充分認識到上帝大愛的長闊高深，所以對人類來說，尚有進一步認識上帝的希望與可能。藉著觀想上帝愛的律法之化身的耶穌的為人與品格，人就可能醒悟而決心離棄不順服的道路，接受耶穌替他所作的犧牲，而回心轉意，歸向上帝。

耶穌的寶血贖回了註定要滅亡的人類，使人類重新獲得一次經歷考驗而收穫永生的機會。對於藉著耶穌所賜的永生的恩賜，現今的人類與墮落前自由的始祖一樣，有選擇接受或拒絕的自由。在重獲的考驗期（或恩典時期）結束之後，耶穌要第二次降臨人類，將永恆不朽的生命（無餘涅盤）賜給凡接受上天救恩的罪人，接他們進入天庭，參與審判惡人與惡天使的工作。爾後，得贖的人類要與基督一同回到人間。而到那時，上帝要毀滅被罪汙穢的天地世界，凡緊緊抓住罪不放手的人與天使，也會在上帝毀滅罪惡之時一併毀滅。上帝要重造新天新地的天國淨土，與凡通過考驗而獲得不朽生命的世人同居，直到永遠。

上帝救度人類的工作，也有著深刻的宇宙層面上的意義。在宇宙的層面上，基督為人類的罪而犧牲所成就的救恩，不僅使人類有重獲永生的機會，也在全宇宙面前確證了天命是不變不易的法則，揭露了罪的性質與後果，彰顯了上帝的品格。經歷了這場罪的試驗的全宇宙，將更堅定地忠實於上帝與他的聖律，永遠不再需要考驗的時期，違背上帝的惡念將永不再起。

　　經文：羅馬書 1—8；哥林多前書 6：20；哥林多後書 5：14—21；以賽亞書 65—66；
　　但以理書 12：1—3；瑪拉基書 4：1—3；那鴻書 1：9；啟示錄 12—14；20—22。

這樣的概括與總結，對於瞭解《聖經》的主旨，應當是會有幫助的。我們將在下一章裡，介紹《聖經》中的八正道。

裝道
耶釋

宇宙人生
四聖諦。

耶道釋裝

啓示人生
八正道。

佛法中的八正道，是要突顯其不是邪道，不是非道，或旁門左道，而是能夠斷除罪惡煩惱根因，又能通達聖境的唯一的成聖之道，故名正道。八正道者，共有八條，皆是正道，皆是通向成聖的大道。此八正道的名稱是：正見，正思惟、正語、正業、正命、正精進、正念、正定。

我們在這一章中，也試著對《聖經》中所啟示的學效耶穌，信從基督者所必走的道路，依此作一歸納，向讀者介紹《聖經》永恆八正道，作為是離罪得勝的基本法門。可以

認為，《聖經》八正道是脫離生老病死，除去諸般罪孽，從有限的生命走向不朽的人生的八步階梯，是《聖經》所啟示的宇宙人生四聖諦中的道諦。

《聖經》八正道的宗旨，是指導悔改重生者的屬靈生命的建造，從身心靈與實際生活的方方面面，實踐基督福音，實現出死入生，榮神益人的救贖之道。

正見 ——————————————————————————— 1

所謂正見，意非顛倒見，是指按著《聖經》所啟示的宇宙人生真諦來認識宇宙與人生。《聖經》所啟示的正見，是在以基督為代表的善，與以撒但為代表的惡的宇宙之爭的大背景中察看萬事萬物，事無鉅細，均是此關聯。正見來自聖靈的啟示，而不是來自「我」的思考或覺悟，因為任何從我出發，因我而得的見解，最終仍為「我見」。

一方面看到宇宙間的森羅萬象與芸芸眾生，另一方面又透過這些受造之物而看到創造背後的自在永在的創造主上帝。創造主在賜下不朽永恆的生命之前，將有情眾生（天使、諸世界的居民與地上的人）均置於相應的考驗期內經受考驗。上天雖然設置考驗期，但有情眾生並非必然永遠受制於無常，而是可以通過考驗而直達有常（永生）的。《聖經》啟示天上出現了動亂，並且將爭戰帶到了地上，魔鬼撒但誘惑人類犯罪得逞，使人類始祖未能通過考驗關。為救拔人類，上帝應許賜下聖子，道成肉身，賜給人類第二次考驗的機會。生老病死，無常的人生也因此而起，而無常的起因皆因違背上帝慈愛公義良善之律法。

但藉著上帝所定的救贖大計，身處無常中的世人，可以因信靠耶穌而斷滅違背之念，順利通過無常關卡，出死入生，離無常而得永生。處處看見上帝的慈愛；在在觀想上帝的美意。存感恩的心度在世的日子，不以擁有主宰心，而是以慈悲與管家之心對待周遭的一切。

在善惡之爭中看世界的見識是正見，是真智慧，是八正道的基礎。離開《聖經》所啟示的正見，把現實世界中所發生的一切，均視為上帝計畫的一部分，就會墮入偏見、邪見或顛倒妄想之中。

正思惟 ——————————————————— 2

正思惟是依著正見而有的正確的思惟，關涉到人的思想與意志。人的品格由人的行為所決定，而人的行為，又由人的思想與意志所決定。因此，正確的思惟，對於培養正確的人生觀，度正確的人生，有著至關重要的影響。正思惟的實質，是在善與惡、或義與罪之中作出正確地選擇，選擇的結果或為永生，或為永死。如《聖經》所說：「豈不曉得你們獻上自己作奴僕，順從誰，就作誰的奴僕嗎？或作罪的奴僕，以至於死；或作順命的奴僕，以至成義。」（羅馬書6：16）正思惟是從心底裡順服體現上帝的義的模範（耶穌基督），將肢體獻給義作奴僕，以至於成聖（羅馬書6：17—19）正見所展示的是新的人生方向，而正思惟則是新的人生的真正起點。

如此誠服於上帝的義（耶穌基督）之後，人在思想與心靈上的障礙與垃圾就得以從心門清除，心門既放開，耶穌就進來，以受歡迎之賓客的身分永居其中，引導人放棄以「自我」為中心的我執我見，而代之以以上帝為中心，以基督為中心的新的思維方式（希伯來書3：1；12：3）。而這種思惟的實質，是將上帝的律法存記心中，如詩人所說：「我何等愛慕你的律法，終日不住地思想。」（詩篇119：97）「我將你的話藏在心裡，免得我得罪你。」（詩篇119：11）。

正如正見為聖靈所啟發，正思惟也須全然倚靠上帝的聖靈方能成就，專憑一己執著地追求，難免淪入「我執」之中。沒有上帝聖靈的恩助與光照，人一步也不能走向認識真理與順服真理的道路，因為聖靈既是生命的靈，也是真理的靈。所發出的吸引是長遠的，人若不持續拒絕，使聖靈擔憂，就持續地有機會改變自己的思惟。上帝的靈不住的將關於上帝的事物顯示與我們心靈，於是有一種神聖的臨格似乎守在近旁，而且心思若回應，心門若敞開，耶穌就會與人同住，藉著上帝的話語，不斷地在人心中作

工，從根本上把人引到正確的思惟與信念上來，在思想方面，養成一種足使我們抵抗罪惡的習慣。

一方面，人「立志行事，都是上帝在你們心裡運行，為要成就祂的美意。」（腓立比書2：13）另一方面，上帝的聖靈並不會包辦一切，替人立志或行事，盡人當盡的義務。正思惟是重生的生命的關鍵與實質所在。「風隨著意思吹，你聽見風的響聲，卻不曉得從哪裡來，往哪裡去；凡從聖靈生的，也是如此。」（約翰福音3：8）正思惟的起點雖不易察覺，但它的內在變化與外在表現，卻是可以察知的，這樣的思惟，會帶來新的觀念與新的看法，「我先前以為與我有益的，我現在因基督都當作有損的。不但如此，我也將萬事當作有損的，因我以認識我主基督耶穌為至寶。我為祂已經丟棄萬事，看作糞土，為要得著基督；並且得以在祂裡面。」（腓立比書3：7 — 9）人的心意不斷變化而更新，身、語、意不斷聖化，人就會不斷地離罪成聖，「一舉一動有新生的樣式，像基督藉著父的榮耀從死裡復活一樣。」（羅馬書6：4）「有真理的仁義與聖潔」（以弗所書4：24），越來越多地反照上帝的榮耀，榮神益人。

正思惟既是因聖靈而生，就要從心底去除每一種不潔的思想與意念，以免損傷道德的知覺，消滅聖靈的感動。不潔的思想與意念會使人屬靈的眼光昏昧，以致人不能看見上帝。上帝固然能饒恕悔改的罪人，但人雖蒙饒恕，靈性卻已損傷。人若要更清楚地分辨屬靈的真理，就必須棄絕一切不潔的言語和思想。

正語 ——————————————————————— 3

所謂正語，就是正當合宜的言語。言語與人的思想、品格有著密切的關係。依天然的定例，我們的思想和感情，一經表達出來，就會更加堅決強固。言語固然表達思想，

思想卻也隨著言語。言語不僅表現品格，而且有左右品格的力量。

「心中有智慧，必稱為通達人；嘴中的甜言，加增人的學問。」「一句話說得合宜，就如金蘋果在銀網子裡。」（箴言 16：21；25：11）人若多表示信心，多讚揚與鼓勵周圍與罪惡爭戰的人、也會增加自己的勇氣與堅毅。向身處困難與逆境中的人表同情與安慰，會使自己更加樂善好助。多述說上天的恩德與自己所受的福氣，感恩讚美救主偉大的慈愛與憐憫，就可以有更大的信心與喜樂，樂觀向上，謙和感恩。

相反的，或常將洩氣、擔心、憂慮的話掛在嘴邊，人也就會沮喪、壓擬，甚至悲觀喪志，頹廢不振。或因一時衝動而說出的惡意或猜疑的話，會影響自己的思想，最終會令說者信以為真。信口開河和出言不遜的批評習慣，會導致莽撞無禮和猜疑不信的性格，久而久之，會發展到拒絕聖靈的地步，而失去上天的恩助與永生的救贖。所謂「生死在舌頭的權下，喜愛它的，必吃它所結的果子。」（箴言 18：21）

「這樣，舌頭在百體裡也是最小的，卻能說大話。看哪，最小的火能點著最大的樹林。舌頭就是火，在我們百體中，舌頭是個罪惡的世界，能汙穢全身，也能把生命的輪子點起來，並且是從地獄裡點著的。」（雅各書 3：5 — 6）。

逢人遇事，正語相向。不說閑言，不出惡語，不說謊言，不說戲言，不說怨言；倒要凡事謹慎，以祝福贈與惡人（彼得前書 3：9 — 10），惟用愛心說誠實話，凡事謝恩，被聖靈充滿，用詩章、頌詞、靈歌、彼此對說，口唱心和的讚美主。

耶穌說：「因為心裡所充滿的，口裡就說出來。善人從他心裡所存的善就發出善來；惡人從他心裡所存的惡就發出惡來。我又告訴你們，凡人所說的閒話，當審判的日子，必要句句供出來；因為要憑你的話定你為義，也要憑你的話定你有罪。」（馬太福音 12：34 — 37）

「原來我們在許多事上都有過失；若有人在話語上沒有過失，他就是完全人，也能勒住自己的全身。」（雅各書 3：2）因此，人當立志做一個完全人，勒住自己的舌頭與全身。「心中的謀算在乎人；舌頭的應對由於耶和華。」（箴言 16：1）當人願意與上帝合作，耶和華上帝必能幫助人說出造就人的正語。

「你若口裡認耶穌為主，心裡信上帝叫他從死裡復活，就必得救。因為人心裡相信，就可以稱義；口裡承認，就可以得救。」（羅馬書 10：9—10）人若口裡承認耶穌為主，就會對人生帶來正面的影響，並最終得享永生。

正業 —————————————————————— 4

在正見的基礎上而產生的正思惟，除了帶來正語之外，必然帶來正當的行為。上帝所啟示的《聖經》，是人生的寶典，是人一切行為的指南。更具體地說，上帝的律法，是一切善惡的標準。因此，只有符合上帝的神聖律法的行為，才算得上是正當合宜的行為。

正言固然可以反映人的思想與品格，但真正人心最可靠的檢驗，仍在於人的行為。若沒有行為，空洞的言語，哪怕是正語，也是毫無價值的。基督在山邊寶訓中曾說：「凡稱呼我主啊主啊的人，不能都進天國；惟獨遵行我天父旨意的人，才能進去。」（馬太福音 7：21）在上帝一切計畫的施行中，祂主要的目的乃是要試驗人，並要給他們造就品格的機會；藉此證明他們是順從或是違背祂的命令。好行為固然不能購買上帝的愛，但卻足以顯明我們擁有那樣的愛。如果我們將心意順服上帝，我們便不會為要賺得上帝的愛而工作，卻要以他的愛為白白得來的恩賜而歡喜領受，然後因我們愛祂，我們就必樂意順從祂的命令。

今日世上只有兩等人，而且將來在審判中也只承認有兩等人——第一等就是違背上帝律法的；另一等乃是遵行的。基督給我們一個試驗，藉以證實我們是忠誠的或是叛逆的。祂說：「你們若愛我，就必遵守我的命令。……有了我的命令又遵守的，這人就是愛我的；愛我的必蒙我父愛他，我也要愛他，並且要向他顯現。……不愛我的人就不遵守我的道；你們所聽見的道不是我的，乃是差我來之父的道。」「你們若遵守我的命令，就常在我的愛裡；正如我遵守了我父的命令，常在祂的愛裡。」（約翰福音14：15，21 — 24；15：10）

遵守上帝命令的正當的好行為，實際地體現在衣食住行等個人生活的方方面面，體現在我們對待上帝與對待他人，也體現在我們對待自己與我們自然界的一切之上。正當行為的必然結果，就是美好的品格，因為真實的品格不是由外表裝飾而成，乃是從內心發出的影響力。我們若要指引別人行走義路，自己心裡必須懷有公義的原則。我們口頭的信仰或許能宣揚宗教的理論，可是真正能把真理顯示出來的，乃是敬虔的行為。言行一致的生活，聖潔無偽的交談，堅定不移的忠誠，熱情慈善的精神，敬虔仁厚的榜樣，這些才是傳導真光給世人的媒介。

「《聖經》都是上帝所默示的，於教訓、督責、使人歸正、教導人學義都是有益的，叫屬上帝的人得以完全，預備行各樣的善事。」（提摩太後書3：16 — 17）好的行為，是無我見無我執的行為，是以如實地照著真理而有的行為，故而能將榮耀歸給上帝。（彼得前書2：12）

正命 ——————————————————— 5

簡單說來，正命是指通過合理的勞作作為正當的謀生方式。上帝指定勞動為人類幸福

之源，使人藉著作工來運用思想，操練身體，發展才能。人類的始祖亞當在受造之初，運用智力和體力，體證了聖潔生活中最高尚的快樂。就是被逐出伊甸園之後，不得不在荒蕪的地土上辛苦勞作以求糊口，這時，隨勞作而來的雖有焦慮，疲乏，與痛苦，但勞作仍不失為幸福與成熟之源。勞作乃是抵禦試探的保障；勞作的訓練使人不致放縱，反而養成勤儉，純潔，和堅定的品格。因此勞作便成為上帝在人類身上恢復上帝的形像與樣式偉大計畫中不可或缺的一部分。勞作不是咒詛，相反，無所事事才使人生失去意義，成為痛苦與不幸的原因。

勞作的過程，也是一個與創造主同工的過程。上帝雖將地球和其中的寶藏全都賜給人類，但人仍需加入挖採並予以適當的加工，方能使之適合人的需要。同樣，上帝使樹木生長，但我們卻必須將其製成材料，建造房屋。祂將金、銀、鐵、煤藏在地裡，但我們惟有藉著勞力，才能取得它們。在勞作與生活中遇到的艱難、奮鬥，甚至挫折與煩惱，對迎難而上的人，正是使人道德強健的操練。惟有作工的男女，才能找到人生真正的樂趣。工作不僅能使人自立，有責任感，而且還可能有餘力援助比自己更為軟弱無知的人，藉此尊榮他們的創造主。

正命的更深一層意思，是要求人不僅為肉體的生命而勞作，也當為自己與他人的屬靈生命而作工。勞作的工廠，就是福音的工廠；人在實踐的工作中得到的訓練與養成的職業習慣，均可用於救靈的工作。基督吩咐門徒：「你們往普天下去，傳福音給萬民聽。」（馬可福音16：15）這並不是說人人都要蒙召作我們通常所謂的牧師或佈道士；然而人人都可與他們同工，將這「喜信」傳與自己的同胞。這吩咐也是給每一個人的，不論大小、智愚、老少。

正精進 —————————————— 6

所謂正精進，是指朝著正確的方向，殷勤努力，鍥而不捨，不退後入沉淪，乃是有信心獲得永恆的生命（希伯來書 10：39），一直到底。

人因著聖靈的引導與光照，在正見與正思惟之下認識到我見的顛倒，我執的愚昧與汙穢，便會生出痛悔，以及「殷勤、自訴、自恨、恐懼、想念、熱心、自責。」（哥林多後書 7：11）。智慧必使他行善人的道，守義人的路。（箴言 2：20），行在真理的光中，從黎明的微光開始，越走越明，直到日午（箴言 4：18）。「上帝的神能已將一切關乎生命和虔敬的事賜給我們」，又將「又寶貴又極大的應許賜給我們，叫我們既脫離世上從情欲來的敗壞，就得與上帝的性情有分。」（彼得前書 1：3 — 4）正因這緣故，行走正道的人，要分外的殷勤，好「在認識我們的主耶穌基督上不至於閑懶不結果子」，「使你們所蒙的恩召和揀選堅定不移」，就永不失腳，得以「豐豐富富的得以進入我們主救主耶穌基督永遠的國」（彼得前書 1：5 — 11）。

人所要行走的義路（正道），不是一蹴而就，一日而成的。成聖的人生，是一種逐漸進步的工作，是一番繼續不斷的精進，是將愛交織在人生之中，引導世人升到高而又高的境地。正精進（成聖的工作）不是感情與意氣的一時煥發奔放，而是念念向罪死，時時為基督而活的結果。淺嘗則止，蜻蜓點水式的努力不可能修正過錯，也無法鑄成優良的品格。惟有藉賴恒切的努力，辛苦的鍛煉，與堅決的鬥爭，方能得勝自我，得勝罪惡。重生而屬真理的人必須攻克己身，制勝那纏累的罪；一息尚存，決不止息。正精進乃是終身對真理的順從。

基督向我們說：「所以你們要完全，像你們的天父完全一樣。」（馬太福音 5：48）祂是我們的模範。祂在地上所度的生活，乃是一貫的仁慈溫順。祂的感化力總是芬芳的。因為在祂裡面有完全的愛居住。祂從未顯示出陰沉而不易接近之勢，也從未與邪惡妥協以求獲得寵愛。我們若享有祂的義，也必在溫順，寬容和無私之愛上像祂。正精進領居住在祂臨格的陽光中，藉著祂的恩典而變化，因恩典而美化我們的人生，畸形為

良善與完美取代，醜陋被基督美德修飾。

世界愈是趨於末後，不法的事愈益增多，許多人因在耶穌真道裡的根基不深，愛心也漸漸冷淡。惟有努力精進，「忍耐到底的，必然得救」（馬太福音 24：13）。要獲得美好的永生，光是羨慕是沒有用的，必須篤信篤行，精進不止，方有所獲，正如《聖經》所言：「懶惰人羨慕，卻無所得；殷勤人必得豐裕。」（箴言 13：4）

正念 ——————————————————— 7

人踏上生命之道，始於聽聞正見（聽道）而生出正信（羅馬書 10:14），離開顛倒妄想；進而思惟修行正法（遵行上帝的律法），除去不如實不如理的癡見妄想，在言語（正語）、行為（正業）與工作事業（正命）各方面，精進正行，努力不懈，一直到底。而每一步，都離不開正念，即念念不忘基督的福音真道。如果說正思惟所強調的是正確的運用意志，那麼，正念所側重的則是正確的把握思想的材料與內容。正念是以基督為念，具體來說，是以四念處為核心與要旨。

一念基督道成肉身

上帝創造之初，人本有上帝的形像和樣式。伊甸園犯罪墮落之後，性情發生改變，變成了有罪性的人性。幾千成的遺傳與退化，人身上的缺陷越來越顯明，人性敗壞，「人心比萬物都詭詐，壞到極處」，無人能識透。（耶利米書 17:9）「肉體之中，沒有良善。因為，立志為善由得我，只是行出來由不得我。故此，我所願意的善，我反不做；我所不願意的惡，我倒去做。」（羅馬書 7：18 — 19）好像心中有個律，就是在人願

意為善的時候，便有惡與人同在。因為人犯了違背上帝的律法的罪（約翰一書3：4），人的身體成了「取死的身體」（羅馬書7：24），無力靠自己獲得拯救。

上帝體諒人的軟弱，早在萬古之初就為人預備了救贖的計畫。二千年前，從高天之上，天父的寶座那裡，發出意蘊深奧的聲音說：「看哪，我來了！」「上帝啊，祭物和禮物是你不願意的，你曾給我預備了身體，……上帝啊，我來了，為要照你的旨意行，我的事在經卷上已經記載了。」（詩篇40：7；希伯來書10：5—7）這幾句話，宣佈了那在萬古以先所隱藏的旨意必然實現。基督即將降臨到我們這個世界上，並要成為肉身。祂說：「你曾給我預備了身體。」如果祂帶著那未有世界以先，同父所享有的榮耀降臨，我們絕對受不了祂顯現的光輝。為了使我們得見祂的榮光而不至被毀滅，這榮光在顯現時被遮掩了。祂的神性隱蔽在人性裡，那不可見的榮耀掩藏在可見的人體中。宇宙的君王，迂尊降卑，降生在伯利恆，以天上的寶座換取馬槽；以伴隨祂敬拜祂的天使，換成馬廄中默默陪伴祂的牲畜。人默念這一切，驕傲和自滿之心就會在基督面前深受責備。

然而，這不過是祂屈駕降卑的開始！上帝的兒子即使取了亞當在伊甸園尚未犯罪的人性，已是無限的屈辱。何況耶穌所接受的竟是經過四千年犯罪墮落之後的人性。像亞當的每個兒女一樣，耶穌承受了普遍的遺傳規律所造成的後果。這種後果可在祂屬世祖先的歷史中窺見一斑。祂帶著這種遺傳，來分擔我們的憂患和試探，給我們留下一個無罪生活的榜樣。

可憐天下父母心，總是惦念自己的孩子，瞧著他幼嫩的臉，想到人生的危險，心中戰慄不已，渴望護庇親愛的孩子脫離撒但的權勢，免去試探和苦鬥。而上帝竟賜下祂的獨生愛子，作個弱小的嬰孩，與世人同有肉體的軟弱。上帝讓祂冒失敗和永遠喪亡的風險，經歷人間每一個孩童所必須經歷的戰鬥，並與我們一樣應付人生的艱險。來應

付更艱苦的鬥爭和更可怕的危難，為我們的孩子開闢安穩的人生道路。「這就是愛！」這種愛令天地動容，讓日月失輝。

觀想憶念基督道成肉身，被上帝的愛所感化，破除驕傲與自大之心，輕看一切人為的拯救說教，藉著信跟從基督福音真道。

二念基督十架犧牲

罪因一人入了世界，「死又是從罪來的；於是死就臨到眾人，因為眾人都犯了罪」，「虧缺了上帝的榮耀」（羅馬書5：12；3：23）。耶穌基督道成肉身，目的是要「是要除掉人的罪；在祂並沒有罪」（約翰一書3：5）。

基督在屈身披戴人性這件事上，顯示了與高抬自我的魔鬼撒但完全相反的品格。但祂在屈辱的路上，不惜更前進一步：祂「既有人的樣子，就自己卑微，存心順服，以至於死，且死在十字架上。」（腓立比書2：8）大祭司怎樣脫下華麗的聖衣，穿上普通祭司的白細麻衣，行使祭司的職務，基督照樣取了奴僕的形像，奉獻祭物：自己是祭司，也是犧牲。「祂為我們的過犯受害，為我們的罪孽壓傷。因祂受的刑罰，我們得平安。」（以賽亞書53：5）

基督情願代替罪人死，使人類藉著順從的生活，可以逃免上帝律法的刑罰。祂的死並沒有使律法失效，也沒有廢除律法，減低其神聖主權，更沒有貶損其神聖莊嚴。基督情願承受律法刑罰之苦，拯救墮落的人類脫離其咒詛，祂的死就宣示了祂父律法刑罰犯罪之人的公義。上帝愛子在十字架上的死亡，顯明上帝的律法是永不變易的。祂的死使律法為大為尊，又給人以律法不變之特性的證據。從祂神聖的口中可聽到這樣的話說：「莫想我來要廢掉律法和先知；我來不是要廢掉，乃是要成全。」（馬太福音5：17）基督的死證明律法之要求是正當的。

律法的要求就是公義公義的生活和完美的品格，這是世人拿不出來的。但基督取了人性來到世上，過著聖潔的生活，鑄造了完美的品德。這一切祂都白白賜給凡願意接受祂的人，祂的生活就代替了世人的生活。這樣，人們過去的種種罪惡，就因上帝的寬容而蒙赦免。此外，基督還將上帝的屬性授與人類，按照上帝品德的模式建造人類的品格，使之具有屬靈的強健和完美。這樣，律法的義就在信基督的人身上成全了。上帝能「使人知道他自己為義，也稱信耶穌的人為義。」（羅馬書3：26）

上帝的愛，在祂的公義中表現出來，正像在祂憐憫中所表現的一樣。公義是祂寶座的根基，也是祂的愛的果實。撒但的目的，是要把憐愛從真理和公義分割開來。他想證明上帝律法的公義是平安的大敵。但基督已證明：這兩件事在上帝的計畫中密切相聯，相輔相成，缺一不可。「慈愛和誠實彼此相遇；公義和平安彼此相親。」（詩篇85：10）

基督降世受苦受死，不單是為要成全人類的救贖，而也是要「使律法為大為尊。」不單是要叫地上的居民心中對於律法存應有的尊重，而也是向全宇宙的諸世界顯明上帝的律法是不能改變的。如果律法的要求可以作廢，上帝的兒子就不必來捨身為違犯律法的人贖罪了。基督的死證實律法是不能更改的。聖父與聖子由於無窮之愛的激動為救贖罪人所付的犧牲，向全宇宙證明──況且除了這救贖的計畫之外，別無其他證明──公義與慈悲乃是上帝政權和律法的基礎。

觀想憶念基督的十架犧牲，不僅看明罪的工價乃是死，看明自己的無望與無助，看明上帝律法的公義；同時看明上帝的慈愛與赦罪的洪恩。這樣的正見，會激發罪人的感恩之心，堅定對律法的尊重與順從之志，願意與基督同釘十字架，「使罪身滅絕，叫我們不再作罪的奴僕；因為已死的人是脫離了罪。」（羅馬書6：6──7）

觀想基督的十架犧牲，要引起人最深切的情感。那極高貴，極清白的基督，竟要為世

人的罪擔而受這麼痛苦的死亡，這真是我們的思念及想像所永不能完全理解的。這奇異之愛的長闊高深，我們不能測量。對於救主極深無比之愛的默想，應當充滿心思，感化靈性，修煉及提高感情，並使整個的品性全然變化，猶如使徒的話說：「我曾定了主意，在你們中間不知道別的，只知道耶穌基督，並祂釘十字架。」（哥林多前書2：2）我們也當仰望髑髏地而宣告說：「我斷不以別的誇口，只誇我們主耶穌基督的十字架；因這十字架，就我而論，世界已經釘在十字架上；就世界而論，我已經釘在十字架上。」（加拉太書6：14）

觀想基督的十架犧牲，算數為救贖人類付上的無限代價，人的心就會甦醒，就能更能懷著感恩的心，欣賞與珍惜上帝的救贖洪恩。

三念基督聖所中保

基督在地上的生活與十字上的犧牲，為人類的救贖奠定了基礎，為上帝赦免世人的罪提供了可能性。同時，從結果來看，基督為人類的罪受死的刑罰，清晰無誤地向全世界表示「罪的工價乃是死」（羅馬書6：23）。這一警示長鳴，也為上帝在赦免悔改的罪人提供了安全性的保障。但要將基督的功德算到相信與悔改的罪人頭上，好讓一個罪孽深重，汙穢不堪的罪人在宇宙天地之間，被看成是一個好像從來都沒有犯過罪的義人；同時，也能將上天的賜福無障礙的傳遞到罪人身上，使其有力量照著耶穌在地上所立的榜樣，遵著上天愛的律法而行，無分別無差異的愛世間所有的人，珍惜上天所造所有的物，從一草一木，一石一水上，見出上天的不言之大愛，獨具之匠心；使一個罪人能坦然無懼地來到上帝的恩典的寶座面前，得安慰，得憐憫，蒙恩助，又能將感謝與讚美在眾天使面前，帶到上帝面前；這一切，都需要一個在上帝與世人之間的中保來完成。「因為只有一位上帝，在上帝和人中間，只有一位中保，乃是降世為人的基督耶穌。」（提摩太前書2：5）復活的基督，升入天上，坐在至大者寶座的右邊（希伯來書8：1），正是要作祭司，在上帝與罪人之間，成就和平；作中保，

為人類的各項需要代求。

對於人類的救贖主基督而言，贖罪的過程，分為三個階段，第一，是成為贖罪的犧牲，為人類的罪而死（十字架）；第二，是成為祭司，作中保，為赦免凡願意認罪悔改，將自己的罪交給耶穌的人而工作；第三，是作大祭司，從聖所進入至聖所，徹底地除去罪人的罪，使其無處可尋，永遠不再算在罪人的頭上。而這第二與第三步，就是基督在天上作中保所要從事的工作。

為了說明上帝的救贖計畫，上帝曾指示以色列人建聖所「使我可以住在他們中間」（出埃及記 25：8），通過聖所的崇祀，形像地體現上帝制定的救贖計畫。首先，信而悔改的人，要選一隻沒有瑕疵的羔羊或別的祭祀動物，按手在祭牲的頭上（象徵性地將自己的罪轉移到祭牲身上），親手將無辜的祭牲宰殺（象徵著祭牲為自己的罪而死）。然後，將祭牲擺在祭壇上，用火焚燒，獻為燔祭。而將祭牲的血，交給祭司，由他帶到聖所裡去，為罪人贖罪。而認罪獻祭的的罪人，則可平平安安地回去。

簡單地說來，在罪人獻上贖罪祭之後，祭司要帶著祭牲的血，經洗濯盆進入聖所，為罪人把犧牲的血灑在聖所裡。贖罪祭的血移去了悔改之人的罪，但這罪仍留在聖所中，直到贖罪之日。基督的血雖然保釋了悔改的罪人未受律法的裁判，但並沒有銷毀他的罪，他的罪仍然記錄在聖所的冊子上，直到最後贖罪的日子。到了贖罪大日，一切真實悔改之人的罪，必要從天上的案卷中被塗抹。這樣，聖所中罪案的記錄就清除了。

贖罪工作的三步，每一步都有一定的時間。基督在天上作中保，作大祭司進入至聖所，察看案卷，決定誰的名字可以繼續保留在生命冊上，誰的名字將從生命冊上被抹去，也有一定的日子。「世人蒙昧無知的時候，上帝並不監察，如今卻吩咐各處的人都要悔改。因為祂已經定了日子，要藉著祂所設立的人按公義審判天下，並且叫祂從死裡復活，給萬人作可信的憑據。」（使徒行傳 17：30 — 31）而這最後的檢查案卷上

的記錄的過程，也就是查案審判的過程。查審結束之時，每個人的案件與命運，也就最後決定了。

觀想基督在天上的中保工作，就必使信耶穌的人，勤於讀經，勤於禱告，使自己的心意日益更新，不僅獲得法律意義上的稱義，而且在實際的生活中，靠著上帝的恩典，實際的行義，實際地遵守上帝的律法，讓上帝的律法的義，成就在自己身上。

觀想基督在天上的中保工作，特別是最後階段的查案審判工作，無疑會激起相信基督的人常思己過，更加懇切地向上帝祈求得勝罪惡的力量，度清潔無罪成聖的生活，「結出果子來，與悔改的心相稱」（馬太福音 3：8）。因為人的一念一想，一言一行，一舉一動，天庭的案卷中都有記錄。在天上開始審判的時候，世上的人該當何等的謹慎啊！

觀想基督在天上的中保工作，還會更加激發廣傳福音的動力與熱情。如今正是天上查案審判的時候，恩典的大門尚未關閉，凡信靠耶穌的人，「信耶穌是基督，是上帝的兒子，並且叫你們信了祂，就可以因祂的名得生命。」（約翰福音 20：31）

觀想基督在天上的中保工作，在自作自受的因果的報應之外，另得一天賜的恩典出路──「我作主受」與「主作我受」，即我的罪孽，救主承受；救主恩德，我來承受。基督受了我們所該受的罰，使我們能得祂所該得的賞。祂為我們的罪祂原是無份的被定為罪，使我們因祂的義我們原是無份的得稱為義。祂忍受了我們的死，使我們能得祂的生。「因祂受的鞭傷，我們得醫治。」

觀想基督在天上的中保工作，從此可知，有基督作主審官，有基督作替身與中保與我們一起度過審判關，是何等的幸事！上天的審判觀，以天堂為中心，以基督為中心，目的是要救人，而不是置人於不顧，相比以地獄為中心的審判，是何等的福音啊！

「我又看見另有一位天使飛在空中，有永遠的福音要傳給住在地上的人，就是各國、各族、各方、各民。他大聲說：『應當敬畏上帝，將榮耀歸給祂！因祂施行審判的時候已經到了。應當敬拜那創造天地海和眾水泉源的。』」（啟示錄 14：6 — 7）。

四念基督二次降臨

「不要自欺，上帝是輕慢不得的。人種的是什麼，收的也是什麼。順著情欲撒種的，必從情欲收敗壞；順著聖靈撒種的，必從聖靈收永生。」（加拉太書 6：7 — 8）。自從罪侵入世界以來，敗壞以不可逆轉的勢態侵入世界，「一切受造之物一同歎息、勞苦，直到如今。」（羅馬書 8：22）。世上的人，或收穫敗壞，或收穫永生，兩者取一。「收割的時候就是世界的末了；收割的人就是天使。」（馬太福音 13：39）

「我又觀看，見有一片白雲，雲上坐著一位好像人子，頭上戴著金冠冕，手裡拿著快鐮刀。又有一位天使從殿中出來，向那坐在雲上的大聲喊著說：『伸出你的鐮刀來收割；因為收割的時候已經到了，地上的莊稼已經熟透了。』那坐在雲上的，就把鐮刀扔在地上，地上的莊稼就被收割了。又有一位天使從天上的殿中出來，他也拿著快鐮刀。又有一位天使從祭壇中出來，是有權柄管火的，向拿著快鐮刀的大聲喊著說：『伸出快鐮刀來，收取地上葡萄樹的果子，因為葡萄熟透了！』」（啟示錄 14：14 — 18）

經文中那坐在雲上的，就是人子耶穌基督。天上的審判結束之後，基督要脫下大祭司的禮服，換上王袍，駕雲降臨（雲代表隨行護駕的天使），如經上所記：「人子要在祂父的榮耀裡同著眾使者降臨；那時候，祂要照各人的行為報應各人。」（馬太福音 16：27）

基督第二次降降，是實施善惡報應的時候。一切信靠上帝恩典悔改己行的義人，都將

在基督復臨之時，得到永生的報應：活著的義人要變化升天，而死去的義人，要復活，必朽的身體要變成不朽的身子，「就在一霎時，眨眼之間，號筒末次吹響的時候。因號筒要響，死人要復活成為不朽壞的，我們也要改變。這必朽壞的總要變成不朽壞的，這必死的總要變成不死的。這必朽壞的既變成不朽壞的，這必死的既變成不死的，那時經上所記『死被得勝吞滅』的話就應驗了。」（哥林多前書 15：52 — 54）

「上帝愛世人，甚至將祂的獨生子賜給他們，叫一切信祂的，不至滅亡，反得永生。」（約翰福音 3：16）人生在世，一世因緣，只為一個決定。或信而得永生，或不信而致永死。然而，信者與不信者，在世之時，表面上並無多大分別。人間的審判，也缺乏公正正義，如傳道者所言：「我又見日光之下，在審判之處有奸惡，在公義之處也有奸惡。」（傳道書 3：16）甚至「義人所遭遇的，反照惡人所行的；又有惡人所遭遇的，反照義人所行的。」（傳道書 8：14）

然而，「審判全地的主」（創世記 18：26），雖「是有憐憫有恩典的上帝，不輕易發怒，並有豐盛的慈愛和誠實，為千萬人存留慈愛，赦免罪孽、過犯和罪惡」，卻「萬不以有罪的為無罪，必追討他的罪，自父及子，直到三、四代。」（出埃及記 34：6 — 7）上帝以「祂豐富的恩慈、寬容、忍耐」與「祂的恩慈」來領人悔改（羅馬書 2：4）。人若任著自己「剛硬不悔改的心」，就是「為自己積蓄忿怒，以致上帝震怒，顯祂公義審判的日子來到。祂必照各人的行為報應各人。」（羅馬書 2：5）正所謂，「善有善報，惡有惡報；不是不報，時候未到；時候一到，一切都報。」「看哪，我必快來！賞罰在我，要照各人所行的報應他。」（啟示錄 22：12）基督復臨之日，就是施行善惡報應的之時。

大地在上帝創造之初，溫馨、美麗、可愛。但到那時，也將收穫世人犯罪所帶來的後果，大地將在基督復臨時變得一片荒涼。在義人受報應的日子，也是所有的惡人受擊殺的日子。凡活著的惡人，都將歸於死亡。地上除了一片荒涼瘡痍之外，就只剩下以

撒但為首的叛亂的天使了。他們將有機會，第一次無人可以試探，在荒原之上反省自己的所作所為。

基督的復臨，是拯救的日子，是盼望成為現實的日子。觀想基督的二次降臨，心中就會充滿希望，在艱難困苦中生出勇氣與毅力，意志更加堅定，信心更加堅強。這種信心與勇氣，因看到基督對死亡的徹底征服，而無所畏懼。

觀想基督二次降臨，知這世界和其上的一切都將過去，天地要廢去，唯有上帝的話存到永遠。地上一切有形質的，都要燒毀，煉淨，活著的義人要變化升天，死了的義人，從古至今，都要復活，身體改變，被提到空中，與主相遇，一同進入天上的聖城。既如此，就不應該錯誤地追求一切將要毀滅的事物。而應把上帝放在首位，以認識上帝與基督為目標，以進入永生與幫助人得永生為人生的理想。只有這樣的理想，才能稱得上遠大；也只有這樣的理想，才能稱得上崇高。有了崇高與遠大的理想，人生就有了方向，人生才會有意義。

身念處，觀身不淨；受念處，觀受是苦；心念處，觀心無常；法念處，觀法無我。

▌四正念

《聖經》四正念	佛法四念住
一念基督道成肉身	身念處，觀身不淨
二念基督十架犧牲	受念處，觀受是苦
三念基督聖所中保	心念處，觀心無常
四念基督二次降臨	法念處，觀法無我

正定 ———————————————————— 8

《聖經》中的正定，是指心無旁鶩，一心尊主為大，持定元首基督（歌羅西書 2：
19），持定在基督裡的福音真道，「持定永生」（提摩太前書 6：12），「在所信的
道上恒心，根基穩固，堅定不移，不至被引動失去（原文作離開）福音的盼望。」（歌
羅西書 1：23），不「被一切異教之風搖動，飄來飄去，就隨從各樣的異端」（以弗
所書 4：14）；因為知道「除祂以外，別無拯救；因為在天下人間，沒有賜下別的名，
我們可以靠著得救。」（使徒行傳 4：12）。「深信那在你們心裡動了善工的，必成
全這工，直到耶穌基督的日子。」（腓立比書 1：6）「知道我所信的是誰，也深信
祂能保全我所交付祂的，直到那日。」（提摩太後書 1：12）

基督的福音，是不二法門。耶穌基督自己，是超越任何文字相的唯一實相，第一義法
門。唯有這位本來的真實的實相，以肉身降臨塵世，為人類的罪而犧牲。邏輯地、法
理性地、義理性地為凡相信祂的人，提供了解脫他們所當受的報應的唯一出路。既不
破壞上帝的律法，又帶給罪人從罪中得解脫的勝義妙法。耶穌自己說：「我就是道路、
真理、生命；若不藉著我，沒有人能到父那裡去。」（約翰福音 14：6）

從一開始，上帝就賜給人正定的法門。「天地萬物都造齊了。到第七日，上帝造物的
工已經完畢，就在第七日歇了祂一切的工，安息了。上帝賜福給第七日，定為聖日；
因為在這日，上帝歇了祂一切創造的工，就安息了。」（創世記 1：1 — 3）耶和華
上帝在創造大工完成之後，歇下祂的工作（止），而進入「安息」（正定）之中。創
造主賜福與這一日，使之與一週中其他日子有所分別，把這一日定為聖日，並把這屬
於祂自己的聖日賜給人（馬可福音 2：27 — 28）。

後面，在賜下十誡時，上帝將安息日的誡命置於十誡的中心位置。「當紀念安息日，

守為聖日。六日要勞碌做你一切的工，但第七日是向耶和華你上帝當守的安息日。這一日你和你的兒女、僕婢、牲畜，並你城裡寄居的客旅，無論何工都不可做；因為六日之內，耶和華造天、地、海，和其中的萬物，第七日便安息，所以耶和華賜福與安息日，定為聖日。」（出埃及記 20：8 — 11）

《聖經》中的正定，也有「止」與「觀」兩方面。所謂止，就是要停止一切的工作，在每週星期五天黑到星期六天黑期間，依著上帝的指示，謹守聖安息日，「無論何工都不可做」（出埃及記 20：10），「在安息日掉轉你的腳步，在我聖日不以操作為喜樂，稱安息日為可喜樂的，稱耶和華的聖日為可尊重的；而且尊敬這日，不辦自己的私事，不隨自己的私意，不說自己的私話，」（以賽亞書 58：13）。

所謂的「觀」，是指觀想上帝的創造與救贖，因安息日既是對上帝創造大工的紀念，也是對救贖大工的紀念（申命記 5：15）。安息日既向人指明萬物的創造主，也指明宇宙的創造主，同時也正是人類的唯一的救主。若亞當的後裔一直持守安息日為聖日，則今日之世界，就不會有無神論、多神論、進化論或其他在創造主之外尋找救贖法門的任何別的宗教存在。

主說：「安息日是為人設立的，人不是為安息日設立的。」上帝所定的制度都是為人類謀幸福的：「凡事都是為你們。」又說，「所以人子也是安息日的主。」（馬可福音 2：27 — 28）這話充滿了教訓和安慰。因為人子是安息日的主，所以安息日是主的日子，是屬於基督的。因為「萬物是藉著祂造的，凡被造的，沒有一樣不是藉著祂造的。」（約翰福音 1：3）萬物既是基督造的，安息日也必是祂設立的。安息日是由祂分別出來，作為創造之工的紀念的。安息日指出基督是造物主，也是使人成聖的主，又宣稱這位創造天地萬物、並托住萬有的主宰，乃是教會的元首，我們靠著祂的力量得與上帝和好。因為論到以色列，祂說：「又將我的安息日賜給他們，好在我與他們中間為證據，使他們知道我耶和華是叫他們成為聖的。」（以西結書 20：12）

這樣看來，安息日是基督使我們成聖之能力的標記，是賜給一切靠基督成為上帝的以色列民的人。

操練「正定」（持守聖安息日為聖），就能讓操練者知道自己的來源，也知道自己的去處。那創造天地萬物的主耶穌基督，既是人的來源，也是人的永恆的歸處。可見，遵守安息日是基督徒屬靈生活的重要元素。

操練「正定」，也有利於人的身心健康。每週至少一次在安息聖日，回歸大自然，在大自然中領略上帝創造的美妙，享受大自然帶來的舒適與安慰，人疲乏的身心就會重新充滿活力，心中的煩惱，也在向大自然的主無言的傾訴中，得到化解，而使心靈的傷痕得到醫治。

操練「正定」，定期地從繁重的工作或其他壓力之下走出來，與家人或朋友交誼，得到親情、友情的滋潤，更是現代人減壓所不可或缺的妙方。安息日一面使人回想那已經喪失的伊甸園的平安，同時也帶來因救主而得以恢復的安息。自然界的每一事物，都在重述救主的邀請：「凡勞苦擔重擔的人，可以到我這裡來，我就使你們得安息。」（馬太福音 11：28）

操練以持守聖安息日為中心的「正定」，還提供了識別真假之道的鑒定標準。任何以其他用來替代創造主所親自制定的聖安息日的日子或法門，都是外道邪見。

警示人生
八正道。

耶道釋裝

《聖經》三法印。

《聖經》是上帝的啟示，所啟示的核心是科學中的科學——救贖的科學。《聖經》的真道，汪洋浩瀚，博大精深；既超絕塵世，直入天庭，又與現實的生活息息相關，環環相應。《聖經》的經教，義理平直，可深入幼童之心；然其深邃所及，縱有大智大慧者，亦難盡覽其妙。

以《新舊約聖經》立教者，有天主教、東正教，以及從天主教改革而出的基督新教。光是基督新教內部，就有數百個教派。此外，還有與以信奉《舊約聖經》，特別是《摩西五經》為主的猶太教，以《聖經》為背景的信奉《古蘭經》的伊斯蘭教；還有信奉《聖經》與《摩門經》的摩門教會，以及耶和華見證人等。這樣的現狀，常令初涉基督教

者感到困擾與迷惑，令人莫衷一是，無所適從。若對基督教三法印有所瞭解，不難找到印證各宗各派說教是否正確的經教的判教標準，有助於辨別真假，消除迷惑。這三法印是：人生無常，天命不易與因信得生。茲簡述如下：

■《聖經》三法印

1. 人生無常

2. 天命不易

3. 因信得生

人生無常 ——————————— 1

簡要說來，「人生無常」的法印，包括三方面的基本內容：第一、從來源上說，人是上帝按照自己的形像和樣式創造的新型生命體。（創世記 1：26 — 28）。第二，從本質上說，被造的人形生命有機體裡沒有內在的不朽靈魂（創世記 2：7）。第三，人生是升入永生的一所學校，只有一世機緣，或續永生，或入永遠沉淪，均在於今生對上帝救恩的把握。分述如下：

照《聖經》的啟示，人的生命層次，「比天使微小一點」，受造之初，有上帝的形像與樣式，以「榮耀尊貴為冠冕」，負責管理「海裡的魚、空中的鳥、地上的牲畜和全地，並地上所爬的一切昆蟲」（創世記 1：26 — 28；詩篇 8：3 — 8）。上帝將人類的始祖「安置在伊甸園，使他修理看守。」（創世記 2：15）。

上帝將「遍地上一切結種子的菜蔬和一切樹上所結有核的果子，全賜給你們作食物。」（創世記1：29）．在人的家園之中，「耶和華上帝使各樣的樹從地裡長出來，可以悅人的眼目，其上的果子好作食物。園子當中又有生命樹和分別善惡的樹。」（創世記2：9），又吩咐他說：「園中各樣樹上的果子，你可以隨意吃，只是分別善惡樹上的果子，你不可吃，因為你吃的日子必定死！」（創世記2：16－17）。

上述的經文表示，人的生命延續，在於進食上帝所賜的食物，特別是園子中間生命樹上的果子。但人若違背禁令，吃善惡樹上的果子，就會喪失生命而死亡。善惡樹的設立，乃是對人類的一種考驗，生命的延續在於順從上天的旨意，悖逆的結果就是生命的終結。

從人類受造的組成與過程來看，在人體內並不存在一個不朽的靈魂。「耶和華上帝用地上的塵土造人，將生氣吹在他鼻孔裡，他就成了有靈的活人，名叫亞當。」（創世記2：7）。造物主上帝賦予人類的，是生命的元氣、是這股生命的原動力，使塵土之人成為一個「有靈的活人」，即「有生命的活人」（呂振中與《聖經》新譯本的譯法），而不是一個有不朽靈魂的人。

人受撒但試探犯罪之後，失去了摘生命樹的果子吃的權利，因而不能永遠活著，被打發出伊甸園，上帝又在設置天使把守通往生命樹的道路，避免有永遠活著的罪人（創世記3：22－24）。所以，墮落前後，人類都無內在的不朽之靈魂。

犯罪的人類，本應遭受立即死亡的命運，但藉著上帝預先定下的救贖計畫，人類獲得了第二次機會。「上帝愛世人，甚至將祂的獨生子賜給他們，叫一切信祂的，不至滅亡，反得永生。」（約翰福音3：16）耶穌親口所說出的這句標誌性的福音經典，亦表明「永生」或「不朽的生命」並不是人本來具有的，而是信靠人類的救主耶穌的結果，是上帝的恩賜，一如保羅所說「惟有上帝的恩賜，在我們的主基督耶穌裡，乃是

永生」（羅馬書 6：23）。

一切有關靈魂不朽的說教，均源於謊言之父撒但在伊甸園試探人類時的第一個謊言：「你們不一定死。」（創世記 3：4）這一句話乃是第一個主張靈魂不死的講章。這種說法雖是完全以撒但的權威為根據，上帝的判決乃是「犯罪的，他必死亡」（以西結書 18：20），但大騙子撒但卻把它改成犯罪的必不死亡，反要永遠存活。與此相反的另一種欺騙，乃是認為人生的終點就是一切的終點。人死之後，一切斷滅，不會有再復生的可能，更遑論不朽的永生。

然而，《聖經》的教導卻與此相反：「按著定命，人人都有一死，死後且有審判。」（希伯來書 9：27）全宇宙的審判者上帝要將各人所行的報應他，行善的，復活得生；作惡的，復活定罪。（啟示錄 22：12；約翰福音 5：29）行善的，復活得不朽的身體，承受上帝的永不敗壞的國。作惡的，復活定罪，輪迴為人，承受為人時所行諸業的報應而永遠毀滅，不復存在。

《聖經》有關人生的教理，既非「常見」，亦非「斷見」，而是一種有合乎中道而有條件的永生之道。上帝是生命的源頭，是生命的本質。構成人體生命的五蘊（各種物質）都不過是傳遞生命的元素，而不是生命本身。生命出現在人體之中，乃是上帝愛的恩賜的顯現，是塵土之身分享上天的生命本質的結果。「人生無常」的法印為在人性生命上的各種道理上提供了判別的標準。

天命不易 ———————————————————— 2

「天命不易」的法印，是說創造主上帝的律法完備神聖，永不變易。上帝的律法原是上帝本性與品格的寫照，是上帝寶座的根基與國度的原則。人類的始祖亞當和夏娃在

受造的時候，就已明白上帝的律法；他們也熟習律法對他們的條款；因有律法的訓辭寫在他們心上。在人類違犯律法墮落之後，律法並沒有改變，只是上帝設立了補救的方式，使人類得以回到順服的路上。上帝應許賜下一位救主，獻祭的祭物就是指出基督的死，為罪人作了偉大的贖罪祭。但如果人類始終沒有違犯上帝的律法，那麼，就不會有死亡，不需要救主；因而也不需要獻祭了。

亞當曾把上帝的律法教導他的子孫，於是律法就父子相傳地一代一代的流傳下來了。上帝雖然為人類的救贖作了慈悲的準備，但接受救恩而願意順從的人卻不多。由於違犯律法，世界就變得非常的邪惡，以致上帝不得不用洪水洗淨罪惡的汙穢。此後挪亞和他的家屬將律法傳留後代，把十條誡命教導他的子孫。及至世人又離棄了上帝之後，耶和華就與亞伯拉罕立約，揀選一個民族歸於自己，作為保存祂律法的人。《聖經》這樣論到亞伯拉罕：「亞伯拉罕聽從我的話，遵守我的吩咐，和我的命令，律例，法度。」（創世記26：5）又有割禮的儀式授予他作為獻身事奉上帝的記號，就是他們願意永與拜偶像之風隔離，並順從上帝律法的約。亞伯拉罕的子孫沒有遵守這約，竟與異族聯盟，並效法他們的行為，因此他們必須寄居在埃及為奴。但他們既與拜偶像的人相交，並受埃及人的壓迫，上帝的誡命就因與外邦人鄙陋惡劣之教訓相混淆，進一步受了玷污。所以當耶和華領他們從埃及出來的時候，祂隱在榮耀裡帶著眾天使降臨西乃山，並在可畏的威嚴之中，向百姓頒佈祂的律法。

百姓既動輒忘記上帝的要求，所以祂當時沒有叫他們單憑記憶力來保守祂的誡命，卻將這些誡命寫在石版上。祂要從以色列民中除去一切使祂神聖律法與邪教的遺傳相混淆，和令祂誡命與人類的條例或習慣相攙雜的因素。但祂不僅是給了他們十條誡命，因百姓曾顯明自己是那麼易於被引誘偏離正路，所以祂為每一項試探作了預防。上帝指示摩西把祂所吩咐的律例法度詳細地記錄下來。這些指示是有關百姓對上帝，和他們彼此之間，以及他們對外人的義務，也就是十條誡命原則的細目；還要用明確的方

式把這些律例宣佈出來，使人人都不致有所誤會；目的乃是要維護那刻在石版上之十條誡命的神聖性。

這時所頒佈的律法，並不單是為希伯來人的利益。上帝固然重看他們，要他們保守並遵行祂的律法，但祂也要他們把這律法看作是為全世界保留的一種神聖委託。十誡的訓辭是適合於全人類，又是為教導並治理全人類而頒佈的。十條誡命誠然簡明，廣泛而有權威，也包括世人對上帝和同胞的本分；而且都是以愛的大原則為基礎的。「你要盡心，盡性，盡力，盡意，愛主你的上帝；又要愛鄰舍如同自己。」（路加福音10：27；申命記6：4—5；利未記19：18）這些原則都詳細地貫徹於十條誡命之中，而且適於全人類的情況和環境。

雖然，為應付不同時代人的需要，上帝工作的發展程度不同，祂權能顯示的方式也不同，然而上帝的工作在各時代都是一樣的。從第一次發出福音的應許起，經過先祖和猶太人的時期直到今日，上帝的旨意在救贖的計畫中曾逐步地展開。猶太人律法中的儀文和儀禮所預表的救主，就是福音所顯明的救主。那曾隱蔽祂聖體的雲彩已經散開；雲霧和陰影都已不見；世界的救贖主耶穌已顯現在人前了。那在西乃山頒佈律法，並將儀文律法的條例交給摩西的，就是在山邊發揮寶訓的基督。祂所提出作律法和先知基礎之「愛上帝」的大原則，無非是重申祂當時藉著摩西傳給希伯來人的道理。「以色列啊，你要聽；耶和華我們上帝是獨一的主。你要盡心，盡性，盡力，愛耶和華你的上帝。」「要愛人如己。」（申命記6：4—5；利未記19：18）在新約舊約的兩個時期中，教師原是一位。上帝的要求還是一樣。祂政權的原則也是一樣。因為一切都是從這一位主而來的，「在祂並沒有改變，也沒有轉動的影兒。」（雅各書1：17）

論到上帝的律法，作詩的人寫道：「耶和華的律法全備，能蘇醒人心；耶和華的法度確定，能使愚人有智慧。耶和華的訓詞正直，能快活人的心；耶和華的命令清潔，能

明亮人的眼目。耶和華的道理潔淨，存到永遠；耶和華的典章真實，全然公義，」（詩篇 19：7 — 10）。耶穌降世時，也曾說：「莫想我來要廢掉律法和先知。我來不是要廢掉，乃是要成全。我實在告訴你們，就是到天地都廢去了，律法的一點一畫也不能廢去，都要成全。」（馬太福音 5：17 — 18）。

因此，《聖經》更是以上帝不變的律法，作為一根本法印來印證人的一切說教：「人當以訓誨和法度為標準；他們所說的若不與此相符，必不得見晨光。」（以賽亞書 8：20）。許多宗教與道德的說教，僅涉及人與人或人與生物之間的關係，而不包括人與創造主上帝的關係，在《聖經》十誡的光照下，顯出不足。而基督教界存在的部分改變十誡聖律的主張與行為，無異於置身於上帝的權威之上，在上帝完備不變的律法光照下，顯為是有損上帝榮耀、禍己害人的假道。

因信得生 ———————————————— 3

「因信稱義」的法印，說明了人既因上帝的創造而存在，又因上帝的再造而得到救贖。這一法印表明，因著上帝（他力）而存在，靠著上帝（他力）而生存的人類的本性之中，沒有自己賦予自己永恆不朽之生命的能力與智慧。有罪、不潔、不淨、無常，通向常、樂、我、淨的永生的唯一途徑，乃是透過人的信，藉著上帝的恩而成就。

上帝所啟示的十誡律法，是上帝愛的本性的反映，是用人類的語言所表現的義的標準。然而，因眾生愚癡顛倒，在不潔、有罪的狀況之下，在上帝的律法中看不出上帝的義，上帝就差遣祂的獨生愛子耶穌基督，迂尊降卑，「取了奴僕的形像，成為人的樣式」（腓立比書 2：7），以「罪身的形狀」（羅馬書 8：3）降臨人間，在律法以外（羅馬書 3：21）顯明上帝的義，使上帝的義，因信耶穌基督加給一切相信的人，

並沒有分別。（羅馬書３：２２）。耶穌基督用祂的人性接觸人類；同時用祂的神性握住上帝的寶座。作為人子，祂給我們留下了順服的榜樣，作為神子，祂給了我們順服的能力。

那使人在上帝面前被稱為義（無罪）的信心，不止於單純地在思想上對某一項真理的認同，而是要藉著信心，使上帝所賜的行義的能力，貫徹於生命的方方面面。透過身肉父母而生的人，行事為人，隨心所欲，體貼肉體的私念與情欲，張揚以我為中心的本性，「不服上帝的律法，也是不能服。」（羅馬書８：７）藉著上帝的真理的聖言，那「不能壞的種子」，就是「藉著上帝活潑常存的道」而蒙了重生之人（彼得前書１：２３），「新造的人，舊事已過，都變成新的了」（哥林多後書５：１７），心意隨著真理不朽的種子「更新而變化」，得以「察驗何為上帝的善良、純全、可喜悅的旨意」，持誠護法，弘道救世，榮神益人。

因此，因信得生的法印，建立在前二印的基本之上，既說明人本性之中無永恆之生命以及上帝的律法永不改變，同時又為人類指明了通向永恆的生命，與上帝的命令契合一致的唯一法門，即沒有永生的人類，藉著信靠為拯救人類的上帝的聖子耶穌基督而能獲得永生，並靠著祂的恩典大能，持守上帝愛的律法。

第 23 章

《聖經》三寶。

《聖經》三寶，指道寶、法寶、會寶，是基督教最基本的信仰和教義，核心與基礎。之所以稱之為「寶」，因人以救度一切信的人，使之出死入生。此三寶乃基督教的基礎，所以皈依三寶是信仰基督教和成為基督徒的前提和標誌。

表達這一思想主題的經文眾多，僅引一段為證，「一主，一信，一洗，一上帝，就是眾人的父，超乎眾人之上，貫乎眾人之中，也住在眾人之內。」（以弗所書4：5—6）

三寶概說

三寶是基督教的信仰與見證的核心。簡單地說，三寶指道寶、法寶、民寶。道寶，指道成肉身的基督教信仰的創始成終者耶穌基督，也包括在創造與救贖上都一同有分，與聖子同等，同為基督教信仰之核心與根基的聖父與聖靈。經寶，指文字之道《聖經》，包括上帝所制定的救贖計畫的各方面。民寶，指依基督的教法如實信仰在耶穌裡的真理，弘傳福音，經受洗與基督聯合的眾信眾所組成的教會。

一.道寶

聖子成為道寶的核心，是因為其道成肉身（約翰福音1：1－3；14），自願獻上自己的生命（約翰福音10：17－18），站在罪人的地位，在十字架上犧牲（腓立比書2：5－8），替人類的罪受死的刑罰，使宇宙之君王上帝欲赦免凡信而悔改之人的願望與計畫成為可能與現實（約翰福音3：16；羅馬書5：12－19）。耶穌基督從降世到犧牲，無遺漏地彰顯了上帝愛的品德，使之成為基督教信仰的核心的核心，根基的根基，故而成為道寶。

道之身相

道（基督）是自在永在的，從無始以來就有了道。道是真實的實相，萬法的根源。《聖經》啟示，道是「那不能看見之上帝的像，是首先的，在一切被造的以先。因為萬有都是靠祂造的，無論是天上的，地上的；能看見的，不能看見的；或是有位的，主治的，執政的，掌權的；一概都是藉著祂造的，又是為祂造的。祂在萬有之先；萬有也靠祂而立。」（歌羅西書1：15－17）一切的豐盛都在祂裡面居住（歌羅西書1：21）。「上帝的奧秘，就是基督，所積蓄的一切智慧知識，都在祂裡面藏著。」（歌羅西書2：

2—3）那迂尊降卑，道成肉身，不惜身命，替人受過的耶穌基督，乃是人類唯一的救苦救難、使人出死入生的救主，祂既是全能的上帝，又是完全的人子，故此成為道寶。此道之體有三：真身、人身、應身。

真身或法身，是指聖子上帝的真如實相的真體，常住不滅。罪人得贖，披上不朽之身相後，必得見道的真體（約翰一書3：2）。基督本來之真體，乃為真神之體，無始無終，無變無易，聖子雖降世為人，但神性無有分毫改變。基督雖然從「從天降下」，卻「仍舊在天」（約翰福音3：13）。

人身是指基督藉馬利亞受聖靈感孕，道成肉身，充充滿滿的有恩典有真理，彰顯上帝榮耀的肉身（約翰福音1：14）。道成肉身的目的，是為了說明肉身既脫離世上從情欲來的敗壞，就得與上帝的性情有分（彼得前書1：4），讓人的身子可以藉著道成為上帝聖靈的殿（哥林多前書6：13，19）。換句話說，上帝的聖子降世，就是為了讓人類進入永遠不壞的天國。耶穌死後復活，但復活的身相，仍具人形。基督的人身，從一定的意義上來說，是一得而永得之身相。

應身是指上帝之道（基督），以其不可思議之神力，為因應有道德理性之生靈的機緣，或以天使，或以人形隨類示現，幫助受造生靈明白上帝深妙大道。如聖子在天使中，以天使長米迦勒的身相出現（但以理書10：13；12：1；啟示錄12：7—9）；在以耶穌的肉身降生之前，又多次以「耶和華的使者」的身相出現（創世記16：7；出埃及記3：2；民數記22：22—27；士師記6：11—12）。

道之聖德

道成肉身的耶穌基督，本是宇宙天地的創造主，是一切法的制定者與維繫者，又是上帝律法的活的化身。耶穌雖然「成為罪身的形狀」，「也曾凡事受過試探與我們一樣，只是祂沒有犯罪」（羅馬書8：3；希伯來書4：15）。祂「口裡沒詭詐」，撒但的

一切精神，在祂「裡面毫無所有」（約翰福音 14：30），「上帝又使祂成為我們的智慧、公義、聖潔、救贖。」（哥林多前書 1：30）道是一切的智慧之源，能力之源，是生命的源頭，壽命自在，神通自在，慈悲喜捨、樣樣具足，具有一切完美無漏之德相。簡之，有智、斷、恩三德。

智德，指道的智慧圓滿，以智慧創造天地萬物，又賜人以得救的智慧。「耶和華以智慧立地，以聰明定天，以知識使深淵裂開，使天空滴下甘露。」（箴言 3：19—20）「耶和華用能力創造大地，用智慧建立世界，用聰明鋪張穹蒼。」（耶利米書 10：12）。又透過聖靈賜下《聖經》，「這聖經能使你因信基督耶穌，有得救的智慧」（提摩太後書 3：15），使人「行善人的道，守義人的路」（箴言 2：20）。

斷德，是指道賜人斷滅一切惡念與惡行的能力。人生的問題，都由心而發。斷滅心中的惡念，是斷滅惡行的起始。耶穌降世救人，不是來人身上做修修補補的工作，而是要以其創造之大德大能，從人的心開始，重新創造。「如今，那些在基督耶穌裡的就不定罪了。因為賜生命聖靈的律，在基督耶穌裡釋放了我，使我脫離罪和死的律了。」（羅馬書 8：1—2），而且，「若有人在基督裡，他就是新造的人，舊事已過，都變成新的了。」（哥林多後書 5：17）。基督這永恆之道要將願意順從上帝律法的新的心與新的靈放在人心裡，使人不再「思念地上的事」，而是以天上的事為念；去掉一切顛倒妄念，去思念那些「凡是真實的、可敬的、公義的、清潔的、可愛的、有美名的，若有什麼德行，若有什麼稱讚」之事。（以西結書 36：26；希伯來書 8 章：歌羅西書 3：2；腓立比書 4：8）。上帝的道不僅能辯明人的「思念和主意」，也能「在基督耶穌裡保守你們的心懷意念」（腓立比書 4：7）。如此，人的「我執」、「我見」、「我欲」等，均隨著新的心與新的靈而斷滅；生起的，是聖潔、清淨、愛人如己，尊主為大的謙卑心、懺悔心、慈悲心、寬容心、堅忍心、智慧心與果敢心。

恩德，指上帝之道有救度眾生的大恩大德。本為上帝之道的聖子降世為人，替身救世，完全是出於自願，出於上帝對人類不可測度的大愛。耶穌說：「沒有人奪我的命去，是我自己捨的。我有權柄捨了，也有權柄取回來。」（約翰福音 10：17 — 18）。人並未做什麼值得上帝來愛人的。恰恰相反，是「基督在我們還作罪人的時候為我們死，上帝的愛就在此向我們顯明了」（羅馬書 5：8），上帝「不願有一人沉淪，乃願人人都悔改」（彼得後書 3：10），叫虧欠了上帝榮耀的世人，「做工的得工價，不算恩典，乃是該得的；惟有不做工的，只信稱罪人為義的上帝，他的信就算為義。」（羅馬書 4：4 — 5）「世人都犯了罪，所當得的工價就是死。」（羅馬書 6：23）「如今卻蒙上帝的恩典，因基督耶穌的救贖，就白白的稱義。」（羅馬書 3：23 — 24）簡言之，人非但沒有做任何賺得上帝之愛的事情，反而犯罪得罪上帝。人本該收取死亡的果子，上帝卻差遣聖子為人而犧牲，將永生賜給凡相信祂救恩的人。耶穌所賜的恩典，不僅能赦人的罪，而且有使人不再犯罪的能力。

二．法寶

基督耶穌用啟示與示現肉身，現身說法的真理，稱為基督教的法寶。世人通過基督的啟示與教導，能如實了知天道、生命與事物的本質實相，使罪得潔淨，把握出死入生的生命大道，得聞天國永遠的福音。基督的福音，以上帝的律法為根本，神聖清潔、稀有難得、不可思議，故稱為法寶。福音的本質，是將違法之人轉變為守法之人。基督教導的這一特徵，同時也構成區別真假福音的關鍵所在。

上帝的律法與基督的福音，是一體的兩面，相輔相成的，互相補充的，缺一不可。只有律法而沒有基督福音裡的信心，不能使違背律法的罪人得救。反過來，福音若是沒有律法，就會變得軟弱無力，一事無成。律法與福音是一個整體。律法是隱含的福音，福音是律法的展開。律法是根，福音是其上所開的鮮花與所結的芬芳的果子。律法指向基督，基督指向律法。律法將絕望的罪人引向基督以求赦罪之恩；福音又賜給在基

督裡新造的人順從上帝律法的恩典與能力。耶穌為祂的殿安放了基石，「人且大聲歡呼：『願恩惠；恩惠歸與這石。』」（撒迦利亞書4：7）

基督是我們信心的創始成終者，是始是終，是首先的，又是末後的。基督的福音與上帝的律法，恰如一把兩刃的寶劍，使人生出真純的愛心與誠實無偽的信心。律法與福音是不可分割的。在基督裡「慈愛和誠實彼此相遇；公義和平安彼此相親。」（詩篇85：10）福音並不減少人對上帝當盡的本分。福音不給人犯罪的藉口，如同律法不給人犯罪的藉口一樣。耶穌的生與死，所教導的是最嚴格的順從。義的代替不義的，無辜的成為有罪的，耶穌的犧牲既使上帝律法的尊嚴受到維護，又為必死的罪人開了一條通往永生的道路。

《聖經》的法寶，也有三個方面：

❶以上帝的愛為體

「上帝就是愛；住在愛裡面的，就是住在上帝裡面，上帝也住在他裡面。」（約翰一書4：16）上帝的愛是無等差，無分別，無條件的。這種愛與世人顛倒之愛欲有本質的不同，前者是生命的律，自利利他，其結果是永恆與福樂；而後者，是死亡的律，禍已害人，其結果是痛苦與滅亡。

上帝的愛，是耶穌所教導的上帝的律法與基督的福音的基礎與根本。上帝的愛是基督一切教法之根本體性，捨此無他。上帝因愛而創造世界，也因愛而賦予生靈自由意志。當天上發生動亂時（啟示錄12：7—9），上帝因著愛而沒有立即消滅叛亂者。當人類被誘惑而墮落時，也仍是因為愛，上帝施行拯救。「上帝愛世人，甚至將祂的獨生子賜給他們，叫一切信祂的，不至滅亡，反得永生。」（約翰福音3：16）。將來，上帝還要將罪及其影響從宇宙中永遠除去，重造新天新地，讓愛永駐，依然是本著他那不變的愛。

❷以十誡律法為用

人類的始祖在伊甸園違背了上帝的律法，被驅出樂園。犯罪的人類，失去了上帝的形像與樣式，而取了與撒但一致的本性。依著墮落之後人體貼肉體的本性，人不服上帝的律法，也是不能服（羅馬書 8：7）。上帝為救贖世人，應許賜下代表要來的基督的「女人的後裔」（創世記 3：15）來施行拯救。從亞當以來，上帝所啟示的計畫，口口相授，傳於後代。而當所傳的信息開始混亂之時，上帝又在人群中興起先知，透過聖靈感化他們，將上帝律法與教誨寫成文字，開示於天下。

在摩西受感寫摩西五經（律法書）之前，上帝將祂愛的律法以十條誡命的形式表現出來，以適應身處罪惡之中的人類的狀況與需要，在西乃山親自宣佈，並親手刻於石版之上（出埃及記 31：18）。摩西所寫的五經，就以這十誡為核心與根基。後世的先知所寫的經書，又在摩西所寫的律法書的基礎之上，對上帝的律法作進一步展開。耶穌說，十誡法寶所體現的「盡心、盡性、盡意愛主你的上帝」與「愛人如己」兩大原則，是「律法和先知一切道理的總綱」（馬太福音 22：40）。

耶穌降生與升天之後的新約時代所寫的《新約聖經》，依然是上述兩大原則在新的亮光照耀下的繼續展開。「人當以訓誨和法度為標準；他們所說的若不與此相符，必不得見晨光。」（以賽亞書 8：20）所以，被收入《聖經》，成為基督所教法的依歸，說明符合「訓誨與法度的標準」。

一方面，上帝愛的律法，是善惡的定位器。另一方面，律法的原則，又在民事、祭祀、節期、健康等多方面體現出來，反映了律法在人生的各個層面的應用，引導世人在各方面順應天道律法，從善如流。

所以，把握了上帝愛的律法，也就從根本上把握了《聖經》教訓的精要。離開了律法，就無福音可言了，因為福音的設立，正是要把違法的罪人，帶回到對上帝律法的順從上來。

❸以方便法傳福音

其實，早在在人類被造之前，上帝就為可能出現的變故與「意外」預備了補救的計畫。這個計畫的實質，是通過聖子降世為人，替人受死，從而使凡願意悔改信福音的人，都轉離死亡，入度永生。當人類犯罪時，上帝啟動了這個救贖計畫，但在宣告計畫的過程中，廣泛使用了方便之法，用象徵或比喻的手法，透過各種影像，來預表將來降世的實體主耶穌基督。

①方便的「影兒」與實質的「形體」

起先，上帝在伊甸園宣佈：「我又要叫你和女人彼此為仇；你的後裔和女人的後裔也彼此為仇。女人的後裔要傷你的頭；你要傷他的腳跟。」（創世記3：15）這個福音的宣告中，上帝宣佈將來要來的那一位救主，乃是「女人的後裔」（創世記3：15）。但從「耶和華上帝為亞當和他妻子用皮子做衣服給他們穿」的舉動上，不難看出，在伊甸園有動物的獻祭，象徵著那將來的救主要替人受罪的犧牲。這種祭祀犧牲制度一直延續著，既提醒犯罪之人上帝對罪所必有的懲罰，又透過替罪的動物犧牲所預指的人類救主而帶給人希望。

洪水時代，伊甸園從地上被挪到天上。這一點，可以從將來要從天而降的新耶路撒冷中，有曾在伊甸園中出現的生命水的河與生命樹就可知道（啟示錄22：1—2），伊甸園被提到天上去了，最終還要回到地上來。洪水之後，獻祭制度在繼續，上帝又藉由天上的彩虹，將拯救人類的希望與恩典，透過肉眼可見的象徵物，繼續置於人的眼前。

洪水之後的101年，又出現了建巴別塔的事件，不信與敗壞再次風靡世界。為阻止罪惡的蔓延，上帝遣天使將世人被分散到各地，「並且預先定準他們的年限和所住的疆界，要叫他們尋求上帝，或者可以揣摩而得，其實祂離我們各人不遠」（使徒行傳17：26），及至世人又離棄了上帝之後，耶和華就與亞伯拉罕立約，揀選一個民族

歸於自己，作為保存祂律法的人。同時，也明確預告，那作為人類救星的「女人的後裔」，將生於亞伯拉罕的族系之中。新約《聖經》開篇追溯耶穌基督的家譜時的第一句話是「亞伯拉罕的後裔」，宣告這一預言的應驗。

當亞伯拉罕的子孫下到埃及之後，漸漸地又被埃及的世風同化，忘記了上帝的誡命。上帝奇跡般地興起摩西，以藉著他將以色列人從埃及地領出來。在西乃山親自宣佈十誡，又將獻祭制度以及管理以色列子民的法規詳細地對摩西說明。摩西遂將上帝相關的教導寫成書，世稱「摩西律法」。其中，最為顯著的，是上帝吩咐摩西要以色列人為祂造聖所，「使我可以住在他們中間」（出埃及記 25：8）。而聖所及其崇祀的建立，更是以最直觀、生動的方式，將上帝的救贖計畫示現在人眼前。獻祭的制度也好，節期也好，都如「影兒」，預示著將來要來的「形體」基督。耶穌在十字架上斷氣的時候，耶路撒冷的聖殿出現突變，「忽然，殿裡的幔子從上到下裂為兩半，地也震動，磐石也崩裂」（馬太福音 27：51）。當基督真實的「形體」到來時，「影兒」的功能與使命就完成了。方便之門，就可當位於「真實法」了。隨機所設的方便之法本身，並無救贖的能力，但方便之法的設立，能夠把人導向真正的救贖實體。

②生命之約：方便形式與實質形式

與此相應的，上帝也為祂所創造的人類，制定了相應的方便法門，以延續人的生命。人是上帝創造的，人的生命同樣也是上帝賦予的。從實質上來說，生命的實質是上帝（詩篇 36：9；約翰福音 14：6；約翰一書 5：12），上帝並未無條件地將生命賜給人類，而以將人的生命置於一個合約之內。合約的一方是生命的源頭，生命的提供與維繫者上帝；另一方則是受造的人類。合約的內容非常的簡單：受造的人類順從生命的法則，造人的上帝就賦予人持久的生命。受造的人類背離生命的法則，造人的上帝就中止人生命的分享（創世記 2：16 — 17）。

伊甸園的墮落之後，初期的生命之約被破壞了。若不是上帝援手施救，人類的生命在那時就結束了。但藉著救贖的計畫，人類獲得第二次機會。生命之約又以新的形式，即恩典之約的形式出現。在這個計畫之下，凡願憑著信心接受上帝恩典者，獲得從天而來的永生的恩賜。而拒絕接受者，則將面臨永遠的滅亡。耶穌說：「上帝愛世人，甚至將祂的獨生子賜給他們，叫一切信祂的，不至滅亡，反得永生。」（約翰福音3：16）這句話可以看作是恩典之約最為明確與簡潔的界定。這個約，在《聖經》中叫做「新約」（希伯來書8：8），新約的實質，是立約的上帝將祂的律法寫在人的心裡，「那些日子以後，我與以色列家所立的約乃是這樣：我要將我的律法放在他們裡面，寫在他們心上。我要作他們的上帝，他們要作我的子民。」（耶利米書31：33；希伯來書8：10；希伯來書（10：16 — 17）經文中雖只提到以色列家，實以以色列家為所有信靠上帝之人的代表。這個恩典的生命永約，是整個救贖計畫的生命之約，貫穿於整個救贖的歷史之始終。簡言之，新約的核心與實質，是上帝將祂的律法（十誡）刻寫在人的心裡，使信的人，靠著上帝的恩典的能力，得以在基督裡順從上帝的律法。沒有上帝的律法，恩典之約就空洞無物；沒有對上帝律法的順從，生命之約就無從實現。而在這一永約之中，基督及對基督的信心，起著關鍵的作用，它與恩典之約得以實現在信者的實際生活之中。

這實質上的恩典之約，在耶穌降生以前，也經歷了不同的方便樣式。在洪水之後的永約（創世記9：12）；與亞伯拉罕所立的約（約翰福音15：18）；與以色列人在曠野所立的前約（出埃及記24：8；希伯來書8：7）等，都是恩典的生命之約在不同階段的方便形式，是生命之約的隨機之變與隨緣之形。以色列人與上帝所定立的約，通常被稱為「舊約」，是以色列人以自己承諾來保證履行恩典的生命之約的條件，即順從上帝的十誡律法及其他的一切律例。舊約及其所規定的獻祭制度本身，都是權宜方便的影兒，設制的目的，是將人引入那真正能救人也能滅人的實體的耶穌基督。

「民寶」有兩方面的含義：一是泛指創造主上帝以民為寶，「上帝既不愛惜自己的兒子，為我們眾人捨了」（羅馬書 8：32），每一個生在世上的人，都是上天所寶貴的。上帝並不偏待人，乃是要將各人的行為審判各人（使徒行傳 10：34；羅馬書 2：11；以弗所書 6：9）。另一個方面，更確切地說，「民寶」是指所有信從上帝的子民，在今天特指基督的教會。無論是古時上帝的子民，或是現在基督的教會，都是「獨居的民，不列在萬民中」（民數記 23：9）。上帝對祂的子民或教會，倍加保護，「如同保護眼中的瞳人」（申命記 32：10），視摸他們的，如同「摸他眼中的瞳人」（撒迦利亞書 2：8）。

千百年來，以色列民，作為上帝的選民，作了上帝賜與世人之真理的監護及保管者，那應許要來的「女人的後裔」──彌賽亞──也從這個民族出生，並且彌賽亞的降臨要使地上的萬國蒙福。上帝定意賜給世人一個機會，可以藉著祂的子民或教會而認識祂。祂的計畫乃要用祂的子民來顯示真理的原則，藉以在人類身上恢復上帝的形像。

同時，上帝也將祂的聖言法寶，託付給祂的子民。在耶穌降生前的舊約時代，是託付給猶太人（羅馬書 3：1 — 2）。他們曾被祂律法的典章，就是真理、公義、和純正的永恆原則所環繞。他們順從這些原則，就必得到護庇，因為這些原則能保守他們，使他們不致因惡行而自取滅亡。

在耶穌降生後的新約時代，這神聖的使命則託給了基督的教會。教會乃是上帝為要拯救人類而設的機構，它是為服務而組織的，它的使命乃在將福音傳遍天下。上帝從起初就已計畫要藉祂的教會，向世人反映出祂的豐盛與完全。教會的教友，就是祂所召出黑暗入奇妙光明的人，都要顯出祂的榮耀來。教會是基督豐富恩典的寶藏庫；上帝大愛最後與完全的表現，終必經由教會而彰顯，甚至要向「天上執政的，掌權的」彰

顯出來。（以弗所書 3：10）

與所受的託付相對應的，是神聖的責任與義務。當上帝的子民或教會忠心履行上天所託負的使命，順從上帝公義慈愛的律法原則時，他們就受到這些原則保護。但當他們悖逆這些原則時，就失去了上天透過這些原則所給予的保護而受到打擊與遭受苦難。《聖經》與歷史都記錄了這兩方面的史實。

從善惡之爭的角度來說，上帝的子民或教會，是善惡之爭在地上的戰役中代表上帝與魔鬼撒但進行爭戰的軍隊，也是撒但攻擊最為猛烈的物件。雖然有上帝所賜必然得勝所需的一切幫助之應許與預備，但並非所有自稱上帝子民或加入教會的人都會對此善加利用，而在這場關係到宇宙與個人安危的大爭戰中成為得勝者。在洪水的時代，只有挪亞一家八口，成為那個時代的餘民，進入方舟而倖免於洪水的毀壞。多年後，在摩西的率領下出埃及的以色列百萬民中，也只有多半倒斃曠野，只有少量餘剩的民進入所應許的迦南美地。以色列的大先知以賽亞說，「以色列人雖多如海沙，得救的不過是剩下的餘數」（羅馬書 9：27），又說，「當那日，主必二次伸手救回自己百姓中所餘剩的」（以賽亞書 11：11）。

古時如此，現今也是如此。基督的教會，受到撒但（龍）的惡意攻擊，有些被他同化擊倒，在他的迷惑與欺騙之下，違背上帝神聖的誡命。但仍有上帝的餘民教會屹立於世，高舉上帝神聖的律法，對萬民作見證：「龍向婦人發怒，去與她其餘的兒女爭戰，這兒女就是那守上帝誡命、為耶穌作見證的。」（啟示錄 12：17）上帝要藉著持守祂神聖誡命的兒女，完成祂對人類進行拯救的最後階段的大計，將永遠的福音傳給住在全地的人（啟示錄 14：6—7），同時呼召上帝忠心的子民，離開已經背道的「巴比倫式」的教會（啟示錄 14：8—11；18：4），加入那「守上帝誡命和耶穌真道」者的行列（啟示錄 14：12），預備自己與世界，迎見基督榮耀的復臨。

簡而言之，只有以上帝的聖言與聖誡為寶的民，才是上帝真正的「民寶」。「但我所看顧的，就是虛心痛悔、因我話而戰兢的人。」（以賽亞書66：2）「我們若遵守祂的誡命，就曉得是認識祂。人若說我認識祂，卻不遵守祂的誡命，便是說謊話的，真理也不在他心裡了。」（約翰一書2：3—4）

從身分上說，凡受洗與基督聯合，成為基督的身體——教會中的一分子，都是平等的，都是「有君尊的祭司，是聖潔的國度，是屬上帝的子民」（彼得前書2：9），並沒有職業的神職與一般的平信徒之分。從職能上來說，「有使徒，有先知，有傳福音的，有牧師和教師，為要成全聖徒，各盡其職，建立基督的身體，直等到我們眾人在真道上同歸於一，認識上帝的兒子，得以長大成人，滿有基督長成的身量」（以弗所書4：11—13）。

成為基督教會的一分子，固然不要「愛世界和世界上的事」，就像「肉體的情欲，眼目的情欲，並今生的驕傲」等從世界而來的事，同時也不能屬於這世界，但他們卻不需要離開世界。（約翰一書2：15—16；約翰福音17：15—16）。道不遠人，人之為道而遠人，不可以為道。離群索居，出家修行，不是信行基督的福音的真方法。教會是為服務而組織的；要度為基督服務的人生，第一步就是要加入教會。效忠基督，就必須忠心履行對教會的義務。這是一個人所受訓練中的重要一部分，而且在基督生命所灌注的教會中，就必須直接地令人去為會外的世人效力。

四.信奉三寶

如上所述，三寶既是基督福音的根基所在，因此，所謂接受基督教信仰者，自然也就意味著接受基督教之三寶。一個人願意接受耶穌基督（道寶）為個人的救主，就要靠著道寶耶穌基督，來持守以上帝愛的律法為中心的法寶，並且藉著洗禮表明對道寶與法寶的信仰與順從，加入基督的教會，成為民寶（教會）中的一分子，悔改重生，開始新的生活。

結語。

我永遠也不敢妄說自己是一個虔誠的宗教信徒，但我短暫的一生似乎與不同的宗教有緣。我出生的地方，離著名赤壁之戰的三國古戰場很近，是一個小小的農場，既緊靠長江，又貼近洞庭湖。我的家鄉有著許多歷史的傳說，那裡的人們也有著樸素的民間宗教傳統。家鄉的氛圍，培養了我對中國傳統宗教的好奇與興趣。

八十年代的中國，盛行氣功熱。我也葉公好龍似地湊過一陣子熱鬧，其中也有練過

一些佛家氣功。我從小目睹我的一些親戚行法術，治病趕鬼；大學時期，又得到過同學傳的法術。偶有使用，盡皆靈驗。因此，我以親自的體驗知道，我們所生活的世界，決非只是除了物質還是物質那麼簡單。

九十年代初，又接觸到印度傳來的奉愛瑜伽（Bakti — yoga），並正式拜師入門，成為在家的瑜伽修習者。瑜伽的修習令我癡迷，我辭去了大學的工作，成為那時在中國為數不多的全職瑜伽奉獻者。住進美麗的頤和園附近租用的民宅內，一面潛心修習瑜伽，一面翻譯印度瑜伽經典。無論是在瑜伽道院，還是在當時所蝸居的斗室，都是早晨四點之前起床，淨身靜修，焚香念咒，再開始一天的生活。我素食的生活習慣，也是從那時開始。我在瑜伽運動前後的時間大約四年半左右。

那段時間，在我的心中，熾熱地燃燒著一股隨緣佈道的精神，我立下大願，要救中國無數之生靈於痛苦與輪迴的苦海，而走入真正的超然而屬靈的自由之中。這樣的大願，把我再次帶到從前的基督徒朋友之中，希望能以那最高的靈魂科學來幫助他們，使那些得救的人們得到真正的覺悟與解脫。這樣的宏願，使我有機緣接觸到十九世紀到二十世紀初葉美國多產宗教作家懷愛倫女士的著作，尤其是《善惡之爭》。我的人生從此發生了改變。她的著作展示了《聖經》完美的真理。而隨著這種真理的展示，我先前所信仰的奉愛瑜伽的某些根基瞬間坍塌。支柱既已倒塌，上面的房屋也就隨之毀損了。那一天，我接受了《聖經》的信仰。那一年，正是我的而立之年。

成為一名基督徒之後，我心中一直有個願望，要將那引我到上帝面前來的那美好的真理，與在不同宗教背景的人士分享。在調轉腳步參加教會之後，我立即寫了一篇文章給原來的瑜伽朋友們。文章對從前的導師與他所傳的宗教，多有批評之辭，客觀上，也傷害到了瑜伽奉獻者們的感悟。這件事令我刻骨銘心，至今想來，內心還隱隱作痛。

其實，印度的瑜伽中，也有大量的真理，可以成為通向基督，通向上帝的橋樑。我本應當就更友善的方式去分享我所找到的新的真理。

四年之後的 1998 年，我寫了《上帝與中國古人》一書，對傳統的中國經典與《聖經》進行系統的比較，從正面建造橋樑，幫助持守儒家傳統的國人與同胞進到基督面前。那本書出版之後，得到了較多的肯定，也有一些批評之聲。使我看到客觀、正面、尊重、平等地態度，會有何等積極的果效。同時，也激發一直以來就想寫一本佛法與福音的書，既向學佛者介紹基督的福音，又向基督徒介紹佛法。在兩者之間，尋找可以交通的共同點。在這些年，我也多多少少看到了一些向佛教界介紹福音的書籍，也讀到了一些佛教界寫的關於基督教的文字。坦白地講，我看到了我先前向瑜伽奉獻者傳福音時所犯過多的批評的錯誤，或多或少地在那些書中出現。我渴望看到更多地從正面介紹佛法，讓基督徒以更正面的眼光來看待這個宗教及其大量的信眾。

2010 年 9 月，我受當時的全球佈道部佛教研究中心委派，來臺灣瞭解漢傳佛教，以便探索更好的方式，向佛教界的朋友介紹基督的福音。一晃三年過去，而我對佛教的認識，甚至還未到起步階段。在與佛教界朋友的交往，以及研習佛學書籍的過程中，我發現在佛法之中，有著許多與《聖經》的啟示相似或者可以進一步溝通的地方。我不揣冒昧，把這幾年的所思所想，記錄了下來，寫成了這本拙著。我希望拙著能對佛教界與基督教界彼此能更瞭解對方，多少有一些幫助。我不覺得本書有何殊勝的地方，但讀者或許會認同，作者雖為基督徒，他對學佛者是尊重的，是願意去瞭解的。若我的這種態度，能得到學佛者的肯定，甚或激發學佛者以同樣的態度來瞭解《聖經》的信仰。我也就感到欣慰了。另外，幾個月前，我分五冊出版了另一套書《覺悟人生從頭說起─中華文化與聖經妙義問答》，可以與本書配合使用。

等本書出版付梓的時候，也是我離開臺灣的時候。來臺灣三年，讓我深深地愛上了這片土地和上面的人民。我常對沒來過臺灣的朋友說，如果天國有鄰居的話，臺灣應當

是最靠近天國的鄰居了。我的心中充滿了不捨。我會時常在心中為臺灣祈福，為臺灣人民祈福，為臺灣，也為全世界佛教界的朋友祈福。

我心中還有三個未了的願望：一是寫一本道家與基督教的書，一個預備一些探討一本中醫與《聖經》的材料，另一個是對近年以來傳入中華的基督教與《聖經》的宗教之間，作一番梳理，弄清楚哪些是符合《聖經》的部分，哪些是出於西洋文化而不是《聖經》的教導。佛陀曾言，佛法的傳揚，會出現正法、象法與末法三個階段。基督教的傳播，情形也類似。基督教的純正性，也會有丟失之虞。甚至許多完全沒有《聖經》依據的東西，卻能在基督教界大行其道，而《聖經》的教導反而被忽視。正所謂體現出「以法為非法，以非法為法」的末法景象。12 月 25 日耶誕節的出現與在基督教界的流行，就是典型的一例，是西洋文化混入基督教的殿堂。這些願望能否實現，我不強求。謀事在人，成事在天，悉聽天便，一切隨緣。

2013 年 10 月 8 日
於台中

NOTE

NOTE

the hedge about...
...place for the wine...
...a tower, and let it out...
...bandmen, and went into...
...country. (rented)
2 And at the season he sent...
the husbandmen a servant...
he might receive from the...

NOTE

NOTE

the [...] [...]
[...] [...] plant[...] [...]
an hedge about [...]
place for the winefat [...]
a tower, and let it out [...]
bandmen, and went into a [...]
country. (rented)
2 And at the season he se[...]
the husbandmen a servant, [...]
he might receive from the [...]

國家圖書館出版品預行編目資料

相印成趣：佛法與福音對觀／王敬之著；-- 初版
臺北市：時兆, 2014.07
面；公分
ISBN 978-986-6314-47-6（平裝）

1. 比較宗教學　2.佛教　3.基督教

218.1　　　　　　　　　　　　　　　　103011590

相印成趣
—佛法與福音對觀

董 事 長　李在龍
發 行 人　周英弼
出 版 者　時兆出版社
客 服 專 線　0800-777-798
電　　話　886-2-27726420
傳　　真　886-2-27401448
地　　址　台灣台北市 10556 八德路二段 410 巷 5 弄 1 號 2 樓
網　　址　http://www.stpa.org
電 子 信 箱　stpa@ms22.hinet.net

作　　者　王敬之
責 任 編 輯　周麗娟
文 字 校 對　陶憲民
封 面 設 計　林俊良
美 術 設 計　馮聖學
法 律 顧 問　洪巧玲律師事務所

商 業 書 店　總經銷──聯合發行股份有限公司　Tel:886-2-29178022
基督教書房　總經銷──Tel:0800-777-798
網 路 商 店　http://www.pcstore.com.tw/stpa

I S B N　978-986-6314-47-6
定　　價　新台幣 NT$300 元
出 版 日 期　2014 年 7 月 初版 1 刷